공공계약법의 기초이론

계승균

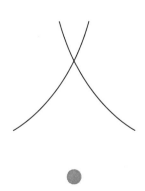

-국가계약, 지방계약, 공공기관계약과 관련하여-

박영사

이 과제는 부산대학교 기본연구지원사업(2년)에 의하여 연구되었음

우선, 독자에게 이 책을 쓰게 된 연유를 밝히는 것이 도리인 것 같다. 1990년 제9회 군법무관임용시험에 합격한 이후 교육 기간을 제외한 대부분의 기간을 법제업무, 군수조달, 계약 등과 관련된 일을 하였다. 일을 하면서 정부계약, 공공계약의 중요성을 알게 되었고, 한국 사회에서 아직 이 분야가 크게 연구가 되지 않은 분야라고 생각했다. 이 분야의 중요성과 함께 아직도 많은 연구가 되지 않고 있다는 인식에는 지금도 변함이 없다.

2006년부터 대학에서 근무하게 되면서 공공계약 분야를 계속해서 공부하고 싶은 열망이 있었다. 또한, 개인적으로 지적재산권의 이용과 관련된 계약, 흔히 라이선스계약이라고 부르는 것과 정부계약과 많은 부분에서 연관성을 가지고 있어서 같이 연구를 하고 싶다는 생각도 있었다. 이런 이유로 대학원에서 '정부계약법'이라는 교과목으로 강의를 개설하였고, 법학전문대학원이 출발하면서부터는 법학전문대학원에서도 동일한 교과목으로 강의를 개설하여 강의를 하고 있다.

그런데 이 책을 출간할 때에 책 제목을 '정부계약법'이라는 용어에서 공공계약법이라고 변경하였는데 국가계약, 지방계약, 공공기관계약 등을 모두 포섭하는 말이 공공계약이라고 판단되어 이 용어를 사용하게 되었다.

강의를 개설하면서 강의안을 마련하는 것과 함께 개인적으로 공부한 것을 정리하고자 하여 만든 것이 이 책의 내용이다. 내용은 많은 부분에서 부족하다고 생각되고, 개인적으로 연구하고 고민하여야 할 부분도 많다. 이 분야를 제대로 공부한 전공자도 아니어서 사실 책을 내는 데 부끄러움과 주저함이 있었다. 그럼에도 불구하고 용기를 내어 출간하게 되었다.

이 책의 내용은 원래 강의안보다 150페이지 정도를 줄였다. 수강생에게 부가적인 설명이나 이해를 돕기 위한 내용들은 모두 삭제하였다. 강의를 위한 보조자료로 사용된 내용이지만, 가능하면 정부계약 또는 공공계약에 대한 기초지식을 습득시키고자 하는 것이 이 책의 주목적이라고 말할 수 있다.

지금 생각해 보니 후회되는 것이 두 가지가 있다. 그 하나는 부족하더라도 빨리

책으로 내어서 조금씩 수정하거나 보완하는 편이 좋았을 것이라는 점과 다른 하나
는 책 출간을 준비하면서 더 철저하게 준비하지 못하였다는 점이다. 빠른 시간 안
에 제23강을 비롯해서 내용을 보완할 생각이다.

　이 책을 발간하는 데 도움을 받은 분들이 있다. 박세훈 변호사와 송진민 검사는
변호사 시험을 친 후 합격자 발표가 있는 사이에 귀한 시간을 내어서 내용을 꼼꼼
하게 살펴보면서 문장과 내용을 교정해 주었다. 출간에 상당히 큰 도움이 되었다.
감사의 말을 남기고 싶다.

　그리고 이 책을 발간하는 계기를 마련해 준 박영사 정성혁 대리님과 교정과 교
열을 담당해 준 편집부 윤혜경 선생님께도 진심으로 감사의 말을 전하고 싶다.

2021. 9.

계승균

차례

제1강

정부계약의 의미

제1강

정부계약의 의미

Ⅰ. 의의

계약은 무엇인가 하는 문제는 민사법에서 많이 다루었다. 계약법에서는 계약의 목적을 달성하기 위하여 여러 가지 장치가 있지만, 무엇보다도 계약에서는 계약당사자는 서로 평등하며 대등하다는 이념적 도구가 존재한다. 계약당사자는 서로 합리적이고 이성적인 존재라는 점을 전제로 하고 서로의 법률적 지식이나 판단에 있어서도 서로 다르지 아니할 것이라는 추상적인 이상을 가지고 있다. 따라서 형평 내지 공평이라는 이념도 그 축의 하나이다.

계약의 주체와 관련하여 '정부가 계약의 주체가 된다.'는 의미는 무엇인가라고 생각해 볼 필요가 있다. 우선 우리가 흔히 생각하는 정부는 공권력의 주체이다. 즉, 세금부과나 각종 의무의 제시를 통해서 정부는 국민에게 우월적 입장에서 명령하는 주체로 인식된다. 이러한 우월적 지위에 있는 자가 앞서 언급한 대로 일반 시민과 동등하거나 대등한 계약의 주체가 될 수 있을지 아니면 거꾸로 국민이 자기보다 우월적 지위에 있는 공권력의 주체와 대등한 관계에서 계약을 체결할 수 있을지 하는 의문이 제기된다.

재정을 바탕으로 하는 정부계약[1]은 경제적 의미에서도 중요한 의미를 가지고 있다. 즉, 정부계약시장은 국가경제에 있어서 중요한 역할과 기능을 수행하고 있다. 정부계약을 통한 재정의 집행은 국민경제에 미치는 경제적 파급효과가 크고, 국가 경제 전체뿐만 아니라 지역 경제에 미치는 영향이 크다.

이러한 사정을 종합하여 생각해 보면 정부계약은 어떤 의미를 가지고 있는지 궁금할 수 있다. 아쉽기는 하지만 재정학이나 경제학이 아니라 규범학인 법학의 관점에서 정부계약의 의미를 살펴보고자 한다. 이 분야에 대한 학술적이고 실무적인 연구가 많이 진행되고 있지만 아직 부족한 부분이 많다고 생각된다. 간략하지만 정부계약의 특징을 일반 민사계약과 비교하여 정부계약이 일반 민사계약과 어떤 부분이 차별성이 있는지 살펴보자.

Ⅱ. 정부계약과 일반 민사계약 비교

현행 「국가를 당사자로 하는 계약에 관한 법률(이하에서는 "국가계약법"이라고 함)」 제1조에서 국가계약법의 목적을,

> "이 법은 국가를 당사자로 하는 계약에 관한 기본적인 사항을 정함으로써 계
> 약업무의 원활한 수행을 도모함을 목적으로 한다."

라고 규정하여 국가계약법의 목적이 국가가 계약의 일방 당사자가 되는 계약업무에 대한 계약담당공무원의 효율적이고 적절한 수행을 돕기 위한 것이라는 점을 밝히고 있다. 물론 이러한 규정에 대한 대법원의 시각도 비슷해 보인다. 분명 국회를 통과한 법률임에도 불구하고 대법원[2]은 판례에서 일관되게 국가계약법을 공무원이 내부적으로 지켜야 할 규정으로 보고 있다.

---

[1] 정부계약이라는 용어 외에 공공조달계약, 국가계약, 행정조달계약, 공공계약, 관급계약, 지방계약 등으로 사용되고 있으나 이 책에서는 국가계약, 정부계약, 지방계약이라는 용어를 적절하게 사용하고자 한다.

[2] 대법원 2001. 12. 11. 선고 2001다33604 판결; 대법원 2006. 4. 28. 선고 2004다50129 판결; 창원지방법원 진주지원 2007. 5. 11. 선고 2006가합2219 판결; 낙찰자의 계약이행능력의 심사기준인 방위사업청 지침은, 국가가 사인과의 사이의 계약관계를 공정하고 합리적·효율적으로 처리할 수 있도록 관계 공무원이 지켜야 할 계약사무처리에 관한 필요한 사항을 규정한 것으로서 국가의 내부규정에 불과하고, 대외적 구속력이 인정되지 않으며, 청구인 회사들의 권리·의무에 직접 영향을 미치는 것이 아니므로 헌법소원심판의 대상이 되는 공권력 행사에 해당하지 아니한다. 헌법재판소 2013. 11. 29. 선고 2012헌마763 전원재판부.

"국가를당사자로하는계약에관한법률은 국가가 계약을 체결하는 경우 원
칙적으로 경쟁입찰에 의하여야 하고(제7조), 국고의 부담이 되는 경쟁입찰
에 있어서 입찰공고 또는 입찰설명서에 명기된 평가기준에 따라 국가에 가
장 유리하게 입찰한 자를 낙찰자로 정하도록(제10조 제2항 제2호) 규정하
고 있고, 같은법 시행령에서 당해 입찰자의 이행실적, 기술능력, 재무상태,
과거 계약이행 성실도, 자재 및 인력조달가격의 적정성, 계약질서의 준수정
도, 과거공사의 품질정도 및 입찰가격 등을 종합적으로 고려하여 재정경제
부장관이 정하는 심사기준에 따라 세부심사기준을 정하여 결정하도록 규정
하고 있으나, 이러한 규정은 국가가 사인과의 사이의 계약관계를 공정하고
합리적·효율적으로 처리할 수 있도록 관계 공무원이 지켜야 할 계약사무처
리에 관한 필요한 사항을 규정한 것으로, 국가의 내부규정에 불과하다 할
것이다."

라고 판시하고 있다. 국가계약법의 규정을 정부 등이 계약행위를 할 때 공정
성과 효율성을 유지하기 위한 것으로 이해하고 있는 것이 판례의 태도이다. 이런
태도는 정부계약이라고 하여 일반계약과 다르지 않다. 그러나 다음과 같은 점에
서 일반 민사계약과 정부계약은 차이점이 있어 보인다.

일반 민사계약의 주체는 기본적으로 자신의 이익을 추구하는 개인 내지 기업
이 주류를 형성하지만, 정부계약은 중앙정부나 지방자치단체, 공공기관이 주체가
된다. 정부계약의 주체와 관련해서 국가계약법 제2조에는,

"이 법은 국제입찰에 의한 정부조달계약, 국가가 대한민국 국민을 계약상대자
로 하여 체결하는 계약(세입의 원인이 되는 계약을 포함한다)등 국가를 당사
자로 하는 계약에 대하여 적용한다."[3]

---

3) 지방계약법 제2조(적용 범위) 이 법은 지방자치단체(「지방자치법」 제2조에 따른 지방자치
단체를 말한다. 이하 같다)가 계약상대자와 체결하는 수입 및 지출의 원인이 되는 계약
등에 대하여 적용한다. 또한 공공기관의 운영에 관한 법률 제39조의 제2항과 제3항에는
② 공기업·준정부기관은 공정한 경쟁이나 계약의 적정한 이행을 해칠 것이 명백하다고 판
단되는 사람·법인 또는 단체 등에 대하여 2년의 범위 내에서 일정기간 입찰참가자격을 제
한할 수 있다. ③ 제1항과 제2항의 규정에 따른 회계처리의 원칙과 입찰참가자격의 제한기
준 등에 관하여 필요한 사항은 기획재정부령으로 정한다고 규정하고 있고, 이 조항에 따라
「공기업·준정부기관 계약사무규칙」이 제정되어 공기업·준정부기관의 경우에도 계약의
기준과 절차, 입찰참가자격의 제한 등에 관한 사항을 규정하고 있다.

라고 하여 국가계약법의 적용범위를 정하고 있지만 실제로는 정부계약의 정의에 해당된다. 즉, 계약의 일방 당사자가 중앙정부의 기관4)이거나 지방자치단체인 경우를 말한다. 그리고 공공기관의 운영에 관한 법률에 따른 공공기관이 계약의 일방 당사자가 되는 경우에도 정부계약법령을 준용하고 있다.5)

정부계약의 정의와 정부계약의 범위에 관해서는 다양한 견해6)가 존재한다. 여기서 필자는 개인적으로 오래전부터 사용해 오고 있는 개념인 정부계약이라는 용어를 사용하고자 한다. 그리고 정부계약의 범위에는 우리가 흔히 생각하는 조달계약 이외에도 행정청의 일반재산의 매각, 대부 등 세입의 원인이 되는 계약을 포함하는 것으로 전제하고자 한다.

일반 민사계약과 정부계약의 차이점을 살펴보면, 첫째, 계약의 과정 내지 성격의 경우, 일반 계약은 계약 목적의 달성 여부가 중요하므로 결과 중심적이지만, 정부계약은 법령에 적합하게 운영되어야 하므로 과정 내지 절차 중심적7)이라고 할 수 있다.

둘째, 계약시장에의 접근이라는 측면에서 본다면 일반 민사계약시장은 불평등 내지 불균형적이다. 이념적으로는 계약을 체결하는 당사자가 동등하다. 다만, 일반 민사계약의 실제 시장은 접근 기회에 있어서 불평등할 가능성이 있으나, 정부계약시장은 기회에 있어서는 균등하다고 할 수 있다. 정부계약시장은 공공적 성격을 가진다. 중소기업이나 지방기업에 대한 배려를 하고 있을 뿐만 아니라, 지역 경제의 활성화에 기여하고, 국가의 균형발전을 도모하고, 사회적 약자를 배려하는 정책을 가지고 있다.

셋째, 계약당사자의 관계를 생각해 보면 계약 목적의 달성이라는 공통점이 있다. 그러나 일반 민사계약은 서로의 이익을 중시 여기는 경쟁관계이나, 정부계약은 계약 목적 달성이 주로 공공적 성격을 가지는 경우가 많기 때문에 쌍방적 협

---

4) 국가를 당사자로 하는 계약에 관한 법령의 조달청 해석기준 제2조 2-2에 따르면 「국가를 당사자로 하는 계약에 관한 법령」에서 국가라 함은 동 법령의 적용을 받는 국가기관을 의미하는 것으로서 「국가재정법」 제6조에 규정한 국회, 대법원, 헌법재판소, 중앙선거관리위원회, 「헌법」 또는 「정부조직법」 기타 법률에 의하여 설치된 중앙행정기관을 말하며 국가기관으로부터 계약에 관한 사무를 위탁받은 기관도 포함된다.
5) 대법원 2014. 12. 24. 선고 2010다83182 판결; 대법원 2014. 11. 27. 선고 2013두18964 판결; 대법원 2013. 9. 12. 선고 2011두10584 판결.
6) 다양한 견해에 대해서는 김성근, 정부계약법 해설I, 건설경제, 2013, 6-9면 참조.
7) 대법원 2006. 6. 29. 선고 2005다41603 판결.

력관계를 전제로 한다.

넷째, 민사계약은 계약당사자끼리 계약관계 내부에서의 통제가 주를 형성하지만, 정부계약은 법령에 의한,[8] 정부기관에 의한 외부적 통제도 작용한다.

다섯째, 일반 민사계약의 계약대금은 사적 자금이지만, 정부계약은 세금 내지 기금, 공적 자금 등 국민으로부터 나오는 자금이다.

여섯째, 일반 민사계약은 계약체결이라는 것이 중심에 있지만, 정부계약은 이에 못지않게 계약체결 절차에 대한 통제 내지 간섭이 법령에 산재하고 있다. 따라서 일반 계약은 계약체결 여부에 대한 위험을 계약당사자가 직접 부담하지만, 정부계약에서는 정해진 절차에 따라 이루어지기 때문에 어느 정도 체결 여부에 대한 위험성은 없다. 정부계약은 계약상대자의 입장에서는 계약체결에 따른 위험성은 비교적 작다고 말할 수 있다.

다른 한편으로는 일반 민사계약은 시장가격의 변화에 따라 즉각 내지 적시적(適時的)으로 대응할 수 있지만, 정부시장에서는 가격변화에 대해서 예민하게 대응하지 못하는 단점이 있다. 이는 정부계약의 경우 법령에 의한 사전적인 제한과 사후 감사 내지 검증이 있기 때문에 경제성 또는 효율성보다는 적법성과 공익성이 강조되기 때문이다.

또한, 일반 민사계약은 결과 중심, 즉 계약당사자의 계약 목적 달성에 따른 개인적 이익이 주목적이지만, 공공계약은 재정집행을 통한 사회적·경제적 정책의 달성이라는 정책적 목적도 부수적 효과로서 중요하다.

---

8) 지방자치단체가 사법상 계약을 체결하면서 법령상의 요건과 절차를 이행하지 않은 경우에는 그 계약은 효력이 없다. 대법원 1993. 11. 9. 선고 93다18990 판결.

제2강

정부계약과 구별 개념

제2강

정부계약과 구별 개념

Ⅰ. 공법상 계약

공법상 계약[1]이란 복수 당사자 사이에서 반대방향의 의사표시 합치에 의하여 행정법상으로 구체적인 법률관계의 형성·변경·소멸을 발생시키는 공법행위를 의미한다. 공법상의 계약이라는 개념은 독일에서 형성되었고, 사인의 이익을 도모하는 사인간의 계약과 구별되어야 하는데, 프랑스의 행정계약, 영미법상의 영미의 정부계약과는 다른 의미이다.

Ⅱ. 행정법상의 확약

행정법상의 확약이란 행정기관이 국민에 대해서 자기구속을 할 의도로 장래에 향하여 일정한 행정행위를 하거나, 하지 않을 것을 약속하는 의사표시를 말한다. 예를 들면 각종 인·허가에 관한 내인가·내허가, 공무원 임용의 내정, 자진

---

1) 김대인, 행정계약법의 이해, 경인문화사, 2007, 19면.

납세자에 대한 세율인하 약속 등이다.

Ⅲ. 행정계약

행정계약이란 행정주체와 국민 사이 또는 행정주체 사이에 직접·간접으로 행정목적을 수행하기 위하여 이루어지는 합의를 의미한다. 행정계약과 사법상 계약의 구별실익은 행정소송법상의 공법상 당사자소송의 대상이 되는지 여부에 있다.

Ⅳ. 국유재산의 처분 등

국유재산 처분이란 정부계약과 국가가 가지고 있는 재산의 처분이나 대여 등의 행위인데 정부계약과 구별하여야 한다. 이것을 언급하는 이유는 국유재산법 등에서 처리절차를 대부분 국가계약법을 준용하고 있기 때문이다. 처분 등과 관련된 개념은 기부채납, 사용수익허가, 대부, 매각, 양여 등이다.

1. 기부채납

기부채납에 대해서는 국유재산법 제2조 제2호에서,

> "국가 외의 자가 제5조제1항 각 호에 해당하는 재산의 소유권을 무상으로 국가에 이전하여 국가가 이를 취득하는 것을 말한다."

라고 정의하고 있고, 국가가 이를 취득하면 국유재산(제1호)이 된다. 제13조에서는 그 취득 절차와 조건 등에 관해서 규정하고 있다. 원칙적으로 총괄청이나 관리청은 국가에 기부하려는 재산이 국가가 관리하기 곤란하거나 필요하지 아니한 것인 경우 또는 기부에 조건이 붙은 경우에는 받아서는 아니 된다. 다음 어느 하나에 해당하는 경우에는 기부에 조건이 붙은 것으로 보지 아니한다. 1. 행정재산으로 기부하는 재산에 대하여 기부자, 그 상속인, 그 밖의 포괄승계인에게 무상으로 사용허가하여 줄 것을 조건으로 그 재산을 기부하는 경우, 2. 행정재산의 용도를 폐지하는 경우 그 용도에 사용될 대체시설을 제공한 자, 그 상속인, 그 밖의 포괄승계인이 그 부담한 비용의 범위에서 제55조 제1항 제3호에 따라 용도폐지된 재산을 양여할 것을 조건으로 그 대체시설을 기부하는 경우이다(제13조 제2항).

　국유재산법 시행령 제8조에 따르면 국가가 기부를 받는 경우 기부서를 받아야 하고, 기부를 조건으로 건물이나 그 밖의 영구시설물을 축조하는 경우에는 총괄청이나 관리청은 사용허가를 하기 전에 기부 등에 관한 계약을 체결하거나 이행각서를 받아야 한다.

　위의 조항을 종합해 보면 기부채납은 기부자가 자신의 소유재산을 국가나 지방자치단체에 국유재산 또는 공유재산으로 증여하는 기부의 의사표시를 하고, 국가나 지장자치단체는 이를 승낙하는 채납의 의사표시를 함으로써 성립하는 행위이다. 기부채납의 법적 성질은 증여계약이며, 기부채납 해제의 효과와 기부채납 약정만으로 사용·수익권 포기의 의사표시가 있는 것으로 볼 수 있는지 여부에 대해서 대법원[2]은 다음과 같이 판시하고 있다.

　　기부채납은 기부자가 그의 소유재산을 지방자치단체의 공유재산으로 증여하는 의사표시를 하고 지방자치단체는 이를 승낙하는 채납의 의사표시를 함으로써 성립하는 증여계약이고, 증여계약의 주된 내용은 기부자가 그의 소유재산에 대하여 가지고 있는 소유권 즉 사용·수익권 및 처분권을 무상으로 지방자치단체에게 양도하는 것이므로, 증여계약이 해제된다면 특별한 사정이 없는 한 기부자는 그의 소유재산에 처분권뿐만 아니라 사용·수익권까지 포함한 완전한 소유권을 회복한다.

　　기부채납의 약정 속에 기부자가 그의 소유재산에 대한 사용·수익권을 포기하는 의사표시가 당연히 포함된 것으로는 볼 수 없으므로 기부자가 공사하는 도로의 부지에 관하여 소유권에 기한 독점적이고 배타적인 사용·수익권만을 포기하는 의사표시가 있다고 인정하기 위하여는 단순히 도로부지에 대한 기부채납 약정이 있었다는 점만 가지고는 부족하고 이와 더불어 기부채납 해제시 도로부지에 대한 사용·수익권을 포기하겠다는 별도의 의사표시가 있었음이 인정되어야 한다(일반적으로 토지를 기부채납하면서 기부자가 별도로 그 토지의 소유권에 기한 배타적이고 독점적인 사용·수익권을 포기한다는 것은 상상하기 어려운 일이다).

　또한, 대법원[3]은 법령에서 정한 기부서와 권리를 확보하기 위한 서류의 교부

---

　2) 대법원 1996. 11. 8. 선고 96다20581 판결.
　3) 대법원 1999. 2. 5. 선고 98다24136 판결.

가 기부채납의 성립요건인지 여부에 대해 소극적으로 해석하고 있다.

　　구 지방재정법(1995. 1. 5. 법률 제4868호로 개정되기 전의 것) 및 구 예산회계법(1991. 11. 30. 법률 제4408호로 개정되기 전의 것)의 관계 규정에 의하면, 지방자치단체를 당사자로 하는 계약을 체결할 때에는 일정한 사항을 기재한 계약서를 작성하여야 하고, 담당공무원과 계약상대자가 계약서에 기명·날인함으로써 계약이 확정되도록 정하고 있으나, 지방자치단체의 계약에 관한 위의 법률규정 외에 기부채납에 관하여는 별도로 지방재정법 제75조에서 "공유재산에 편입할 물건을 기부하고자 하는 자가 있을 때에는 대통령령이 정하는 바에 따라 이를 채납한다."고 규정하고, 지방재정법시행령 제82조는 지방자치단체의 장이 기부를 채납하는 때에는 기부서와 권리확보에 필요한 서류를 받아야 한다고 규정하고 있으므로, 계약에 관한 위 법률규정은 기부채납의 경우에도 그대로 적용되는 것은 아니라 할 것이며, 또한 기부채납은 기부자가 그의 소유재산을 지방자치단체의 공유재산으로 증여하는 의사표시를 하고 지방자치단체는 이를 승낙하는 채납의 의사표시를 함으로써 성립하는 증여계약으로서 같은법시행령 제82조에서 규정하는 기부서와 권리확보서류도 증여계약의 내용과 성립을 확실하게 하기 위하여 요구되는 것일 뿐이지 그 교부가 증여계약의 성립요건이라고는 볼 수 없다.

　　정부는 기부서를 받고 계약행위를 하도록 요구하고 있을까 하는 의문이 들 수 있다. 거기에 대한 답변으로는 앞서 국유재산법 조항과 대법원 판결문에서 나타나 있는 바와 같이 기부채납은 일종의 증여계약이고, 낙성·불요식 계약이므로 민법 제555조에 따라야 하는데, 즉 서면에 의하지 아니한 증여와 그 해제는 각 계약당사자가 언제든지 할 수 있기 때문이다. 기부채납에 있어서 증여 의사표시가 서면에 의해 이루어진 것으로 보기 어렵다고 한 사례[4]가 있다.

　　그러나 을 제4호증이나 을 제5호증만으로는 그 증여의 의사표시가 서면에 의해 이루어진 것으로 보기는 어렵다. 기록을 살펴보면 을 제5호증에 "(기부채납)"이라는 문구가 기재되어 있기는 하나, 인쇄된 문서의 양식이나 기재내용(기부채납)이라는 기재가 "… 즉시 기공하여도 무방함을 승낙함"이라는 인쇄된 문구 다음에 연이어 가필되어 있고, 그 부분에 날인이 없는 점

---

4) 대법원 1995. 2. 22. 선고 93다29761 판결.

에 비추어 보면, 이는 기공을 승낙하는 취지의 문서이지 서면에 의하여 증여하는 취지의 문서라고 보기는 어렵고, 그렇다면 피고가 이 기공승낙서를 정식의 기부채납서로 보지 않은 것도 옳다고 보아야 할 것이다.

더구나 원심의 오류동 방화도로 개설공사관계서류에 대한 검증결과에 의하면, 망인이 1982. 12. 23.경에 이 사건 토지의 기부채납을 부인하면서 그 이행을 거절한 사실을 알 수 있어 이는 그의 처인 원고가 그를 대리하여 한 증여의 의사를 해제한 것으로 볼 여지가 없는 것도 아니다.

그리고 위와 같이 망인이 기부채납을 부인하는 태도를 취하면서 증여계약서의 작성이나 증여의 이행을 거절하였고, 또 원심이 인정하는 바와 같이 피고가 1989년도 과년도 도로편입용지미매입조서(갑 제10호증의 1,2)에 이 사건 토지를 순번 85번으로 등재하여 관리하여 왔고, 원고가 도로에 편입된 이 사건 토지에 대한 보상을 요구하자 원고에게 이 사건 토지가 과년도 도로편입용지미매입조서에 등재되어 있음을 알리고 재정형편상 일시에 보상하기 어려운 실정이므로 예산이 확보되는 대로 보상순서에 따라 보상하겠다고 통보(갑 제7호증의 3, 민원서류회시)하였다면, 이는 원고가 한 기부채납이나 서면에 의하지 아니한 증여의 의사표시를 망인이 부인하거나 해제한 것을 피고가 수용하거나 승인하고, 나아가 원고에게 보상을 약속한 것으로 볼 여지도 있는 것이므로, 원심으로서는 이 점을 살펴보아야 할 것이다.

2. 사용수익허가

가) 사용수익허가의 의미

사용허가의 의미에 대해서 행정재산을 국가 외의 자가 일정 기간 유상이나 무상으로 사용·수익할 수 있도록 허용하는 것이라고 정의하고 있다(국유재산법 제2조 제7호). 그리고 사용수익허가의 대상은 공용재산, 공공용재산, 기업용 재산으로서 용도나 목적에 장애가 되지 않는 범위에서 사용허가의 대상이 된다. 또한, 보존용 재산은 보존목적의 수행에 필요한 범위에서 사용허가의 대상이 된다. 업용 재산, 보존용 재산과 조건 등에 대해서 규정하고 있다(제30조 제1항).

그리고 사용허가를 받은 자는 사용허가를 받은 자는 그 재산을 다른 사람에게 사용·수익하게 하여서는 아니 된다. 다만, 기부를 받은 재산에 대하여 사용허가를 받은 자가 그 재산의 기부자이거나 그 상속인, 그 밖의 포괄승계인인 경우에는 관리청의 승인을 받아 다른 사람에게 사용·수익하게 할 수 있다(제2항). 다른 사람에게 사용·수익하게 하는 것이 그 용도나 목적에 장애가 되거나 원상회복이 어렵다고 인정되면 관리청은 승인하여서는 아니 된다(제3항).

국가 내지 지방자치단체가 소유하고 있는 재산에 대해서는 원칙적으로 사권설정이 불가능하다. 국유재산법 제11조에는 '사권설정의 제한'이라는 표제로 다음과 같이 규정하고 있다.

> ① 사권(私權)이 설정된 재산은 그 사권이 소멸된 후가 아니면 국유재산으로 취득하지 못한다. 다만, 판결에 따라 취득하는 경우에는 그러하지 아니하다.
> ② 국유재산에는 사권을 설정하지 못한다. 다만, 일반재산에 대하여 대통령령으로 정하는 경우에는 그러하지 아니하다.

그러나 행정목적에 반하지 않는 한 국유재산을 사용·수익할 수 있게 하여야 할 필요가 있다. 예를 들어 국립대학교 내에서 매점을 운영하는 경우 이는 곧 국가의 재정수입증가로도 연결된다. 이런 경우 사용을 하고자 하는 자는 국가로부터 사용수익허가를 받도록 하고 있다. 이것이 사용수익허가이다. 여기서 사용의 의미는 물건의 용법에 따라 쓰는 것이고, 수익은 물건으로부터 과실을 수취하는 것을 의미한다.

행정재산을 국가 이외의 자가 국가로부터 사용·수익허가를 받아 행정재산의 목적외로 사용하는 것을 '행정재산의 목적외사용'이라고 한다.[5] 예를 들어 공물의 일반사용은 도로사용이지만, 공물의 특별사용은 허가사용, 특허사용, 관습법에 의한 특별사용, 계약에 의한 사용, 공물의 영조물적 사용 등이 있다.

나) 사용수익허가의 법적 성격

사용수익허가의 법적 성격에 관해서는 의견이 나뉜다.

(1) 공법관계설

공법관계설은 앞서 언급한 행정재산의 목적외사용에 관한 법적 성격을 공법관계로 파악하는 학설이다. 이 설의 첫 번째 근거는 국유재산법 제2조 제7호, 제

---

5) 김백진, 국유재산법(제2판), 한국학술정보, 2013, 225면.

30조 및 「공유재산 및 물품관리법」 제2조 제7호,[6] 제20조 제1항[7])이 행정재산의 목적외사용은 행정기관의 허가사항, 즉 행정처분의 형식에 의하도록 하고 있다는 점을 들고 있다. 그리고 두 번째 근거는 국유재산의 사용료 등의 연체료 징수절차가 국세징수법상의 체납처분절차에 따라 처리하도록 규정하고 있다는 점을 든다(국유재산법 제73조 제2항[8]). 세 번째 근거는 행정재산의 목적외사용의 법률관계의 소멸을 허가의 취소, 철회라는 행정처분의 형식에 의하도록 하고 있다는 점을 든다(제36조).

(2) 사법관계설

사용허가라는 용어만으로 그 실체를 파악할 수 없으며, 사용, 수익은 오로지 사용수익자의 사적 이익을 도모하는 데 있다는 점에서 사법관계로 보는 학설이다.

(3) 이원적 법률관계설

이원적 법률관계설은 국유재산의 사용수익이라는 법률관계의 발생과 소멸, 사용료징수 등은 형식적으로는 공법적으로 규율하고 있지만, 사용수익이라고 하는 실체적 내용은 민사법의 임대차관계와 같다는 학설이다. 따라서 특별히 공법적 규정으로 처리하고 있는 경우를 제외하고는 행정재산의 목적외사용에 관한 법률관계는 사법관계라는 학설이다.

(4) 판례

우리 대법원[9])은 행정재산의 사용·수익허가에 대한 법적 성질은 행정처분으

---

6) "사용·수익허가"란 제5조제2항에 따른 행정재산을 해당 지방자치단체 외의 자가 일정 기간 유상이나 무상으로 사용·수익할 수 있도록 허용하는 것을 말한다.

7) 제20조(사용·수익허가) ① 지방자치단체의 장은 행정재산에 대하여 그 목적 또는 용도에 장애가 되지 아니하는 범위에서 사용 또는 수익을 허가할 수 있다.

8) ② 중앙관서의 장등은 국유재산의 사용료, 관리소홀에 따른 가산금, 대부료, 변상금 및 제1항에 따른 연체료가 납부기한까지 납부되지 아니한 경우에는 다음 각 호의 방법에 따라 「국세징수법」 제23조와 같은 법의 체납처분에 관한 규정을 준용하여 징수할 수 있다.
   1. 중앙관서의 장(일반재산의 경우 제42조제1항에 따라 관리·처분에 관한 사무를 위임받은 자를 포함한다. 이하 이 호에서 같다)은 직접 또는 관할 세무서장이나 지방자치단체의 장(이하 "세무서장등"이라 한다)에게 위임하여 징수할 수 있다. 이 경우 관할 세무서장등은 그 사무를 집행할 때 위임한 중앙관서의 장의 감독을 받는다.
   2. 제42조제1항에 따라 관리·처분에 관한 사무를 위탁받은 자는 관할 세무서장등에게 징수하게 할 수 있다.

로서 강학상 특허에 해당된다고 판시하고 있다.

공유재산의 관리청이 행정재산의 사용·수익에 대한 허가는 순전히 사경
제주체로서 행하는 사법상의 행위가 아니라 관리청이 공권력을 가진 우월
적 지위에서 행하는 행정처분으로서 특정인에게 행정재산을 사용할 수 있
는 권리를 설정하여 주는 강학상 특허에 해당한다.
행정재산의 사용·수익허가처분의 성질에 비추어 국민에게는 행정재산의
사용·수익허가를 신청할 법규상 또는 조리상의 권리가 있다고 할 것이므로
공유재산의 관리청이 행정재산의 사용·수익에 대한 허가 신청을 거부한 행
위 역시 행정처분에 해당한다.

그리고 국유재산 관리청이 행한 사용료 부과에 관한 법적 성질도 행정처분으
로 보고 있다.[10]

국유재산의 관리청이 행정재산의 사용·수익을 허가한 다음 그 사용,수익
하는 자에 대하여 하는 사용료 부과는 순전히 사경제주체로서 행하는 사법
상의 이행청구라 할 수 없고, 이는 관리청이 공권력을 가진 우월적 지위에
서 행한 것으로서 항고소송의 대상이 되는 행정처분이라 할 것이다.
국유재산에 관하여 관습에 의한 법정지상권이 성립된 경우 그 지료에 관
하여는 당사자의 청구에 의하여 법원이 이를 정한다고 규정한 민법 제366
조를 준용하여야 할 것이고, 이 때 토지소유자는 법원에서 상당한 지료를
결정할 것 을 전제로 하여 바로 그 급부를 청구할 수 있다.

그리고 행정재산의 사용·수익 허가에 따른 사용료를 납부기한까지 납부하지
않은 경우에 부과되는 가산금과 중가산금의 법적 성질에 대해서도,

국유재산 등의 관리청이 하는 행정재산의 사용·수익 허가에 따른 사용
료에 대하여는 국유재산법 제25조 제3항의 규정에 의하여 국세징수법 제21
조, 제22조가 규정한 가산금과 중가산금을 징수할 수 있다 할 것이고, 위
가산금과 중가산금은 위 사용료가 납부기한까지 납부되지 않은 경우 미납

---

9) 대법원 1998. 2. 27. 선고 97누1105 판결; 대법원 2001. 6. 15. 선고 99두509 판결; 대법원
   2006. 3. 9. 선고 2004다31074 판결.
10) 대법원 1996. 2. 13. 선고 95누11023 판결.

분에 관한 지연이자의 의미로 부과되는 부대세의 일종이다.

라고 판시하고 있다.

마찬가지로 국·공유재산 관리청이 행정재산의 사용·수익을 허가한 다음 그
사용·수익하는 자에 대하여 행한 사용·수익허가취소에 대한 분쟁은 행정처분에
대한 다툼으로 보고 있다.[11)

　　국·공유재산의 관리청이 행정재산의 사용·수익을 허가한 다음 그 사
　용·수익하는 자에 대하여 하는 사용·수익허가취소는 순전히 사경제주체로
　서 행하는 사법상의 행위라 할 수 없고, 이는 관리청이 공권력을 가진 우월
　적 지위에서 행한 것으로서 항고소송의 대상이 되는 행정처분이다.

다) 사용수익허가 방법

사용·수익허가의 방법은 국유재산법 제31조에서 네 가지 방법으로 정하고
있다. 일반경쟁, 제한경쟁, 지명경쟁, 수의계약이 그것이다. 행정재산의 사용허가
에 관하여 국유재산법에서 정한 것을 제외하고는 국가계약법의 규정을 준용하도
록 하고 있다.

(1) 일반경쟁

사용수익허가를 하려면 기본적으로는 그 뜻을 공고하여 일반경쟁에 부쳐야
한다(제31조 제1항 본문). 일반경쟁은 2인 이상이 경쟁에 참여하는 것을 말하지만,
국유재산법에서는 경쟁입찰은 1개 이상의 유효한 입찰이 있는 경우 최고가격으
로 응찰한 자를 낙찰자로 정하도록 하고 있다(시행령 제27조 제1항). 시행령 제1항
에 따라 경쟁에 부치는 경우에는 총괄청이 지정·고시하는 정보처리장치를 이용
하여 입찰공고·개찰·낙찰선언을 한다. 이 경우 관리청은 필요하다고 인정하면
일간신문 등에 게재하는 방법을 병행할 수 있다.

---

11) 대법원 1997. 4. 11. 선고 96누17325 판결.

(2) 제한경쟁 · 지명경쟁

사용허가의 목적 · 성질 · 규모 등을 고려하여 필요하다고 인정되면 대통령령으로 정하는 바에 따라 참가자의 자격을 제한하거나 참가자를 지명하여 경쟁에 부칠 수 있다(제31조 제1항 단서). 행정재산이 토지의 용도 등을 고려할 때 해당 재산에 인접한 토지의 소유자를 지명하여 경쟁에 부칠 필요가 있는 경우이거나, 제3항에 따른 사용허가의 신청이 경합하는 경우, 그 밖에 재산의 위치 · 형태 · 용도 등이나 계약의 목적 · 성질 등으로 보아 사용허가받는 자의 자격을 제한하거나 지명할 필요가 있는 경우에는 법 제31조 제1항 단서에 따라 제한경쟁이나 지명경쟁의 방법으로 사용허가를 받을 자를 결정할 수 있다(시행령 제27조 제2항).

(3) 수의계약

앞서 언급한 방법 외에 수의계약에 의해서도 사용수익자를 정할 수 있다. 수의계약의 사유는 다음과 같다(시행령 제27조 제3항).

1. 주거용으로 사용허가를 하는 경우
2. 경작용으로 실경작자에게 사용허가를 하는 경우
3. 외교상 또는 국방상의 이유로 사용 · 수익 행위를 비밀리에 할 필요가 있는 경우
4. 천재지변이나 그 밖의 부득이한 사유가 발생하여 재해 복구나 구호의 목적으로 사용허가를 하는 경우
5. 법 제34조제1항 또는 다른 법률에 따라 사용료 면제의 대상이 되는 자에게 사용허가를 하는 경우
6. 국가와 재산을 공유하는 자에게 국가의 지분에 해당하는 부분에 대하여 사용허가를 하는 경우
7. 두 번에 걸쳐 유효한 입찰이 성립되지 아니한 경우
8. 그 밖에 재산의 위치 · 형태 · 용도 등이나 계약의 목적 · 성질 등으로 보아 경쟁입찰에 부치기 곤란하다고 인정되는 경우

라) 사용수익허가절차

경쟁입찰을 기준으로 설명하면 다음과 같다. 입찰공고에 앞서 사용료예정가격을 산출하는데 이에 대한 설명은 생략하고자 한다. 입찰공고에는 경쟁에 부치려는 사항에 관하여 구체적으로 밝히고 통지하여야 한다. 시행규칙 제15조에서는 경쟁입찰공고를 할 경우 대상재산의 용도 또는 목적에 따라 다음의 사항을 공고하도록 하고 있다.

1. 사용허가의 대상 재산 및 허가기간에 관한 사항
2. 입찰 · 개찰의 장소 및 일시에 관한 사항
3. 입찰참가자의 자격에 관한 사항
4. 입찰보증금과 국고귀속에 관한 사항
5. 입찰무효에 관한 사항
6. 사용료의 예정가격 및 결정방법에 관한 사항
7. 사용허가기간 만료 시 갱신 여부에 관한 사항
8. 사용허가 갱신 시 사용허가기간 및 사용료 결정방법에 관한 사항
9. 그 밖에 입찰에 필요한 사항

마) 사용허가기간

(1) 일반적인 사용허가기간

기본적으로 행정재산의 사용허가기간은 5년 이내로 한다. 다만, 제34조 제1항 제1호의 경우에는 사용료의 총액이 기부를 받은 재산의 가액에 이르는 기간 이내로 한다(국유재산법 제35조 제1항). 법령에서는 최소허가기간을 규정하고 있지 않다. 이를 긍정할 것인가 또는 부정할 것인가는 국유재산의 성격, 종류, 대상, 이용하는 방법 등에 따라 결정되어야 한다. 예를 들어 여름의 해수욕장의 사용을 위한 허가와 같은 경우에는 몇 달 동안만 사용 · 수익허가를 할 수 있다고 본다. 극단적으로는 행정재산의 종류와 사용허가의 대상 및 사용 성격에 따라서는 단하루의 사용허가기간도 가능하다고 본다.

(2) 사용허가 갱신

사용수익허가기간이 끝난 재산에 대하여 대통령령으로 정하는 경우를 제외하고는 5년을 초과하지 아니하는 범위에서 종전의 사용허가를 갱신할 수 있다. 다만, 수의의 방법으로 사용허가를 할 수 있는 경우가 아니면 1회만 갱신할 수 있다. 제2항에 따라 갱신 받으려는 자는 허가기간이 끝나기 1개월 전에 중앙관서의 장에 갱신을 신청하여야 한다(제35조 제2항, 제3항).

그리고 사용허가 갱신이 허용되지 않는 경우에 대해서 아래와 같이 규정하고 있다(제34조).

1. 법 제30조제1항의 사용허가 범위에 포함되지 아니한 경우
2. 법 제36조제1항 각 호의 어느 하나에 해당하는 경우
3. 사용허가한 재산을 국가나 지방자치단체가 직접 공용이나 공공용으로 사용하기 위하여 필요한 경우
4. 사용허가 조건을 위반한 경우
5. 중앙관서의 장이 사용허가 외의 방법으로 해당 재산을 관리·처분할 필요가 있다고 인정되는 경우

그리고 묵시적 사용수익허가가 가능한지 의문이 생길 수 있다. 예를 들어, 사용수익허가를 받은 자가 1개월 전에 갱신을 신청하였으나 중앙관서의 장이 아무런 회신이나 조치를 취하지 않은 경우에 묵시적으로 사용수익허가가 갱신되었는지에 관해서 분쟁이 발생할 수 있다.

바) 사용허가의 제한

(1) 영구시설물축조를 위한 사용수익허가의 금지

국가 외의 자는 국유재산에 건물, 교량 등 구조물과 그 밖의 영구시설물을 축조하지 못한다. 다만, 다음 각 호의 어느 하나에 해당하는 경우에는 그러하지 아니하다. 기부를 조건으로 축조하는 경우, 다른 법률에 따라 국가에 소유권이 귀속되는 공공시설을 축조하는 경우, 제50조 제2항에 따라 매각대금을 나누어 내

고 있는 일반재산으로서 대통령령으로 정하는 경우, 그 밖에 국유재산의 사용 및 이용에 지장이 없고 국유재산의 활용가치를 높일 수 있는 경우로서 대부계약의 사용목적을 달성하기 위하여 중앙관서의 장 등이 필요하다고 인정하는 경우에는 영구시설물을 축조할 수 있다(제18조 제1항).

(2) 사용허가를 받은 자가 다른 사람에게 사용수익하게 하는 경우

사용허가를 받은 자는 그 재산을 다른 사람에게 사용·수익하게 하여서는 아니 된다. 다만, 기부를 받은 재산에 대하여 사용허가를 받은 자가 그 재산의 기부자이거나 그 상속인, 그 밖의 포괄승계인인 경우에는 중앙관서의 장의 승인을 받아 다른 사람에게 사용·수익하게 할 수 있다(제30조 제2항). 사용수익허가를 받은 사람이 다른 사람에게 사용수익허가를 한 경우는 민사법상의 계약관계에 불과하므로 약정으로 양 당사자는 전대를 할 수 있다.[12]

> 한국공항공단이 정부로부터 무상사용허가를 받은 행정재산을 구 한국공항공단법(2002. 1. 4. 법률 제6607호로 폐지) 제17조에서 정한 바에 따라 전대하는 경우에 미리 그 계획을 작성하여 건설교통부장관에게 제출하고 승인을 얻어야 하는 등 일부 공법적 규율을 받고 있다고 하더라도, 한국공항공단이 그 행정재산의 관리청으로부터 국유재산관리사무의 위임을 받거나 국유재산관리의 위탁을 받지 않은 이상, 한국공항공단이 무상사용허가를 받은 행정재산에 대하여 하는 전대행위는 통상의 사인간의 임대차와 다를 바가 없고, 그 임대차계약이 임차인의 사용승인신청과 임대인의 사용승인의 형식으로 이루어졌다고 하여 달리 볼 것은 아니다.

다만 다른 사람에게 전대를 하는 경우 중앙관서의 장은 사용·수익이 그 용도나 목적에 장애가 되거나 원상회복이 어렵다고 인정되면 승인하여서는 아니 된다(제31조 제3항). 여기서 중앙관서의 장이 행하는 다른 사람이 국유재산을 사용수익하게끔 하는 전대 승인은 공권력의 주체로서 우월적 지위에서 행하는 행정처분으로서 전대인에게 행정재산을 사용할 수 있는 권리를 설정하여 주는 강학상 특허에 해당되고 이러한 승인행위는 재량행위의 성격을 가진다.[13]

---

12) 대법원 2004. 1. 15. 선고 2001다12638 판결.
13) 김백진, 앞의 책, 249면.

사) 사용허가와 부관

민법상의 부관(附款)이란 조건과 기한을 말한다. 넓은 의미의 부관은 매매계약처럼 법률행위의 효력에 관하여 해당 법률행위의 내용으로 부가된 약관을 의미하고, 좁은 의미의 부관은 조건이나 기한과 같이 효과의사의 내용으로서 부가된 약관을 말한다. 행정법에서의 부관은 행정행위의 효과를 제한하기 위하여 그 주된 내용에 부가되는 부대적 규율을 의미한다. 행정행위 부관에는 위에서 언급한 조건, 기한 외에 부담, 철회권 유보 등이 있다.

사용수익허가에서 상대방에게 부관을 부과하더라도 상대방이 수인하기 어려운 불확정적인 지위에 두게 하는 것은 아니기 때문에 일반적으로 부관을 인정할 수 있다. 그러나 이러한 경우에도 부당결부금지원칙이나 비례원칙 등을 준수하여야 한다.

사용수익허가를 받은 후에 사용목적물에 수리가 필요한 경우 누가 수리비용을 부담하여야 하는지 문제된다. 국유재산법 시행규칙 별지 제3호의 서식에 따른 국유재산사용허가서 제8조에는 다음과 같이 규정되어 있다.

> 제8조(사용허가재산의 보존) 사용인은 선량한 관리자의 주의로써 사용허가재
> 산을 보존할 책임을 지며, 그 사용에 필요한 보수를 하여야 한다.

따라서 사용수익자가 사용허가에 따라 수리비용을 부담하고 보수와 보존을 할 의무를 진다.

아) 사용료

(1) 의미

행정기관은 행정재산을 사용허가한 경우에 대통령령으로 정하는 요율(料率)과 산출방법에 따라 매년 사용료를 징수한다(제32조 제1항). 제1항의 사용료는 대통령령으로 정하는 바에 따라 나누어 내게 할 수 있다. 이 경우 연간 사용료가 대통령령으로 정하는 금액 이상인 경우에는 사용허가(허가를 갱신하는 경우를 포함한다)할 때에 그 허가를 받는 자에게 대통령령으로 정하는 금액의 범위에서 보증

금을 예치하게 하거나 이행보증조치를 하도록 하여야 한다.

(2) 사용료 면제

사용수익허가처분에 따라 부과된 사용료가 면제되는 경우가 있다. 행정재산으로 할 목적으로 기부를 받은 재산에 대하여 기부자나 그 상속인, 그 밖의 포괄승계인에게 사용허가하는 경우, 건물 등을 신축하여 기부채납을 하려는 자가 신축기간에 그 부지를 사용하는 경우, 행정재산을 직접 공용·공공용 또는 비영리 공익사업용으로 사용하려는 지방자치단체에 사용허가하는 경우, 행정재산을 직접 비영리 공익사업용으로 사용하려는 대통령령으로 정하는 공공단체에 사용허가하는 경우에는 사용료가 면제된다. 그리고 사용허가를 받은 행정재산을 천재지변이나 「재난 및 안전관리 기본법」 제3조 제1호의 재난으로 사용하지 못하게 되면 그 사용하지 못한 기간에 대한 사용료를 면제할 수 있다(제34조).

(3) 사용료조정

국유재산법 제33조는 사용료 조정에 관해서 규정하고 있다. 중앙관서의 장은 동일인(상속인이나 그 밖의 포괄승계인은 피승계인과 동일인으로 본다)이 같은 행정재산을 사용허가기간 내에서 1년을 초과하여 계속 사용·수익하는 경우로서 대통령령으로 정하는 경우에는 사용료를 조정할 수 있다. 사용료가 조정되는 해당 연도 사용료의 산출방법은 대통령령으로 정한다.

자) 연체료

중앙관서의 장 등은 국유재산의 사용료, 관리소홀에 따른 가산금, 대부료, 매각대금, 교환자금 및 변상금(징수를 미루거나 나누어 내는 경우 이자는 제외한다)이 납부기한까지 납부되지 아니한 경우 대통령령으로 정하는 바에 따라 연체료를 징수할 수 있다. 이 경우 연체료 부과대상이 되는 연체기간은 납기일부터 60개월을 초과할 수 없다. 중앙관서의 장 등은 국유재산의 사용료, 관리소홀에 따른 가산금, 대부료, 변상금 및 제1항에 따른 연체료가 납부기한까지 납부되지 아니한 경우에는 「국세징수법」 제23조와 같은 법의 체납처분에 관한 규정을 준용하여 징수할 수 있다(제73조 제1항, 제2항).

차) 사용허가의 종료

(1) 사용허가의 취소와 철회

중앙관서의 장은 행정재산의 사용수익허가를 받은 자가 다음의 어느 하나에 해당되면 사용수익허가를 취소하거나 철회할 수 있다(제36조 제1항, 제2항).

1. 거짓 진술을 하거나 부실한 증명서류를 제시하거나 그 밖에 부정한 방법으로 사용허가를 받은 경우
2. 사용허가 받은 재산을 제30조제2항을 위반하여 다른 사람에게 사용 · 수익하게 한 경우
3. 해당 재산의 보존을 게을리하였거나 그 사용목적을 위배한 경우
4. 납부기한까지 사용료를 납부하지 아니하거나 제32조제2항 후단에 따른 보증금 예치나 이행보증조치를 하지 아니한 경우
5. 중앙관서의 장의 승인 없이 사용허가를 받은 재산의 원래 상태를 변경한 경우
6. 중앙관서의 장은 사용허가한 행정재산을 국가나 지방자치단체가 직접 공용이나 공공용으로 사용하기 위하여 필요하게 된 경우

그리고 제2항의 경우에 그 철회로 인한 경우, 즉 사용허가된 행정재산을 국가나 지방자치단체가 직접 공용이나 공공용으로 사용하기 위하여 필요하게 된 경우에는 해당 사용허가를 받은 자에게 손실이 발생하면 그 재산을 사용할 기관은 대통령령으로 정하는 바에 따라 보상한다(제3항). 또한 중앙관서의 장은 제1항이나 제2항에 따라 사용허가를 취소하거나 철회한 경우에 그 재산이 기부를 받은 재산으로서 제30조 제2항 단서에 따라 사용 · 수익하고 있는 자가 있으면 그 사용 · 수익자에게 취소 또는 철회 사실을 알려야 한다.

(2) 청문

중앙관서의 장은 사용허가의 취소와 철회를 할 경우에 청문절차를 거쳐야 한다. 여기서 말하는 청문이라는 것은 행정절차법상의 절차로서 행정청이 어떠한

처분을 하기 전에 당사자등의 의견을 직접 듣고 증거를 조사하는 절차를 말한다 (행정절차법 제2조 제5호).

(3) 효과

사용수익허가가 취소 또는 철회되면 기본적으로 사용수익허가의 대상이 된 행정재산을 원래 상태대로 회복시켜 반환할 의무가 있다. 즉, 사용허가를 받은 자는 허가기간이 끝나거나 제36조에 따라 사용허가가 취소 또는 철회된 경우에 그 재산을 원래 상태대로 반환하여야 한다. 다만, 중앙관서의 장이 미리 상태의 변경을 승인한 경우에는 변경된 상태로 반환할 수 있다(제38조).

카) 사용수익권 포기

사용수익허가를 받은 자는 사용수익권을 포기할 수 있다. 사용수익허가가 비록 행정처분의 형식을 취하더라도 그 실체적 내용은 경제적인 재산권적인 성격을 가지고 있는 경우가 많고, 경제적 또는 영업적 성격의 내용이 아니라고 하더라도 사용수익허가받은 자의 개인적 이익을 위한 것이기 때문에 포기하는 것은 가능하다고 판단된다. 그리고 일정한 경우에는 다른 사람에게 사용수익허가권을 양도할 수도 있기 때문에(제30조 제2항) 포기도 가능하다고 생각된다.

3. 지식재산에 대한 특칙

가) 지식재산의 전대 허용

지식재산에 관해서는 특례규정을 두고 있다. 지식재산의 사용허가 또는 대부 (이하 "사용허가등"이라 한다)를 받은 자는 국유재산법 제30조 제2항 본문 및 제47 조 제1항에도 불구하고 해당 중앙관서의 장 등의 승인을 받아 그 지식재산을 다른 사람에게 사용·수익하게 할 수 있다. 또한 저작권 등의 사용허가 등을 받은 자는 해당 지식재산을 관리하는 중앙관서의 장 등의 승인를 받아 그 저작물의 변형, 변경 또는 개작을 할 수 있다(제65조의7).

나) 사용허가방법의 특칙

지식재산의 사용허가 등의 방법 등에 관하여서도 특칙을 두고 있다. 중앙관서의 장 등은 지식재산의 사용허가 등을 하려는 경우에는 제31조 제1항 본문 및 제47조 제1항에도 불구하고 수의(隨意)의 방법으로 하되, 다수에게 일시에 또는 수회에 걸쳐 할 수 있다(제65조의8 제1항). 제1항에 따라 사용허가 등을 받은 자는 다른 사람의 이용을 방해하여서는 안 되며, 중앙관서의 장 등은 방해금지를 위반하여 다른 사람의 이용을 방해한 자에 대하여 사용허가 등을 철회할 수 있다(제2항, 제3항). 다만, 중앙관서의 장 등은 제1항에도 불구하고 제65조의11 제1항에 따른 사용허가 등의 기간 동안 신청자 외에 사용허가 등을 받으려는 자가 없거나 지식재산의 효율적인 관리를 위하여 특히 필요하다고 인정하는 경우에는 특정인에 대하여만 사용허가 등을 할 수 있다. 이 경우 사용허가 등의 방법은 제31조 제1항 본문 및 제2항 또는 제47조 제1항에 따른다(제4항).

다) 사용료 특칙

지식재산의 사용료 등을 산정할 경우에는 제32조 제1항 및 제47조 제1항에도 불구하고 해당 지식재산으로부터의 매출액 등을 고려하여 대통령령으로 정하는 사용료 또는 대부료를 징수한다. 또한, 동일인(상속인이나 그 밖의 포괄승계인은 피승계인과 동일인으로 본다)이 같은 지식재산을 계속 사용·수익하는 경우에는 제33조 및 제47조 제1항은 적용하지 아니 한다(제65조의9). 또한 감면사유도 존재한다. 중앙관서의 장 등은 제34조 제1항 및 제47조 제1항에서 정한 사항 외에 다음 각 호의 어느 하나에 해당하는 경우에는 대통령령으로 정하는 바에 따라 그 사용료 또는 대부료를 감면할 수 있다(제65조의10).

1. 「농업·농촌 및 식품산업 기본법」 제3조제2호에 따른 농업인과 「수산업·어촌 발전 기본법」 제3조제3호에 따른 어업인의 소득 증대, 「중소기업기본법」 제2조에 따른 중소기업의 수출 증진, 그 밖에 이에 준하는 국가시책을 추진하기 위하여 중앙관서의 장등이 필요하다고 인정하는 경우: 면제
2. 그 밖에 지식재산을 공익적 목적으로 활용하기 위하여 중앙관서의 장등이 필요하다고 인정하는 경우: 감면

4. 대부 계약

가) 의미

"대부계약"이란 일반재산을 국가 외의 자가 일정 기간 유상이나 무상으로 사용·수익할 수 있도록 체결하는 계약을 말한다(국유재산법 제2조 제8호). 대부계약은 계약에 의해서 성립한다는 점에서 행정처분으로 다른 사람으로 하여금 사용·수익을 하게끔 하는 사용허가와 구별된다.[14]

종류에는 무상대부와 유상대부가 있고, 이는 민법상의 사용대차와 비슷하지만, 무상대부의 경우에는 법률의 규정에 따라야 한다.

대부계약은 국가재정의 수입원으로서의 기능을 수행하고 있다. 이는 매각, 교환, 양여는 국가재정수입원으로서의 역할을 수행할 뿐, 국가재산을 보존하는 기능은 없지만, 대부계약은 일정 기간 사용·수익하게 한다는 점에서 국가재산 보존의 기능이 있다.

대법원[15]은 대부계약의 법률적 성질은 국가가 사경제주체로서 행하는 상대방과 대등한 입장에서 행하는 사법상의 법률행위(사법상의 계약)에 해당한다고 판시하고 있다.

국유재산법 제31조, 제32조 제3항, 산림법 제75조 제1항의 규정 등에 의하여 국유잡종재산에 관한 관리 처분의 권한을 위임받은 기관이 국유잡종재산을 대부하는 행위는 국가가 사경제 주체로서 상대방과 대등한 위치에서 행하는 사법상의 계약이고, 행정청이 공권력의 주체로서 상대방의 의사 여하에 불구하고 일방적으로 행하는 행정처분이라고 볼 수 없으며, 국유잡종재산에 관한 대부료의 납부고지 역시 사법상의 이행청구에 해당하고, 이를 행정처분이라고 할 수 없다.

국유잡종재산 대부계약에서 정하고 있는 연체료 약정은 일종의 지연배상에 대한 예정으로 볼 것이므로 그 연체료는 이행지체의 책임이 발생할 때 비로소 그 지급의무가 발생한다.

국유잡종재산 대부계약에서 대부료를 지정 기간 내에 납부하지 아니할

---

14) 김백진, 앞의 책, 284면.
15) 대법원 2000. 2. 11. 선고 99다61675 판결.

때에는 국세징수법 제21조, 제22조의 규정을 준용하여 가산금 및 중가산금을 납부하기로 약정하였다 하여도, 조세부과처분은 행정처분이고 대부계약은 사법상의 계약이며, 가산금이라고 하여도 조세부과처분의 경우에는 징벌적 성격의 제재이고 대부계약의 경우에는 지연손해금의 약정으로 보아야 할 것이므로, 자연 그 성질상 준용에는 한계가 있을 수밖에 없어 대부계약의 경우에는 정당한 이행청구(과다청구의 경우라도 정당한 청구로 볼 수 있는 경우는 포함된다.)의 경우에 그 지연 시기 및 이에 따른 가산금의 비율 등만이 준용된다고 할 것이고, 또 국유재산법 제38조, 제25조의 규정에 의하여 국세징수법의 체납처분에 관한 규정을 준용하여 대부료를 징수할 수 있다고 하더라도 이로 인하여 대부계약의 성질이 달라지는 것은 아니라 할 것이므로 대부계약에 있어서는 어느 경우에나 과세처분의 경우처럼 가산금이 부과된다고 할 수는 없다.

나) 대부계약 절차 및 요건

일반재산의 대부계약 체결방법은 사용수익허가규정을 준용하고 있다(제47조 제1항, 제31조 제1항, 제2항). 대부료는 사용수익허가의 사용료규정을 준용하고 있다(제47조 제1항). 대부료는 민법의 임대차의 차임에 해당되는 것으로서 일반재산을 사용하기로 계약을 한 자가 그 사용의 대가로 지불하기로 한 약정금액을 말한다.

무상대부의 요건은 국유재산법에 규정되어 있다(제47조 제1항, 제34조).

그리고 대부기간을 법률로 규정하고 있다. 일반재산의 대부기간은 다음 각 호의 기간 이내로 한다. 다만, 제18조 제1항 단서에 따라 영구시설물을 축조하는 경우에는 10년 이내로 한다(제46조 제1항).

1. 조림을 목적으로 하는 토지와 그 정착물: 10년
2. 제1호 외의 토지와 그 정착물: 5년
3. 그 밖의 재산: 1년

대부기간이 끝난 재산에 대하여 대통령령으로 정하는 경우를 제외하고는 그 대부기간을 초과하지 아니하는 범위에서 종전의 대부계약을 갱신할 수 있다. 다만, 수의계약의 방법으로 대부할 수 있는 경우가 아니면 1회만 갱신할 수 있다.

갱신을 받으려는 자는 대부기간이 끝나기 1개월 전에 중앙관서의 장 등에 신청하여야 한다(제46조 제2항 제3항).

그런데 대부기간을 초과한 계약의 효력을 인정할지에 대해서 다툼이 있다. 대부기간제한을 강행규정으로 보느냐 또는 임의규정으로 보느냐에 따라 결론이 달라질 수 있다. 대부기간을 제한하고 있는 취지에는 국유재산의 활용기간을 정하여 다양한 방법으로 활용하고자 하는 점과 특정인에게 장기간 대부하는 것을 방지하고자 하는 정책적인 의미도 있다. 따라서 기본적으로 대부기간을 초과한 대부계약은 무효라고 보아야 한다.[16]

그리고 우리 민법 제137조에 따르면 법률행위의 일부분이 무효인 때에는 그 전부를 무효로 하는 것이 원칙이지만, 그 무효부분이 없더라도 법률행위를 하였을 것이라고 인정될 때에는 나머지 부분은 무효가 되지 아니한다는 단서규정이 있고, 전부 무효를 하였을 경우 대부계약의 상대방에게 지나치게 가혹하다는 측면에서 국유재산법상의 대부기간으로 단축시켜서 그 기간을 인정하는 것이 타당하다.

5. 매각

매각은 국유재산의 처분(제2조 제4호)의 하나로서 일반재산을 국가 이외의 자에게 소유권을 이전하고 그 반대급부로서 대금을 받는 행위를 말한다. 일반재산 매각의 법적 성질에 관해서 우리 판례[17]는 사법상 계약설을 취하고 있다.

  공유재산매각신청을 거부한 피고(서울특별시장)의 행위는 사경제의 주체로서의 매매거부의 의사표시에 불과하여 항고소송의 대상인 행정행위라 할 수 없고 공유재산매각에는 용도변경절차가 선행되어야 한다고 하더라도 그 용도변경절차의 취소를 구함은 별론으로 하고, 용도변경절차가 공유재산매각신청을 거부한 행위와 아울러 하나의 처분이 되거나 선행절차이므로 매각신청거부도 항고소송의 대상이 되는 행정행위라고는 할 수 없을 것이다.

그리고 대법원은 폐지된 「개간촉진법」 제17조의 규정에 의한 국유개간토지의

---

16) 김백진, 앞의 책, 289면.
17) 대법원 1984. 4. 10. 선고 83누621 판결.

매각행위가 항고소송의 대상이 되는 행정처분인지 여부에 관해 다음과 같이 판단하고 있다.[18]

> 부작위위법확인소송의 대상이 되는 행정청의 부작위라 함은 행정청이 당사자의 신청에 대하여 상당한 기간 내에 일정한 처분을 할 법률상 의무가 있음에도 불구하고 이를 하지 아니하는 것을 말하고, 이 소송은 처분의 신청을 한 자가 제기하는 것이므로 이를 통하여 원고가 구하는 행정청의 응답행위는 행정소송법 제2조 제1항 제1호 소정의 처분에 관한 것이라야 한다.
> 폐지된 개간촉진법 제17조의 규정에 따른 국유개간토지의 매각행위는 국가가 국민과 대등한 입장에서 국토개간장려의 방편으로 개간지를 개간한 자에게 일정한 대가로 매각하는 것으로서 사법상의 법률행위나 공법상의 계약관계에 해당한다고 보아야 하므로 이를 항고소송의 대상이 되는 행정처분이라고 할 수 없다.
> 당사자의 신청에 대한 행정청의 거부처분이 있는 경우에는 행정청이 당사자의 신청에 대하여 상당한 기간 내에 일정한 처분을 하여야 할 법률상의 응답의무를 이행하지 아니함으로써 야기된 부작위라는 위법상태를 제거하기 위하여 제기하는 부작위위법확인소송은 허용되지 아니한다.

사법상 계약으로서 민법 규정을 따라야 하지만, 국유재산의 특수성 때문에 가격결정, 대금납부, 상대방 결정 등은 민법과 다르게 규정하고 있다. 예를 들면, 국유재산법, 국가를 당사자로 하는 계약에 관한 법률, 국가재정법, 국가채권관리법 등의 제한을 받는다. 대가를 받는다는 점에서 양여와 구별되고, 대금을 받는다는 점에서 교환과 구별된다.

6. 양여(讓與)

양여란 국가 이외의 자에게 무상으로 일반재산의 소유권을 이전시키는 것을 의미한다. 양여가 무상으로 타인에게 소유권을 이전시킨다는 점에서 증여와 비슷하지만, 증여는 낙성·불요식 계약으로서 특정 방식을 요하지 않지만, 양여는 기본적으로 국유재산법의 제한을 받는다. 양여의 주체가 국가라는 점, 양여의 대상이 일반재산이라는 점, 그리고 양여가 예외적으로 허용된다는 점에서 증여와 다르다.

---

18) 대법원 1991. 11. 8. 선고 90누9391 판결.

제55조 (양여) ① 일반재산은 다음 각 호의 어느 하나에 해당하는 경우 대통령령으로 정하는 바에 따라 양여할 수 있다.

1. 일반재산을 직접 공용이나 공공용으로 사용하려는 지방자치단체에 양여하는 경우

2. 지방자치단체나 대통령령으로 정하는 공공단체가 유지ㆍ보존비용을 부담한 공공용재산이 용도폐지됨으로써 일반재산이 되는 경우에 해당 재산을 그 부담한 비용의 범위에서 해당 지방자치단체나 공공단체에 양여하는 경우

3. 행정재산을 용도폐지하는 경우 그 용도에 사용될 대체시설을 제공한 자 또는 그 상속인, 그 밖의 포괄승계인에게 그 부담한 비용의 범위에서 용도폐지된 재산을 양여하는 경우

4. 국가가 보존ㆍ활용할 필요가 없고 대부ㆍ매각이나 교환이 곤란한 재산을 양여하는 경우

② 제1항제1호에 따라 양여한 재산이 10년 내에 양여목적과 달리 사용된 때에는 그 양여를 취소할 수 있다.

③ 관리청등은 제1항에 따라 일반재산을 양여하려면 총괄청과 협의하여야 한다.

7. 공무원 임용계약

공무원의 임용계약의 법적 성격에 대해 임명의 효력을 발생시키는 것은 국가의 의사이나 그것이 완전히 유효하기 위하여는 동의를 전제로 하는 단독행위설과 상대방의 동의를 요한다는 쌍방적 행정행위설, 공법상 근무관계의 설정이라는 공법적 효과의 발생을 목적으로 하는 양당사자의 합치에 의해 성립한다는 공법상 계약설 등이 있다.

지방전문직공무원의 채용계약에서 정한 채용기간의 성격, 지방전문직공무원 채용계약 해지 의사표시에 대하여 당사자소송으로 무효확인을 청구할 수 있는지 여부와 채용기간 만료 후 지방전문직공무원 채용계약 해지 의사표시의 무효확인을 구할 법률상 이익 유무에 대해서 판단한 사안[19]을 보면 전문직 공무원인 경우 계약관계로 파악하고 있다.

---

19) 대법원 1993. 9. 14. 선고 92누4611 판결.

지방공무원법과 지방전문직공무원규정등 관계법령의 규정내용에 비추어 보면, 지방전문직공무원 채용계약에서 정한 채용기간이 만료한 경우 채용계약을 갱신하거나 채용기간을 연장할 것인지 여부는 지방자치단체장의 재량에 맡겨져 있는 것으로 보아야 할 것이므로 지방전문직공무원 채용계약에서 정한 기간이 형식적인 것에 불과하고 그 채용계약은 기간의 약정이 없는 것이라고 볼 수 없다.

현행 실정법이 지방전문직공무원 채용계약 해지의 의사표시를 일반공무원에 대한 징계처분과는 달리 항고소송의 대상이 되는 처분 등의 성격을 가진 것으로 인정하지 아니하고, 지방전문직공무원규정 제7조 각호의 1에 해당하는 사유가 있을 때 지방자치단체가 채용계약관계의 한쪽 당사자로서 대등한 지위에서 행하는 의사표시로 취급하고 있는 것으로 이해되므로, 지방전문직공무원 채용계약 해지의 의사표시에 대하여는 대등한 당사자간의 소송형식인 공법상 당사자소송으로 그 의사표시의 무효확인을 청구할 수 있다.

국방일보의 발행책임자인 국방홍보원장으로 채용된 자가 부하직원에 대한 지휘·감독을 소홀히 함으로써 북한의 혁명가극인 '피바다'에 관한 기사가 국방일보에 게재되어 사회적 물의를 야기한 경우, 그 채용계약의 기초가 되는 신뢰관계가 파괴되어 채용계약을 그대로 유지하기 어려운 정도에 이르렀는지 여부, 이러한 점이 계속적 계약의 해지사유에 해당되는지 여부, 계약직공무원에 대한 채용계약 해지의 의사표시의 유효 여부를 판단함에 있어서 이를 일반직 공무원에 대한 징계처분처럼 보아야 하는지 등에 대해서 판단한 사례[20]가 있다.

계약직공무원에 관한 현행 법령의 규정에 비추어 볼 때, 계약직공무원 채용계약해지의 의사표시는 일반공무원에 대한 징계처분과는 달라서 항고소송의 대상이 되는 처분 등의 성격을 가진 것으로 인정되지 아니하고, 일정한 사유가 있을 때에 국가 또는 지방자치단체가 채용계약 관계의 한쪽 당사자로서 대등한 지위에서 행하는 의사표시로 취급되는 것으로 이해되므로, 이를 징계해고 등에서와 같이 그 징계사유에 한하여 효력 유무를 판단하여야 하거나, 행정처분과 같이 행정절차법에 의하여 근거와 이유를 제시하여야 하는 것은 아니다.

---

20) 대법원 2002. 11. 26. 선고 2002두5948 판결.

　　계속적 계약은 당사자 상호간의 신뢰관계를 그 기초로 하는 것이므로, 당해 계약의 존속 중에 당사자의 일방이 그 계약상의 의무를 위반함으로써 그로 인하여 계약의 기초가 되는 신뢰관계가 파괴되어 계약관계를 그대로 유지하기 어려운 정도에 이르게 된 경우에는 상대방은 그 계약관계를 막바로 해지함으로써 그 효력을 장래에 향하여 소멸시킬 수 있다고 봄이 타당하다.

　　국방일보의 발행책임자인 국방홍보원장으로 채용된 자가 부하직원에 대한 지휘·감독을 소홀히 함으로써 북한의 혁명가극인 '피바다'에 관한 기사가 국방일보에 게재되어 사회적 물의를 야기한 경우, 그 채용계약의 기초가 되는 신뢰관계가 파괴되어 채용계약을 그대로 유지하기 어려운 정도에 이르렀다고 한 사례.

경력직 공무원의 임용인 경우 학설은 쌍방적 행위설로 파악하고 있다.

제3강

정부계약과 관련된 법률과 역사

제3강

정부계약과 관련된 법률과 역사

Ⅰ. 우리나라의 법률

우리나라의 국가계약과 관련된 법률들을 간략히 소개하면 다음과 같다.

- 국가를 당사자로 하는 계약에 관한 법률(국가계약법)
- 지방자치단체를 당사자로 하는 계약에 관한 법률(지방계약법)
- 조달사업에 관한 법률
- 방위사업법
- 국유재산법
- 공유재산 및 물품관리법
- 국가재정법
- 민사법
- 국가계약법 및 지방계약법의 시행령, 시행규칙, 관련 예규, 지침, 고시, 공고, 훈령 등

국가계약법은 중앙정부가 주 대상이 되면서 기획재정부가 법률의 관할부서가

되고, 지방계약법은 지방자치단체가 주 적용대상이 되면서 행정안전부가 이 법률의 관할 부서가 된다.

이러한 법률들의 한 가지 특징은 법률 규정이 실질적인 계약 내용에 포함된다는 점이다. 특약사항으로 당사자가 따로 정할수도 있지만, 대부분 법령에 정한 내용이 계약의 내용이 된다.[1] 특히 예규나 지침, 고시 등에 중요한 사항 등이 나와 있다. 이 책에서는 국가계약법의 규정을 중심으로 살펴본다.

Ⅱ. 정부계약법의 연혁

우리나라에서 정부계약과 관련된 법률은 1951. 9. 24. 법률 제217호로 제정된 재정법이었다. 이 법은 정부계약과 관련된 조항을 다음과 같이 규정하였다.

제6장 계약
제57조 각 중앙관서의 장은 매매, 대차, 청부 기타의 계약을 할 경우에 있어서는 모두 공고를 하여 경쟁에 부하여야 한다. 단, 각 중앙관서의 장은 대통령령의 정하는 바에 의하여 지명경쟁 또는 수의계약에 의할 수 있다.

이후에 예산회계법(1961. 12. 19. 법률 제849호로 제정)으로 변경되어 다음과 같이 규정하였다.

제6장 계약
제70조(계약의 방법과 준칙) 각 중앙관서의 장은 매매, 대차, 도급 기타의 계약을 할 경우에는 모두 공고를 하여 경쟁에 붙여야 한다. 단, 각 중앙관서의 장은 각령의 정하는 바에 의하여 지명경쟁 또는 수의계약에 의할 수 있다.

1989. 3. 31.에 법률 제4102호로 개정된 예산회계법 제6장, 제7장에서 비교적 상세하게 정부계약과 관련된 내용을 규정하였다. 우리나라는 1993년에 WTO 정부조달협정에 가입하였고 1996. 1. 1.에 발효되었다. 그리고 1997. 1. 1.부터 정부조달시장을개방하였고 이에 따라 국내법령을 정비하여 WTO 정부조달위원

---

1) 예를 들면, 조달청 공고의 「레미콘·아스콘 다수공급자계약 특수조건」 등이다.

회 보고하도록 하여 있어 1995. 1. 5. 법률 제4868호로 「국가를 당사자로 하는 계약에 관한 법률」을 제정하였다.

지방자치단체의 계약에 관한 법률은 1963. 11. 11. 법률 제1443호로 「지방 재정법」이 제정되었다. 이 법의 제6장에 계약과 관련된 조항이 있었다.

제6장 계약
제52조(계약의 방법) 지방자치단체의 장은 매매·대차·도급 기타의 계약을 할 경우에는 공고를 하여 일반경쟁에 부쳐야 한다. 다만, 각령 또는 조례가 정하는 바에 따라 지명경쟁 또는 수의계약에 의할 수 있다.

1988. 4. 6. 법률 제4006호로 개정되면서 제7장(제59조부터 제63조까지)에 계약 방법에 관한 규정을 두었다.

제7장 계약
제59조(계약의 원칙) 계약은 상호 대등한 입장에서 당사자의 합의에 따라 체결하여야 하며, 당사자는 계약의 내용에 따라 신의와 성실의 원칙에 입각하여 이를 이행하여야 한다.

제60조(계약의 위임) 지방자치단체의 장은 그 소관에 속하는 세입의 원인이 되는 계약사무를 처리하기 위하여 필요하다고 인정할 때에는 경리관에게 계약에 관한 사무를 위임하여 처리하게 할 수 있다.

제61조(계약의 방법) 지방자치단체의 장 또는 그 위임을 받은 공무원은 매매·임차·도급 기타의 계약을 체결하는 경우에는 이를 공고하여 일반경쟁에 붙여야 한다. 다만, 계약의 목적·성질·지역특수성등에 비추어 필요하다고 인정될 때에는 대통령령이 정하는 바에 의하여 참가자의 자격을 제한하거나 참가자를 지명하여 경쟁에 붙이거나 수의계약에 의할 수 있다.

제62조(부정당업자의 입찰참가자격 제한) ① 지방자치단체의 장은 대통령령이 정하는 바에 의하여 경쟁의 공정한 집행 또는 계약의 적정한 이행을 해할 염려가 있거나 기타 입찰에 참가시키는 것이 부적합하다고 인정되는 자에 대

하여는 일정한 기간 입찰참가자격을 제한하여야 한다.

② 제1항의 규정에 의하여 입찰참가자격을 제한받은 자는 그 자격제한기간에 있어서는 각급 지방자치단체에서 시행하는 모든 입찰에의 참가자격이 제한된다. 다른 법령의 규정에 의하여 입찰참가자격의 제한을 받은 자도 또한 같다.

제63조(예산회계법등의 준용) 지방자치단체를 당사자로 하는 계약에 관하여 이 법 및 다른 법령에서 정한 것을 제외하고는 예산회계법 제6장의 규정을 준용한다. 이 경우 "국가" 또는 "국고"는 "지방자치단체"로, "중앙관서의 장"은 "지방자치단체의 장"으로 본다.

지방계약에 관한 사항은 2005. 8. 4. 법률7672호로 「지방자치단체를 당사자로 하는 계약에 관한 법률」이 제정되었다.

제4강

정부계약법령의 법적 성격

제4강

정부계약법령의 법적 성격

일반적으로 국회를 통과한 법률 및 법률에 따른 시행령은 원칙적으로 우리나라에 있는 모든 사람들과 국민들에게 그 효력이 미치지만, 대법원[1]은 일관되게 국가계약에 관한 법령에 있는 입찰절차나 낙찰자 결정기준에 관한 규정의 법적 성질을 계약담당 공무원이 지켜야 할 국가의 내부규정으로 파악하고 있다. 이 내부규정은 계약담당 공무원이 계약사무를 처리할 때에 공정하고, 합리적으로, 효율적으로 처리하기 위한 규정에 지나지 않는다고 보고 있다. 이러한 태도는 확실하게 굳은 것이라고 말하여도 될 정도이다.

국가를당사자로하는계약에관한법률은 국가가 계약을 체결하는 경우 원칙적으로 경쟁입찰에 의하여야 하고(제7조), 국고의 부담이 되는 경쟁입찰에 있어서 입찰공고 또는 입찰설명서에 명기된 평가기준에 따라 국가에 가장 유리하게 입찰한 자를 낙찰자로 정하도록(제10조 제2항 제2호) 규정하고 있고, 같은법시행령에서 당해 입찰자의 이행실적, 기술능력, 재무상태, 과거 계약이행 성실도, 자재 및 인력조달가격의 적정성, 계약질서의 준수정도, 과거 공사의 품질정도 및 입찰가격 등을 종합적으로 고려하여 재정경제부장관이

---

1) 대법원 2001. 12. 11. 선고 2001다33604 판결; 대법원 2006. 4. 28. 선고 2004다50129 판결; 대법원 2006. 6. 19.자 2006마117 결정.

정하는 심사기준에 따라 세부심사기준을 정하여 결정하도록 규정하고 있으나, 이러한 규성은 국가가 사인과의 사이의 계약관계를 공정하고 합리적·효율적으로 처리할 수 있도록 관계 공무원이 지켜야 할 계약사무처리에 관한 필요한 사항을 규정한 것으로, 국가의 내부규정에 불과하다 할 것이다.

계약담당공무원이 입찰절차에서 국가를당사자로하는계약에관한법률 및 그 시행령이나 그 세부심사기준에 어긋나게 적격심사를 하였다 하더라도 그 사유만으로 당연히 낙찰자 결정이나 그에 기한 계약이 무효가 되는 것은 아니고, 이를 위배한 하자가 입찰절차의 공공성과 공정성이 현저히 침해될 정도로 중대할 뿐 아니라 상대방도 이러한 사정을 알았거나 알 수 있었을 경우 또는 누가 보더라도 낙찰자의 결정 및 계약체결이 선량한 풍속 기타 사회질서에 반하는 행위에 의하여 이루어진 것임이 분명한 경우 등 이를 무효로 하지 않으면 그 절차에 관하여 규정한 국가를당사자로하는계약에관한법률의 취지를 몰각하는 결과가 되는 특별한 사정이 있는 경우에 한하여 무효가 된다고 해석함이 타당하다.

제5강

정부계약의 특성

제5강

정부계약의 특성

I. 계약의 의미

계약은 광의로는 사법상 효과의 발생을 목적으로 하는 합의의 총칭을 의미하고, 협의로는 채권의 발생을 목적으로 하는 합의, 채권계약을 의미한다. 우리는 흔히 계약을 "두 개 이상의 의사표시가 서로 합치하여 상대방을 구속하는 효과를 발생시키는 법률행위"로 정의하고 있다. 앞서 이야기한 대로 행정주체 간, 행정주체와 사인 간에 공법적 효과를 발생시켜 공법상의 법률관계에 변경을 가져오는 계약을 공법상 계약이라고 한다. 그런데 국가계약법에서 말하는 계약은 사법상 계약을 의미한다.

계약의 적용범위와 관련하여 국가계약법 제2조에서,

> 이 법은 국제입찰에 따른 정부조달계약과 국가가 대한민국 국민을 계약상대
> 자로 하여 체결하는 계약[세입(歲入)의 원인이 되는 계약을 포함한다] 등 국가
> 를 당사자로 하는 계약에 대하여 적용한다.

라고 규정하고 있다. 여기서 말하는 계약에는 공법상 계약과 사법상 계약이

모두 포함되나, 국가계약법의 내용에 나타난 사법상의 계약을 중심으로 살펴보고
자 한다.

II. 사법상의 계약

앞서 언급하였던 것과 마찬가지로, 우리 판례[1]는 국가계약을 일반 민사상의
계약과 동일한 성질의 것으로 파악하고 있다. 따라서 정부계약은 유상·쌍무계약
으로서 원칙적으로 민사 계약법의 이념이 적용되지만, 한편으로는 공익과 공공성
이라는 특수성을 반영한 계약이라고 말할 수 있다. 그리고 정부계약은 계약의 주
체가 정부 내지 지방자치단체인 점과 계약상대자가 계약에 따른 이행 등을 하지
않은 경우에 불이익을 가하는 부정당업자제재 제도를 가지고 있다는 점이 특징
이다.

지방재정법에 의하여 준용되는 '국가를 당사자로 하는 계약에 관한 법률'
에 따라 지방자치단체가 당사자가 되는 이른바 공공계약은 사경제의 주체
로서 상대방과 대등한 위치에서 체결하는 사법(사법)상의 계약으로서 그 본
질적인 내용은 사인 간의 계약과 다를 바가 없으므로, 그에 관한 법령에 특
별한 정함이 있는 경우를 제외하고는 사적 자치와 계약자유의 원칙 등 사법
의 원리가 그대로 적용된다고 할 것이므로, 계약 체결을 위한 입찰절차에서
입찰서의 제출에 하자가 있다 하여도 다른 서류에 의하여 입찰의 의사가 명
백히 드러나고 심사 기타 입찰절차의 진행에 아무 지장이 없어 입찰서를 제
출하게 한 목적이 전혀 훼손되지 않는다면 그 사유만으로 당연히 당해 입찰
을 무효로 할 것은 아니고, 다만 그 하자가 입찰절차의 공공성과 공정성이
현저히 침해될 정도로 중대할 뿐 아니라 상대방도 그러한 사정을 알았거나
알 수 있었을 경우 또는 그러한 하자를 묵인한 낙찰자의 결정 및 계약체결
이 선량한 풍속 기타 사회질서에 반하는 결과가 될 것임이 분명한 경우 등
이를 무효로 하지 않으면 그 절차에 관하여 규정한 '국가를 당사자로 하는
계약에 관한 법률'의 취지를 몰각하는 결과가 되는 특별한 사정이 있는 경
우에 한하여 무효가 된다고 해석함이 타당하다.
'국가를 당사자로 하는 계약에 관한 법률 시행령'에 따른 계약체결을 위
한 입찰절차에서, 지방자치단체가 공고한 제안요청서에 게시된 '입찰서'를

1) 대법원 2006. 6. 19.자 2006마117 결정.

제출하지 아니한 하자가 같은 법 시행규칙 제44조 제3호의 '입찰서가 입찰
장소에 도착하지 아니한' 것으로 볼 만큼 중대한 하자라고 보기는 어렵다고
한 사례.

입찰보증금 국고귀속 조치에 관한 분쟁이 행정소송의 대상인지 여부와 입찰
금액을 착오로 기재하였다고 주장하면서 공사계약 체결에 불응한 사업자에 대한
입찰참가격정지처분이 정당한 것인지 여부를 판단한 사안에서 우리 대법원[2]은
다음과 같이 판시하고 있다.

> 예산회계법에 따라 체결되는 계약은 사법상의 계약이라고 할 것이고 동
> 법 제70조의5의 입찰보증금은 낙찰자의 계약체결의무이행의 확보를 목적으
> 로 하여 그 불이행시에 이를 국고에 귀속시켜 국가의 손해를 전보하는 사법
> 상의 손해배상 예정으로서의 성질을 갖는 것이라고 할 것이므로 입찰보증
> 금의 국고귀속조치는 국가가 사법상의 재산권의 주체로서 행위하는 것이지
> 공권력을 행사하는 것이거나 공권력작용과 일체성을 가진 것이 아니라 할
> 것이므로 이에 관한 분쟁은 행정소송이 아닌 민사소송의 대상이 될 수밖에
> 없다고 할 것이다.
> 원고의 대리인이 입찰금액을 60,780,000원으로 기재한다는 것이 착오로
> 금 6,078,000원으로 잘못 기재한 것은 시설공사 입찰유의서(재무부회계예
> 규 1201, 04 – 101) 제10조 제10호 소정의 입찰서에 기재한 중요부분의 착
> 오가 있는 경우에 해당되어 이를 이유로 즉시 입찰취소의 의사표시를 한 이
> 상 피고(조달청장)는 본건 입찰을 무효로 선언함이 마땅하므로 원고가 이
> 사건 공사계약체결에 불응하였음에는 정당한 이유가 있다고 할 것이니 원
> 고를 부정당업자로서 6월간 입찰참가자격을 정지한 피고의 처분은 재량권
> 을 일탈하여 위법하다.

판례가 입찰보증금을 사법상 계약의 손해배상액의 예정이라고 판단하면서도,
입출금액을 착오로 잘못 기재하여 낙찰을 받은 후, 공사계약체결을 거절한 사업
자에게 민사법상의 제재 또는 민사법상의 이론을 적용하여 해결하는 것이 아니

---

2) 대법원 1983. 12. 27. 선고 81누366 판결; 대법원 1996. 12. 20. 선고 96누14708 판결. 예산
회계법 또는 지방재정법에 따라 지방자치단체가 당사자가 되어 체결하는 계약은 사법상의
계약일 뿐, 공권력을 행사하는 것이거나 공권력 작용과 일체성을 가진 것은 아니라고 할
것이므로 이에 관한 분쟁은 행정소송의 대상이 될 수 없다.

라, 공권력의 주체로서 행정처분 형태로 제재를 가하는 것이 논리적으로 일관성이 있는 것인지 또는 정당한 것인지 문제가 될 수 있다. 물론, 국가계약법에 계약 체결 거절에 대한 제재규정이 존재하므로 합법성은 존재할 수 있지만, 정부계약을 사법상의 계약이라고 일관된 입장을 취하는 대법원의 논리와 모순되는지 의문이다.

제6강

계약원칙

제6강

계약원칙

　우리가 흔히 계약원칙이라고 할 때에는 계약을 체결하고자 하는 양 당사자 모두에게 적용되는 원칙을 의미한다. 그런데 국가계약법에서도 국가계약과 관련하여 몇 가지 원칙을 정해 놓고 있는데 이는 계약상대자에게도 적용되는 것도 있지만 대부분 이를 집행하는 공무원의 행위 준칙을 정해 놓은 것도 있다. 이하에서는 간략하게 법령등과 법원칙에 기초한 몇 가지 원칙을 설명하고자 한다.

　국가계약법에서 정하고 있는 몇 가지 원칙이 있다.[1] 우선, 계약체결과 관련된 기본 원칙이 있다. 경쟁입찰을 통한 낙찰자 결정원칙과 최저가낙찰원칙이라고 말할 수 있다. 이 점에 관해서는 뒤에서 언급할 것이므로 여기에서는 다른 원칙에 대해서 설명하고자 한다.

　부수적으로는 공정과 공평의 원칙이라고 말할 수 있고, 차별금지의 원칙, 당사자 대상의 원칙, 신의성실의 원칙, 부당한 계약체결금지 원칙 그리고 청렴계약의 원칙이 있다. 이외에도 근로관계 법령을 준수하도록 하거나 계약을 체결하는 과정에서 사회적 약자를 배려하도록 하는 규정도 두고 있다. 각 중앙관서의 장 또는 계약담당공무원은 계약을 체결할 때 계약상대자로 하여금 해당 계약을 이

---

1) 김진기, 정부조달법이해, 법률신문사, 2019, 81면 이하 참조.

행하는 근로자(「하도급거래 공정화에 관한 법률」에 따른 수급사업자가 고용한 근로자를
포함한다)의 근로조건이 「근로기준법」 등 근로관계 법령을 준수하도록 하는 내용
을 계약서에 포함시킬 수 있다. 이러한 원칙들은 기본적으로 계약체결과 관련된
것 또는 계약이행 관련된 원칙들이기도 하지만, 국가 또는 지방자치단체, 즉 공
적 기관으로서 재정집행을 통한 경제적·사회적 효과를 부수적으로 달성하려는
것도 있다.

Ⅰ. 공정성 원칙

공공 계약은 기본적으로 공정성을 담보되어야 한다. 발주기관 또는 국가기관
은 법문에서 비록 서로 대등하다고 규정되어 있기는 하지만, 발주기관 또는 공공
기관은 우월적 입장에서 수혜적 성격의 계약을 체결하기 때문에 계약집행이 자
의적이지 않고 공정하여야 한다. 만약 공정성이 담보되지 않고 자의적으로 계약
담당 공무원이 계약 사무를 처리한다면 단순한 경제주체로서의 경제 활동을 할
때에 나타나는 부정적 효과를 쉽게 생각할 수 있다.[2] 국가계약법 제5조 제2항에
서도 국제 입찰이 경우에 오해의 원칙에 따라 정부조달협정 가입국의 국민과 이
들 국가에서 생산되는 물품 또는 용역에 대하여 대한민국의 국민과 대한민국에
서 생산되는 물품 또는 용역과 차별되는 특약이나 조건을 정하면 아니 된다고 규
정하고 있고 제3항에서 계약상대자의 계약상 이익을 부당하게 제한하는 특약 또
는 조건을 정해서는 아니 된다고 규정하고 있다. 이런 법문의 내용은 기본적으로
공공계약의 공정성을 담보하고자 하는 것이다.[3] 그리고 아래에서 언급할 청렴

---

[2] 계승균, "행정조달계약법상의 공정의무", 저스티스 제82호, 2004, 155면.
[3] 발주처 또는 수요기관 그리고 계약상대자의 불공정행위 유형에 대해서는 예를 들어 조달청
지침 「공사계약특수조건」, 제19조의2 제2항에 열거하고 있다. 1. 발주자가 설계변경을 요구
하고 계약금액을 증액해 주지 않거나, 적정금액을 반영해 주지 않는 행위, 2. 발주자의 선금
또는 기성금(준공금) 지급 지연 행위 3. 일반적인 대가보다 현저하게 낮은 수준으로 하도급
대금을 결정·강요하는 행위, 4. 발주자로부터 선금을 받아 하수급인에게 지급하지 않거나
지정기일(15일 이내)을 초과하여 지급하는 행위, 5. 하도급 대금을 부당하게 감액하는 행위,
6. 하도급 대금을 지정기일(15일)을 초과하여 지급하는 행위, 7. 발주처로부터 설계변경이
나 물가변동에 의한 계약금액 증액을 받고 하도급 대금을 증액하지 않는 행위, 8. 공사의
전부를 하도급 하는 행위 및 하도급 받은 공사를 재 하도급 하는 행위, 9. 기타 임금체불
등. 그리고 입찰자 또는 계약상대자는 입찰·낙찰, 계약체결 또는 계약이행 등의 과정에서
입찰 및 계약의 공정한 질서를 저해하는 행위에 대해서는 위 지침 제19조의3 제1항에서 규
정하고 규정하고 있다. 1. 금품·향응 등의 공여·약속 또는 공여의 의사를 표시하는 행위,

계약의 원칙도 그 이면에는 어느 정도 성실하고 청렴하여야 한다는 공직 윤리를 바탕을 제도화하여 계약의 공정성을 갖추고자 하는 것이다. 이러한 공정성의 원칙은 주로 계약담당공무원이 지켜야 할 것 같지만 입찰에 참가한 사람도 경쟁의 공정한 집행을 하려면 해할 염려가 있을 경우에는 입찰참가자격을 제한하도록 하고 있다(국가계약법 제27조).

Ⅱ. 당사자 대등의 원칙

당사자 대등의 원칙은 국가계약법 제5조 제1항에서 계약은 서로 대등한 입장에서 당사자의 합의에 따라 체결되어야 한다고 규정하면서 당사자는 서로 동등하다, 즉 국가 또는 지방자치단체가 우울한 공권력의 주체가 아니라 계약상대자와 같은 지위에서 동등한 가치의 법적 권리와 의무를 가지는 사경제의 주체라는 것, 일종의 동등한 권리주체로서 계약 행위를 한다는 것을 의미한다. 계약이라고 한다면 굳이 이러한 표현을 사용할 필요는 없지만, 아무래도 계약당사자의 한쪽이 중앙정부, 지방자치단체, 공공단체여서 기울어진 당사자는 아니라는 점을 강조하기 위한 것으로 보인다.

Ⅲ. 신의성실의 원칙

국가계약법 제5조 제1항 후문에서는 당사자는 계약의 내용을 신의성실의 원칙에 따라 이행하여야 한다고 규정하고 있다 여기서 말하는 신의성실의 원칙은 민법 제2조에서 말하는 신의성실의 원칙 동일한 의미로 이해를 하여도 된다. 우리 법원이 일관되게 이야기하고 있는 바와 같이 국가 계약은 사경제주체로서 서로 의사의 합치의 따라 이루어지는 계약이기 때문에 우리 민법에서 말하고 있는 계약법상에 대해 원칙 신의성실의 원칙이 그대로 적용된다고 하여도 과언이 아니다. 따라서 우리 민법 제2조 제1항에서 규정하고 있는 권리행사와 의무의 이행은 신의에 좇아 성실히 하여야 한다고 되어 있는 내용이 국가계약법에도 그대로

---

2. 입찰가격의 사전 협의 또는 특정인의 낙찰을 위한 담합 등 공정한 경쟁을 방해하는 행위, 3. 공정한 직무수행을 방해하는 알선·청탁을 통하여 입찰 또는 계약과 관련된 특정 정보의 제공을 요구하는 행위, 4. 하수급인 또는 자재·장비업자의 계약상 이익을 부당하게 제한하는 행위, 5. 그 밖에 입찰 및 계약 등 과정에서 공정한 경쟁을 저해하는 행위.

적용된다. 권리 행사 자유의 제한 또는 한계를 설정해 주고 권리의 사회성, 공공
성 등을 표현하는 신의성실의 원칙은 어쩌면 국가계약법에서 북두칠성 같은 원
칙을 정해 주는 것이라고 말할 수 있다.

Ⅳ. 부당한 계약체결금지 원칙

국가계약법 제5조 제3항에서는 각 중앙관서의 장 또는 계약 공무원은 계약을
체결할 때 이번 및 관계법령에 규정되어 계약상대자의 계약상 이익을 부당하게
제한하는 특약 또는 조건을 정해서는 아니된다고 규정하고 있고, 제4항에서는 이
러한 부당한 특약은 무효라고 규정하고 있다.

Ⅴ. 청렴계약의 원칙

국가계약법 제5조에서는 청렴 계약을 하여야 한다고 하면서 각 중앙관서의
장 또는 계약담당공무원에게 의무를 지우고 있다. 마찬가지로 입찰자 또는 계약
상대자도 입찰, 낙찰, 계약체결 또는 계약을 이행하는 과정에서 계약이 청렴하게
이행되도록 하여야 할 의무를 지우고 있다. 만약 청년 계약을 지키지 않을 경우
에는 청렴계약 위반하였을 경우, 입찰·낙찰을 취소하거나, 계약의 해제·해지할
수 있도록 국가계약법 제5조의3에서 규정하고 있다. 그러나 금품·향응 제공 등
부정행위의 경중, 해당 계약의 이행 정도, 계약이행 중단으로 인한 국가의 손실
규모 등 제반사정을 고려하여 공익을 현저히 해(害)한다고 인정되는 경우에는 대
통령령으로 정하는 바에 따라 각 중앙관서의 장의 승인을 받아 해당 계약을 계속
하여 이행하게 할 수 있도록 하고 있다(제5조의3 단서). 국가계약법 시행령 제4조
에서는 청렴 계약의 내용과 체결절차에 관해서 규정하고 있는데 금품이나 향응
의 수수금지, 입찰가격의 사전협의나 특정인의 낙찰을 위한 담합 등 공정한 경쟁
을 방지하는 행위의 금지에 관하여 규정하고 있다. 그리고 시행령 제4조의2 제2
항에서는 각 중앙관서의 장 또는 법 제6조에 따라 계약사무의 위임·위탁을 받은
공무원은 입찰자가 입찰서를 제출할 때 법 제5조의2에 따라 체결한 청렴계약의
계약서를 제출하도록 의무지우고 있다.

제7강

계약당사자

제7강

계약당사자

Ⅰ. 계약당사자

국가계약법 제7조 제1항에서 정부계약의 당사자는 중앙관서의 장 또는 계약 담당 공무원이라고 규정하고 있다.

> 제7조(계약의 방법) ① 각 중앙관서의 장 또는 계약담당공무원은 계약을 체결 하고자 하는 경우에는 일반경쟁에 부쳐야 한다.

그리고 지방계약법 제9조 제1항에는 당사자는 지방자치단체의 장 또는 계약 담당자라고 규정하고 있다.

> 제9조(계약의 방법) ① 지방자치단체의 장 또는 계약담당자는 계약을 체결하 려는 경우에는 이를 공고하여 일반입찰에 부쳐야 한다. 다만, 계약의 목적·성 질·규모 및 지역특수성 등을 고려하여 필요하다고 인정되면 참가자를 지명 (指名)하여 입찰에 부치거나 수의계약(隨意契約)을 할 수 있다.

그리고 국가계약법 제6조 제1항에는,

　　제6조(계약사무의 위임·위탁) ① 각 중앙관서의 장은 그 소관에 속하는 계약
　　사무를 처리하기 위하여 필요하다고 인정될 때에는 그 소속공무원 중에서 계
　　약에 관한 사무를 담당하는 공무원(이하 "계약관"이라 한다)을 임명하여 그
　　사무를 위임할 수 있으며 그 소속공무원에게 계약관의 사무를 대리하게 하거
　　나 그 사무의 일부를 분장하게 할 수 있다.

지방계약법 제7조 제1항에는,

　　제7조(계약사무의 위임·위탁) ① 지방자치단체의 장은 다른 법령에서 정한
　　경우 외에는 그 소관 계약사무를 처리하기 위하여 필요하다고 인정되면 그 사
　　무의 전부 또는 일부를 「지방재정법」에 따른 회계관계공무원, 중앙행정기관
　　의 장, 다른 지방자치단체의 장 또는 대통령령으로 정하는 전문기관에 위임하
　　거나 위탁하여 처리하게 할 수 있다.

　라고 규정하면서 계약사무의 위임 내지 위탁에 관한 내용을 두고 있다. 또한,
「조달사업에 관한 법률」 제3조에는 조달청장이 하는 조달사업의 범위에 관해서
규정하고 있다.

　　1. 조달물자의 구매, 물류관리, 공급 및 그에 따른 사업
　　2. 수요기관의 시설공사 계약 및 그에 따른 사업
　　3. 수요기관의 시설물 관리, 운영 및 그에 따른 사업
　　4. 제1호부터 제3호까지에 규정된 내용의 사업으로서 다른 법령에서 조달청
　　　장이 할 수 있거나 하도록 규정한 사업

　여기서 "조달물자"란 수요물자와 비축물자(備蓄物資)를 말하고, "수요물자"란
수요기관이 필요로 하는 물자로서 대통령령으로 정하는 물자를 말한다. "수요기
관"이란 조달물자, 시설공사계약의 체결 또는 시설물의 관리가 필요한 국가기관,
지방자치단체, 그 밖에 대통령령으로 정하는 기관을 말한다(조달사업에 관한 법률

제2조).

그리고 「국가재정법」 제6조에는 독립기관 및 중앙관서가 무엇을 의미하는지에 관해서 규정하고 있다.

> 제6조(독립기관 및 중앙관서) ① 이 법에서 "독립기관"이라 함은 국회 · 대법원 · 헌법재판소 및 중앙선거관리위원회를 말한다.
> ② 이 법에서 "중앙관서"라 함은 「헌법」 또는 「정부조직법」 그 밖의 법률에 따라 설치된 중앙행정기관을 말한다.
> ③ 국회의 사무총장, 법원행정처장, 헌법재판소의 사무처장 및 중앙선거관리위원회의 사무총장은 이 법의 적용에 있어 중앙관서의 장으로 본다.

일반적으로 정부계약과 일반 도급 계약에서 어떤 사업을 제안하는 자를 발주기관, 발주처, 발주자 라고 표현하기도 한다. 이러한 용어 역시 국가계약법상의 계약당사자를 지칭하는 용어는 아니지만 실무에서는 많이 사용하고 있다.

Ⅱ. 표현대리의 적용 여부

대리제도는 대리인이 본인의 이름으로 법률행위 또는 의사표시를 하거나 법률행위를 수령하거나 그 법률효과가 직접 본인에게 생기는 제도이다. 대리권의 범위 특히, 임의대리권의 경우에는 수권행위에 의하여 그 범위가 정해지고, 법정대리권의 경우에는 법률에 의하여 정해지지만 구체적인 것은 법규정의 해석에 의하여 확정된다. 그렇다면 계약담당공무원 또는 그 대리인이 권한 외의 법률행위를 한 경우 그 법률행위의 효력이 문제될 수 있다. 이에 대해 기본적으로 민사법상의 대리에 관한 법리가 적용된다. 우리 대법원[1]도 지방자치단체가 사경제주체로서 법률행위를 하였을 때에는 표견대리에 관한 법리가 적용된다고 판시하고 있다.

영국과 미국에서는 공무원이 자신의 권한을 초월하여 계약을 체결하면 그 계약을 무효라고 보고 있다. 프랑스에서는 국가 등에게 일방적인 해제와 해지권을 인정하고 있다.

---

1) 대법원 1961. 12. 28. 선고 4294민상204 판결.

제8강

정부계약의 일반적인 절차

제8강

정부계약의 일반적인 절차

정부계약의 일반적인 절차, 그중에서도 일반경쟁을 통한 계약절차는 대체적으로 다음과 같다.

정책결정 또는 사업 준비 → 계약방법 결정 → 입찰공고 → 입찰참가자격사전심사→ 입찰 → 낙찰 → 계약체결 → 계약이행 → 계약완료 → 사후관리 및 부정당업자제재의 순이다. 각 단계에서 문제되거나 분쟁이 발생되는 경우가 있다. 이에 관해서는 이후에서 차례대로 설명하고자 한다.

이러한 절차와 관련된 법률적 문제에 관해서 간략히 도표로 표시하면 다음과 같다.

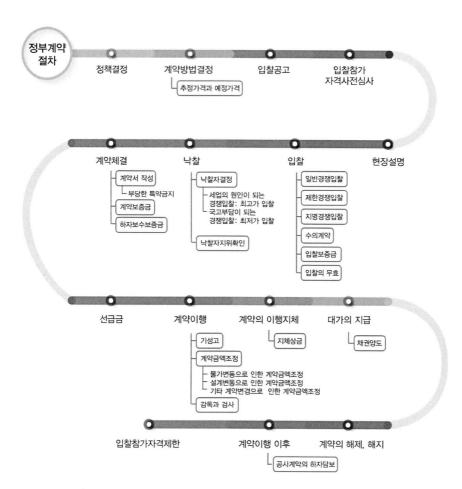

정부계약
절차

정책결정   계약방법결정   입찰공고   입찰참가
자격사전심사

└ 추정가격과 예정가격

계약체결   낙찰   입찰   현장설명

├ 계약서 작성
│ └ 부당한 특약금지
├ 계약보증금
└ 하자보수보증금

├ 낙찰자결정
│ ┬ 세입의 원인이 되는
│ │ 경쟁입찰: 최고가 입찰
│ └ 국고부담이 되는
│   경쟁입찰: 최저가 입찰
└ 낙찰자지위확인

├ 일반경쟁입찰
├ 제한경쟁입찰
├ 지명경쟁입찰
├ 수의계약
├ 입찰보증금
└ 입찰의 무효

선급금   계약이행   계약의 이행지체   대가의 지급

├ 기성고
├ 계약금액조정
│ ┬ 물가변동으로 인한 계약금액조정
│ ├ 설계변동으로 인한 계약금액조정
│ └ 기타 계약변경으로 인한 계약금액조정
└ 감독과 검사

└ 지체상금

└ 채권양도

입찰참가자격제한   계약이행 이후   계약의 해제, 해지

└ 공사계약의 하자담보

제9강

계약의 종류

제9강

계약의 종류

I. 계약목적물에 따른 분류

1. 공사계약

공사계약은 발주기관과 계약상대자가 체결하는 계약의 목적이 공사인 경우이다. 현행법상 공사의 종류에는 「건설산업기본법」에서 규정하고 있는 건설공사, 「전기공사업법」에 따른 전기공사, 「정보통신공사업법」에 따른 정보통신공사, 「소방시설공사업법」에 따른 소방시설공사, 「문화재 수리 등에 관한 법률」에 따른 문화재 수리공사가 있다(건설산업기본법 제2조 제4호). 여기서 건설공사라고 하는 것은 토목공사, 건축공사, 산업설비공사, 조경공사, 환경시설공사, 그 밖에 명칭에 관계없이 시설물을 설치·유지·보수하는 공사(시설물을 설치하기 위한 부지조성공사를 포함한다) 및 기계설비나 그 밖의 구조물의 설치 및 해체공사 등을 의미한다.

건설공사는 업종에 따라 종합공사와 전문공사로 나뉜다. 종합공사는 종합적인 계획, 관리 및 조정을 하면서 시설물을 시공하는 건설공사를 말하며(제2조 제5호), 전문공사는 시설물의 일부 또는 전문 분야에 관한 건설공사를 말한다(제6호).

또한, 공사계약에서는 기본적으로 분할하여 계약하는 것을 금지하는 것이 특징이다. 각 중앙관서의 장 또는 계약담당공무원은 기획재정부장관이 정하는 동일

구조물공사 및 단일공사로서 설계서 등에 의하여 전체 사업내용이 확정된 공사는 이를 시기적으로 분할하거나 공사량을 분할하여 계약할 수 없다. 다만, 다른 법률에 의하여 다른 업종의 공사와 분리발주할 수 있도록 규정된 공사, 공사의 성질이나 규모 등에 비추어 분할시공함이 효율적인 공사, 하자책임구분이 용이하고 공정관리에 지장이 없는 설계서가 별도로 작성되는 공사, 공사의 성격상 공사의 종류별로 시공의 목적물, 시기와 장소 등이 명확히 구분되는 공사에 해당하는 공사로서 분리 시공하는 것이 효율적이라고 인정되는 공사에 해당하는 공사인 경우 분리 시공하는 것이 효율적이라고 판단되면 분리공사를 할 수 있다(시행령 제68조 제1항).

동일구조물공사에서 동일구조물이란 천연 또는 인조의 재료를 사용하여 그 사용목적에 적합하도록 만들어진 기능이 상호 연결되는 일체식 구조물(그 부대공작물을 포함)로서 동일인이 계속하여 시공함이 적합한 시설물을 말한다(정부입찰·계약집행기준 제15조 제1호). 단일공사는 해당 연도 예산상 특정단일사업으로 책정된 공사와 그 시공지역에서 이와 관련하여 시공되는 부대공사를 의미한다. 예산상 특정되지 아니한 경우라도 예산집행과정에서 특정되는 공사 역시 단일공사로 본다. 그리고 면허나 자격요건 등으로 법령에 의하여 공사를 분할 발주하여야 하는 경우에는 그 분할 발주하는 공사를 각각 단일공사로 본다. 다만, 관계법령에서 정하고 있는 경미한 공사의 경우에는 그러하지 아니하다(제15조 제2호). 이러한 경우에 분할계약을 엄격히 금지하고 있다. 계약담당공무원은 시행령 제68조에 의하여 동일구조물공사 및 단일공사로서 설계서등에 의하여 전체 사업내용이 확정된 공사의 경우에는 이를 시기적으로 분할하거나 공사량을 구조별, 공종별로 분할함이 없이 일괄하여 계약을 체결하여야 한다(제16조 제1항). 그러나 다음과 같은 경우에는 분할하여 발주할 수 있다(제2항). 다만 각 중앙관서의 장은 공사의 예산 편성과 기본 설계 등 사업의 계획단계부터 분할·분리 계약 가능 여부에 대하 검토하여야 한다(제3항).

1. 다른 법률에 의하여 다른 업종의 공사와 분리 발주할 수 있도록 규정된 공사
2. 공사의 성질이나 규모 등에 비추어 분할시공함이 효율적인 공사
3. 하자책임구분이 용이하고 공정관리에 지장이 없는 다음 각 목의 어느 하나에 해당하는 공사로서 분리 시공하는 것이 효율적이라고 인정되는 공사

가. 설계서가 별도로 작성되는 공사
나. 공사의 성격상 공종(工種)간 시공 목적물, 시공 시기, 시공 장소 등이
    명확히 구분되는 공사

　　건설산업의 특수성을 고려하여 각 중앙관서의 장 또는 계약담당공무원은「건
설산업기본법」에 따른 공사계약을 체결함에 있어서 계약목적물의 특성·규모 및
이행기간 등을 고려하여 필요하다고 인정되는 경우에는「건설산업기본법」제2조
제8호에 따른 건설사업관리에 관한 업무를 수행할 수 있는 자를 상대방으로 하
여 건설사업관리용역계약을 체결할 수 있고, 이에 따른 계약의 체결방법 그 밖에
필요한 사항은 기획재정부장관이 정한다(시행령 제73조의2).

2. 물품계약

　　물품계약은 발주기관과 계약상대자 사이에 체결한 계약의 목적 내지 대상이
물품인 경우이다. 물품계약은 크게 물품제조계약과 물품납품계약으로 나눌 수 있
다. 물품제조계약은 발주기관이 요청한 규격이나 내용에 따라 물품을 새로 만들
어 공급하는 계약을 의미하고, 물품납품계약은 이미 완성된 물품을 발주기관에
그대로 납품하는 계약이다.

3. 용역계약

　　용역계약은 발주기관과 계약상대자가 체결하는 계약의 목적 내지 대상이 용
역인 경우이다. 여기서 용역이란 물질적 또는 유체적 형태의 재화 이외의 것을
생산, 소비하는 것과 관련된 노무를 의미한다. 대표적인 용역계약으로는 시험출
제, 설계, 감리, 연구, 시설관리, 경비 등이 있다. 용역과 관련해서는 개별 법률들
이 존재한다.

Ⅱ. 계약체결형태에 따른 분류

1. 확정계약과 개산(槪算)계약

　　발주기관이 계약을 할 때에 일정한 방식에 의하여 계약금액 내지 대금을 확

정하는 것을 확정계약이라고 한다.[1] 그런데 정부계약에서는 확정계약이 원칙이다. 이를 '계약금액 사전확정주의'라고 한다.[2] 민사법상의 계약에 있어서도 계약금액은 계약당사자의 주요 관심 사항이므로 사전에 확정하는 것이 중요하고, 이를 통해 분쟁을 사전에 방지할 수 있다. 이러한 계약금액 사전확정주의에 대한 예외로서는 앞서 언급한 개산계약, 사후원가검토조건부계약, 계약금액조정제도가 있다.

발주기관이 계약체결 시에 계약금액의 대강을 정하여 계약을 체결하고, 계약이행이 완료된 경우에 계약대금의 정산절차를 거치는 것을 개산계약이라고 한다. 개산계약을 할 수 있는 법적 근거는 국고금관리법 제26조인데 "지출관은 운임, 용선료(傭船料), 공사·제조·용역 계약의 대가, 그 밖에 대통령령으로 정하는 경비로서 그 성질상 미리 지급하지 아니하거나 개산(槪算)하여 지급하지 아니하면 해당 사무나 사업에 지장을 가져올 우려가 있는 경비의 경우에는 이를 미리 지급하거나 개산하여 지급할 수 있다."라고 규정하고 있다. 또한 개산계약은 미리 가격을 정할 수 없는 개발시제품(開發試製品)의 제조계약, 시험·조사·연구 용역계약, 「공공기관의 운영에 관한 법률」에 따른 공공기관과의 관계 법령에 따른 위탁 또는 대행 계약, 시간적 여유가 없는 긴급한 재해복구를 위한 계약인 경우에 체결할 수 있다(제23조 제1항). 이렇게 개산계약을 체결하는 경우에 사후정산의 절차·기준 등에 관하여 필요한 사항에 대해서는 대통령령으로 정하고 있고(제2항), 각 중앙관서의 장 또는 계약담당공무원은 개산계약을 체결하는 경우 사후정산의 절차·기준 등에 대하여 입찰공고 등을 통하여 입찰참가자에게 미리 알려주어야 한다(제3항).

따라서 개산계약은 비교적 엄격한 조건하에서 시행된다. 각 중앙관서의 장 또는 계약담당공무원은 법 제23조의 규정에 의하여 개산계약을 체결하고자 할 때에는 미리 개산가격을 결정하여야 한다. 그리고 각 중앙관서의 장은 제1항의 규정에 의하여 개산계약을 체결하고자 할 때에는 입찰하기 전에 계약목적물의 특성·계약수량 및 이행기간 등을 고려하여 원가검토에 필요한 기준 및 절차 등을 정하여야 하며, 이를 입찰에 참가하고자 하는 자가 열람할 수 있도록 하여야 한다. 또한 계약담당공무원은 제1항의 규정에 의하여 개산계약을 체결한 때에는 이

---

1) 정원·정유철·이강만, 공공계약 판례여행, 건설경제, 2017, 59면.
2) 김성근, 앞의 책, 12면.

를 감사원에 통지하여야 하며, 계약의 이행이 완료된 후에는 시행령 제9조 및 제2항의 규정에 의한 기준 등에 따라 정산하여 소속중앙관서의 장의 승인을 얻어야 한다(시행령 제70조).

2. 총액계약과 단가계약

총액계약은 발주기관과 계약상대자가 계약을 체결할 경우에 계약대상에 대한 금액을 총액으로 결정하여 체결하는 계약을 말한다. 이에 반하여 단가계약은 계약목적물에 대한 단가만을 결정하고 계약대상의 수량을 정하지 않는다. 단가계약은 제조, 수리, 공급 등과 같이 장기간 또는 일정기간 이행할 필요가 있는 경우에 단가만을 결정하고 계약이 종료된 후에 그 수량을 확정하거나 계약이행과정 중에 그 수량을 확정하여 정산하는 계약이다. 국가계약법에도 단가계약에 관하여 각 중앙관서의 장 또는 계약담당공무원은 일정 기간 계속하여 제조, 수리, 가공, 매매, 공급, 사용 등의 계약을 할 필요가 있을 때에는 해당 연도 예산의 범위에서 단가에 대하여 계약을 체결할 수 있다는 근거규정을 두고 있다(제22조).

대법원3)은 물품공급계약과 관련하여 다음과 같이 판시하고 있다.

> 갑과 을이 체결한 물품공급계약은 비록 그 물품의 공급시기와 장소, 각 공급 시의 수량 등을 납품지시서에 따르게 되어 있지만, 물품의 단가만을 미리 정해놓고 구체적인 구매수량은 추후 확정하기로 한 단가계약이 아니라 일정 수량의 물품을 일정 금액에 공급하기로 하는 계약이라고 보아야 하므로, 구매자인 을은 계약의 일반조건에 따라 감축할 수 있는 수량을 제외한 나머지 수량에 대하여 공급자인 갑에게 납품지시서를 발급함으로써 갑으로 하여금 이를 인도할 수 있도록 할 계약상의 의무가 있다

3. 장기계속계약과 계속비계약

장기계속계약은 임차, 운송, 보관, 전기·가스·수도의 공급, 그 밖에 그 성질상 수년간 계속하여 존속할 필요가 있거나 이행에 수년을 요하는 계약을 말한다(제21조 제2항).

---

3) 대법원 2010. 3. 11. 선고 2009다76355 판결.

계속비란 완성에 수년이 필요한 공사나 제조 및 연구개발사업은 그 경비의 총액과 연부액(年賦額)을 정하여 미리 국회의 의결을 얻은 범위 안에서 수년에 걸쳐서 지출할 수 있는 것으로서, 국가가 지출할 수 있는 연한은 그 회계연도부터 5년 이내이어야 한다. 다만, 사업규모 및 국가재원 여건을 고려하여 필요한 경우에는 예외적으로 10년 이내로 정할 수 있다. 또한, 기획재정부장관은 필요하다고 인정하는 때에는 국회의 의결을 거쳐 제2항의 지출연한을 연장할 수 있다(국가재정법 제23조).

운송·보관·시험·조사·연구·측량·시설관리 등의 용역계약 또는 임차계약, 전기·가스·수도 등의 공급계약, 장비, 정보시스템 및 소프트웨어의 유지보수계약을 법 제21조에 따라 장기계속계약으로 체결하려는 경우에는 각 소속중앙관서의 장의 승인을 받아 단가에 대한 계약으로 체결할 수 있다. 장기계속공사는 낙찰 등에 의하여 결정된 총공사금액을 부기하고 해당 연도의 예산의 범위 안에서 제1차 공사를 이행하도록 계약을 체결하여야 한다. 이 경우 제2차 공사 이후의 계약은 부기된 총공사금액(제64조 내지 제66조의 규정에 의한 계약금액의 조정이 있는 경우에는 조정된 총공사금액을 말한다)에서 이미 계약된 금액을 공제한 금액의 범위 안에서 계약을 체결한다는 것을 부관으로 약정하여야 한다. 장기물품제조 등과 정보시스템 구축사업(구축사업과 함께 해당 정보시스템의 운영 및 유지보수사업을 포괄하여 계약을 체결하는 경우를 포함한다)의 계약도 앞서 설명한 바와 같은 방법으로 체결하여야 한다. 또한 제1차 및 제2차 이후의 계약금액은 총공사·총제조 등의 계약단가에 의하여 결정하여야 한다(시행령 제69조 제1항부터 제4항).

계속비계약은 수년에 걸쳐 시행되는 사업경비의 총액과 연부액을 정하여 사전에 국회의 의결을 받은 범위 내에서 지출할 수 있는 예산, 즉 계속비예산을 근거로 체결된 계약이다(제21조 제1항). 계속비 예산으로 집행하는 공사는 총공사와 연차별공사에 관한 사항을 명백히 하여 계약을 체결하여야 한다(시행령 제69조 제5항).

장기계속계약과 계속비계약을 비교하여 표로 나타내면 다음과 같다.

구 분	장기계속계약	계속비계약
사업확정	확 정	확 정

총예산확보	미확보(해당 연도분 확보)	확 보
계약체결	총공사금액으로 입찰하고 개별 회계연도 예산범위 안에서 계약체결 및 이행(총공사금액 부기)	총공사금액으로 입찰·계약 (연부액 부기)

4. 종합계약

종합계약은 각 중앙관서의 장 또는 계약담당공무원이 같은 장소에서 다른 관서, 지방자치단체 또는 「공공기관의 운영에 관한 법률」에 따른 공기업 및 준정부기관이 관련되는 공사 등에 대하여 관련 기관과 공동으로 발주하는 계약을 말한다. 동일 장소에서 서로 다른 국가기관 중 2개 이상의 기관이 관련되는 공사 등에 대하여 관련기관협의체를 구성하여 공동으로 체결하는 계약을 의미한다(종합계약집행요령 제2조 제1호). 종합계약을 체결할 때에는 관련되는 기관의 장은 그 계약체결에 필요한 사항에 대하여 협조하여야 한다(제24조). 시행령 제71조에서 기획재정부장관은 국가계약법 제24조의 규정에 의한 종합계약의 체결에 있어서 필요하다고 인정할 때에는 종합계약의 체결방법 기타 필요한 사항을 정할 수 있다고 규정하고 있다. 이와 관련한 구체적인 시행세칙으로는 계약예규 「종합계약집행요령」이 있다. 그러나 위 계약방법은 집행기관이 서로 다르고, 각 기관의 예산집행의 곤란으로 활용실적이 거의 없다.

5. 사후원가검토조건부계약

사후원가검토조건부계약은 각 중앙관서의 장 또는 계약담당공무원이 입찰 전에 예정가격을 구성하는 일부 비목별 금액을 결정할 수 없는 경우에 사후에 원가를 검토하는 조건으로 체결하는 계약이다. 각 중앙관서의 장은 사후원가검토조건부계약을 체결하고자 할 때에는 입찰 전에 계약목적물의 특성·계약수량 및 이행기간 등을 고려하여 사후원가검토에 필요한 기준 및 절차 등을 정하여야 하며, 이를 입찰에 참가하고자 하는 자가 열람할 수 있도록 하여야 한다. 계약의 이행이 완료된 후에는 시행령 제9조 및 제2항의 기준 등에 따라 원가를 검토하여 정산하여야 한다(시행령 제73조).

6. 회계연도 개시 전의 계약

회계연도 개시 전의 계약은 말 그대로 회계연도 개시 전에 해당 연도의 확정된 예산의 범위 안에서 미리 체결하는 계약이다. 지출원인행위는 중앙관서의 장이 법령이나 「국가재정법」 제43조에 따라 배정된 예산 또는 기금운용계획의 금액 범위에서 하여야 하는 것이 원칙이다(국고금관리법 제20조). 그런데 임차·운송·보관 기타 그 성질상 중단할 수 없는 계약은 「국고금관리법」 제20조의 규정에도 불구하고 미리 계약을 체결할 수 있다. 다만, 회계연도 개시 전의 계약이라 하더라도 계약의 효력은 해당 회계연도 개시일 이후에 발생하도록 하여야 한다.

7. 공동계약

가) 의 의

정부계약에서 계약상대자는 1인임을 원칙으로 한다. 이에 따라 국가계약법령의 절차와 기준 역시 계약상대자가 1인임을 전제로 규정하고 있다. 그런데 현실적으로 공사·제조 기타의 계약에 있어 필요하다고 인정할 때에는 계약상대자를 2인 이상으로 하는 공동계약을 체결할 수 있다.

이와 관련하여 각 중앙관서의 장 또는 계약담당공무원은 공사계약·제조계약 또는 그 밖의 계약에서 필요하다고 인정하면 계약상대자를 둘 이상으로 하는 공동계약을 체결할 수 있다(제25조 제1항). 시행령 제72조 제2항은 공동계약이 적극 활용되도록 하기 위하여 경쟁계약을 체결할 때 계약의 목적 및 성질상 공동계약에 의하는 것이 부적절하다고 인정되는 경우를 제외하고는 가능한 한 공동계약으로 하도록 규정하고 있다(시행령 제72조 제2항). 그리고 추정가격이 고시금액 미만이고 건설업 등의 균형발전을 위하여 필요하다고 인정되는 사업이거나 저탄소·녹색성장의 효과적인 추진, 국토의 지속가능한 발전, 지역경제 활성화 등을 위해 특별히 필요하다고 인정하여 기획재정부장관이 고시하는 사업으로서 외국건설사업자(「건설산업기본법」 제9조 제1항에 따라 건설업의 등록을 한 외국인 또는 외국법인을 말한다)가 계약상대자에 포함된 경우가 아니고, 공동수급체의 구성원 중 해당 지역의 업체와 그 외 지역의 업체 간에는 「독점규제 및 공정거래에 관한 법률

」에 의한 계열회사가 아닌 경우에는 공사현장을 관할하는 특별시·광역시·특별
자치시·도 및 특별자치도에 법인등기부상 본점소재지가 있는 자 중 1인 이상을
공동수급체의 구성원으로 하도록 하고 있다. 이 경우에도 해당 지역에 공사의 이
행에 필요한 자격을 갖춘 자가 10인 미만인 경우에는 공동수급체를 구성하지 않
아도 된다(시행령 제72조 제2항부터 제4항). 그리고 지식기반사업 중 수개의 전문분
야가 요구되는 복합 사업에 입찰참가자가 공동으로 참가하고자 하는 경우에는
특별한 사유가 없는 한 각 중앙관서의 장 또는 계약담당공무원은 이를 허용하도
록 하고 있다(시행령 제72조의2). 그리고 「입찰참가자격사전심사요령」 제14조 제1항
에도 계약담당공무원은 사전 심사방법으로 발주하는 공사의 경우 시행령 제72조
의 규정에 따라 가능한 한 공동계약을 체결하여야 한다.

　공동계약의 체결방법 기타 필요한 사항은 기획재정부장관이 정하도록 하고 있
는데(시행령 제72조 제1항), 이와 관련된 계약예규로는 「공동계약운영요령」이 있다.

나) 공동수급체의 유형

공동수급체를 분류하여 간략히 정리하면 표의 내용으로 정리할 수 있다.

공동이행 방식	공동수급체의 구성원이 재정, 경영기법, 기술, 인원 및 기계, 자재 등을 동원하여 공사, 물품 또는 용역에 대한 계획, 입찰, 시공 등 계약내용을 출자비율에 따라 공동으로 이행하는 방식
분담이행 방식	공동수급체의 구성원이 재정, 경영기법, 기술능력, 인원 및 기계, 자재 등을 동원하여 공사, 물품 또는 용역에 대한 계획, 시공 등을 정해진 분담 내용에 따라 나누어 공동으로 계약을 이행하는 방식
주계약자 관리방식	「건설산업기본법」에 따른 건설공사를 시행하기 위한 공동수급체의 구성원 중 주계약자를 선정하고, 주계약자가 전체 건설공사 계약의 이행에 관하여 종합적인 계획·관리 및 조정을 하면서 계약을 이행하는 방식. 이 경우 종합건설업자가 공동으로 도급받은 경우에는 종합건설업자가 주계약자가 된다.

다) 공동수급체의 법적 성질

공동도급계약에 관련하여 판례는 공동이행방식의 공동수급체를 민법상 조합으로 보고 있으나, 공동수급체의 경우에는 구성원 사이 및 각 구성원의 채권자·채무자 사이의 권리·의무관계가 복잡하게 얽혀 있다. 사정에 따라 법률관계가 명확하지 않을 수 있기 때문에 공동도급계약과 관련한 법률문제를 검토할 때에는 특별한 주의가 필요하다.

공동수급체의 법적 성질은 민법상의 조합인데, 갑과 을이 공동수급체를 구성한 후 갑이 공동수급체의 업무집행자로서 을의 부담부분을 포함한 하도급공사대금 전액의 변제를 위하여 하수급인인 병에게 약속어음을 교부하자 병은 을의 부담부분에 해당하는 입금표와 세금계산서를 갑에게 지급하고 을은 갑으로부터 위 입금표 등을 교부받고 자신이 부담할 공사대금을 갑에게 지급한 경우, 병이 갑에게 을에 대한 공사대금수령권을 위임한 것으로 본 원심판결에 대하여 을의 위 대급지급이 공동수급체의 구성원들 사이의 내부관계에서 분담비용을 정산한 것으로 볼 여지가 있다고 판단한 대법원 판결4)이 있다.

> 공동수급체는 기본적으로 민법상의 조합의 성질을 가지는 것이므로 그 구성원의 일방이 공동수급체의 대표자로서 업무집행자의 지위에 있었다고 한다면 그 구성원들 사이에는 민법상의 조합에 있어서 조합의 업무집행자와 조합원의 관계에 있었다고 할 것이다.
> 갑과 을이 공동수급체를 구성한 후 갑이 공동수급체의 업무집행자로서 을의 부담부분을 포함한 하도급공사대금 전액의 변제를 위하여 하수급인인 병에게 약속어음을 교부하자 병은 을의 부담부분에 해당하는 입금표와 세금계산서를 갑에게 지급하고 을은 갑으로부터 위 입금표 등을 교부받고 자신이 부담할 공사대금을 갑에게 지급한 경우, 병이 갑에게 을에 대한 공사대금수령권을 위임한 것으로 본 원심판결에 대하여 을의 위 대급지급이 공동수급체의 구성원들 사이의 내부관계에서 분담비용을 정산한 것으로 볼 여지가 있다.

건설공동수급체의 구성원인 조합원이 그 출자의무를 불이행하였더라도 그 조

---

4) 대법원 2000. 12. 12. 선고 99다49620 판결.

합원을 조합에서 제명하지 않는 한 건설공동수급체는 조합원에 대한 출자금채권과 그 연체이자채권, 그 밖의 손해배상채권으로 조합원의 이익분배청구권과 직접 상계할 수 있을 뿐이고, 조합계약에서 출자의무의 이행과 이익분배를 직접 연계시키는 특약을 두지 않는 한 출자의무의 불이행을 이유로 이익분배 자체를 거부할 수는 없다.5) 그리고 민법상 조합의 채권은 조합원 전원에게 합유적으로 귀속하는 것이어서 특별한 사정이 없는 한 조합원 중 1인에 대한 채권으로써 그 조합원 개인을 집행채무자로 하여 조합의 채권에 대하여 강제집행을 할 수 없고, 조합 업무를 집행할 권한을 수여받은 업무집행 조합원은 조합재산에 관하여 조합원으로부터 임의적 소송신탁을 받아 자기 이름으로 소송을 수행할 수 있다.6)

그리고 공동이행방식의 공동수급체 대표자가 1996. 1. 8. 개정된 공동도급계약운용요령 제11조에 따라 도급인에게 공사대금채권의 구분 귀속에 관한 공동수급체 구성원들의 합의가 담긴 공동수급협정서를 입찰참가 신청서류와 함께 제출하면서 공동도급계약을 체결한 경우, 공동수급체와 도급인 사이에 공동수급체 개별 구성원이 출자지분 비율에 따라 공사대금채권을 직접 취득하도록 하는 묵시적인 약정이 있다고 볼 수 있는지 여부에 대해서 대법원7)의 다수의견은 원칙적으로 긍정하고 있다.

공동이행방식의 공동수급체는 기본적으로 민법상 조합의 성질을 가지는 것이므로, 공동수급체가 공사를 시행함으로 인하여 도급인에 대하여 가지는 채권은 원칙적으로 공동수급체 구성원에게 합유적으로 귀속하는 것이어서 특별한 사정이 없는 한 구성원 중 1인이 임의로 도급인에 대하여 출자지분 비율에 따른 급부를 청구할 수 없고, 구성원 중 1인에 대한 채권으로써 그 구성원 개인을 집행채무자로 하여 공동수급체의 도급인에 대한 채권에 대하여 강제집행을 할 수 없다. 그러나 공동이행방식의 공동수급체와 도급인이 공사도급계약에서 발생한 채권과 관련하여 공동수급체가 아닌 개별 구성원으로 하여금 지분비율에 따라 직접 도급인에 대하여 권리를 취득하게 하는 약정을 하는 경우와 같이 공사도급계약의 내용에 따라서는 공사도급계약과 관련하여 도급인에 대하여 가지는 채권이 공동수급체 구성원 각자

---

5) 대법원 2006. 8. 25. 선고 2005다16959 판결.
6) 대법원 2001. 2. 23. 선고 2000다68924 판결.
7) 대법원 2012. 5. 17. 선고 2009다105406 전원합의체 판결; 대법원 2013. 7. 11. 선고 2011다60759 판결.

에게 지분비율에 따라 구분하여 귀속될 수도 있고, 위와 같은 약정은 명시적으로는 물론 묵시적으로도 이루어질 수 있다.

공동이행방식의 공동수급체 구성원들이 기성대가 또는 준공대가를 공동수급체 구성원별로 직접 지급받기로 하는 공동수급협정은 특별한 사정이 없는 한 도급인에 대한 관계에서 공사대금채권을 공동수급체 구성원 각자가 출자지분 비율에 따라 구분하여 취득하기로 하는 구성원 상호 간의 합의라고 보는 것이 타당하고, 나아가 공동수급체 대표자가 1996. 1. 8. 개정된 공동도급계약운용요령 제11조에 따라 공동수급체 구성원 각자에게 공사대금채권을 지급할 것을 예정하고 있는 도급인에게 위와 같은 공사대금채권의 구분 귀속에 관한 공동수급체 구성원들의 합의가 담긴 공동수급협정서를 입찰참가 신청서류와 함께 제출하고 도급인이 별다른 이의를 유보하지 않은 채 이를 수령한 다음 공동도급계약을 체결하게 되면 공동수급체와 도급인 사이에서 공동수급체의 개별 구성원으로 하여금 공사대금채권에 관하여 출자지분 비율에 따라 직접 도급인에 대하여 권리를 취득하게 하는 묵시적인 약정이 이루어졌다고 보는 것이 타당하다. 이는 공동도급계약운용요령과 공동수급협정서에서 공동이행방식의 공동수급체 대표자가 부도 등 부득이한 사유로 신청서를 제출할 수 없는 경우 공동수급체의 다른 모든 구성원의 연명으로 이를 제출하게 할 수 있다고 규정하고 있거나, 공동수급체 구성원들의 각 출자비율과 실제 시공비율이 일치하지 않더라도 달리 볼 것이 아니다.

라) 공동수급체 내부의 법률관계

(1) 공동수급체 결성

공동수급체는 입찰에 참가하기 전에 발주기관에 서류를 제출하여야 하므로 사후에 공동수급체를 결성하는 것은 허용되지 않는다. 일반적으로는 공동수급체의 대표자가 구성원을 모집하는 형태로 하고 있다.

(2) 공동수급체의 대표자의 선임

계약담당공무원은 공동수급체의 구성원으로 하여금 상호 협의하여 공동수급체 대표자를 선임하게 하되, 시행령 제36조에 의한 입찰공고 등에서 요구한 자격을 갖춘 업체를 우선적으로 선임하게 하여야 한다. 다만, 주계약자관리방식에 의한 공동계약의 경우에는 주계약자가 공동수급체의 대표자가 된다(공동계약운용요령 제4조 제1항). 계약담당공무원은 시행령 제42조 제4항에 의한 최저가낙찰제 대상공사 입찰의 경우에 공동수급체 대표자의 출자비율 또는 분담내용이 100분의 50 이상이 되도록 하여야 한다. 다만, 주계약자관리방식에 의한 공동계약의 경우에는 공사의 내용 및 특성에 따라 분담내용을 정한다(제5항).

관계법령에서 대표자의 자격을 제한한 경우를 제외하고는 발주기관이 임의로 대표자를 정하거나 정하도록 강제할 수 없다.

(3) 대표자의 권한

공동수급체의 대표자는 기본적으로 발주기관 및 제3자에 대하여 공동수급체를 대표하며 기본적으로 대금청구, 대금수령, 재산관리 등의 권한이 있다. 그리고 입찰등록 및 서류제출, 계약금액조정, 계약이행도 대표자 단독명의로 할 수 있다.

(4) 대표자 변경

대표자를 파산 등의 사유로 변경하여야 하는 경우 원칙적으로 구성원 전원의 합의로 변경하여야 하며, 이 경우에도 입찰공고에서 요구한 자격을 갖춘 자를 우선적으로 선임하여야 한다.

8. 주계약자 관리방식(주계약자 공동도급제도)

발주자가 종합건설업자와 전문건설업자가 구성한 공동수급체와 계약을 체결하여 공사를 시공하는 방식이다. 대부분 종합건설업자는 주계약자, 전문건설업자는 부계약자가 된다. 주계약자 관리방식은 다단계식 하도급의 폐해를 방지하기 위하여 도입된 제도이다.

주계약자는 발주기관 및 제3자에 대하여 공동수급체를 대표한다. 따라서 주계약자는 재산관리와 대금청구 등의 권한을 가지고, 공동수급체의 구성원은 각자 분담한 부분에 관해서만 책임을 부담한다. 구성원이 계약을 불이행할 경우에는 구성원의 보증기관이 책임을 지며, 주계약자는 계약 전체에 대한 책임을 지고 불이행시에는 보증기관이 책임을 진다.

주계약자 관리방식에 의한 계약은 추정가격 500억 원 이상의 공사에 한해서 시행할 수 있다.

Ⅲ. 계약체결방법에 따른 분류

국가계약법 제7조 제1항에는 계약체결방법에 관한 근거규정을 두고 있다. 원칙적으로 경쟁입찰을 통해서 계약을 체결하되, 계약의 목적이나 성질 등을 감안하여 제한경쟁, 지명경쟁이 가능하도록 하고 있다.

1. 경쟁입찰계약

경쟁입찰계약제도는 기본적으로 경쟁을 통한 최적의 계약상대자를 찾기 위한 제도이다. 가격이나 기술이전 등 계약의 목적을 달성하기 위한 이행 조건들을 서로 제시하게 하여 발주기관에 가장 유리한 조건을 제시한 자를 선택한다는 점에서 장점이 존재한다. 특히 경쟁을 통해 공정성과 투명성이 함께 보장되므로 계약의 정당성이 보장된다.

가) 일반경쟁입찰계약

일반경쟁입찰계약은 최소한 자격을 가진 불특정 다수의 희망자가 경쟁입찰에 참가하여 그중에서 국가에 가장 유리한 조건을 제시한 자를 선정하여 계약을 체결하는 방식이다. 경쟁입찰이 성립하기 위해서는 2인 이상의 유효한 입찰이 있어야 한다(시행령 제10조 제1항). 입찰에 의한 경쟁방식은 수인의 입찰자 가운데 가장 낮은 가격을 제시한 자를 낙찰자로 선정한다.

그런데 일반경쟁입찰에 따른 계약이라고 해서 누구나 경쟁입찰에 참가할 수 있는 것은 아니다. 입찰이 행해지는 사업에 관한 사업자등록증을 교부받거나 고유번호를 부여받거나, 다른 법령의 규정에 의하여 허가·인가·면허·등록·신고 등을 요하거나 자격요건을 갖추어야 할 경우에는 해당 허가·인가·면허·등록·신고 등을 받았거나 해당 자격요건에 적합한 사업체, 보안측정 등의 조사가 필요한 경우에는 관계기관으로부터 적합판정을 받은 사업체만 참가가 가능하다(시행령 제12조 제1항).

그리고 경매는 입찰자 가운데 가장 높은 가격을 제시한 자를 선정하는 방식이다. 국가에 부담이 되는 계약은 입찰에 의하고 국가의 재산을 매각하는 등의 국가에 수입이 되는 계약은 경매방법을 선택한다. 따라서 각 중앙관서의 장 또는 계약담당공무원은 동산의 매각에 있어서 필요하다고 인정할 경우에는 이 영의 규정에 의한 입찰방법에 준하여 경매에 부칠 수 있다(시행령 제10조 제2항). 또한 각 중앙관서의 장 또는 계약담당공무원은 물품을 구매할 때 필요하다고 인정할 경우에는 이 영에 따른 입찰방법에 준하여 역경매에 부칠 수 있다(시행령 제10조 제3항).

나) 제한경쟁입찰계약

제한경쟁입찰계약은 계약의 목적·성질·규모 등에 비추어 필요한 경우에는 입찰참가자격을 시공능력, 공사액, 실적, 기술보유상황, 재무상태 등으로 제한하여 입찰에 참가하도록 하는 계약이다. 실무적으로도 활용도가 높다.

경쟁참가자의 자격을 제한할 수 있는 경우와 그 제한사유는 시행령 제21조에 규정되어 있다.

1. 기획재정부령이 정하는 금액의 공사계약의 경우에는 시공능력 또는 해당 공사와 같은 종류의 공사실적
2. 특수한 기술 또는 공법이 요구되는 공사계약의 경우에는 해당 공사수행에 필요한 기술의 보유상황 또는 해당 공사와 같은 종류의 공사실적
3. 특수한 설비 또는 기술이 요구되는 물품제조계약의 경우에는 해당 물품제조에 필요한 설비 및 기술의 보유상황 또는 해당 물품과 같은 종류의 물품제조실적
4. 특수한 성능 또는 품질이 요구되어 다음 각 목의 품질 인증 등을 받은 물품을 구매하려는 경우에는 그 품질 인증 등을 받은 물품인지 여부
   가. 「산업표준화법」 제15조에 따른 인증을 받은 제품 또는 같은 법 제25조에 따른 우수한 단체표준제품
   다. 「환경기술 및 환경산업 지원법」 제17조에 따라 환경표지의 인증을 받은 물품
   라. 「자원의 절약과 재활용촉진에 관한 법률」 제33조에 따른 기준에 적합하고 「산업기술혁신 촉진법 시행령」 제17조제1항제3호에 따른 품질

인증을 받은 재활용제품

5. 특수한 기술이 요구되는 용역계약의 경우에는 해당 용역수행에 필요한 기술의 보유상황 또는 해당 용역과 같은 종류의 용역수행실적

6. 추정가격이 기획재정부령으로 정하는 금액 미만인 계약의 경우에는 법인 등기부상 본점소재지(개인사업자인 경우에는 사업자등록증 또는 관련 법령에 따른 허가·인가·면허·등록·신고 등에 관련된 서류에 기재된 사업장의 소재지를 말한다. 이하 같다)

7. 제22조의 규정에 의한 제한방법에 의하여 공사계약을 하는 경우에는 그 제한기준

8. 「중소기업제품 구매촉진 및 판로지원에 관한 법률 시행령」 제6조에 따라 중소벤처기업부장관이 지정·공고한 물품을 제조·구매하는 경우에는 「중소기업기본법」 제2조에 따른 중소기업자

8의2. 「중소기업제품 구매촉진 및 판로지원에 관한 법률」 제7조의2제2항제1호에 따른 제한경쟁입찰 방법에 따라 물품 제조·구매 계약 또는 용역 계약을 체결하는 경우에는 같은 호에 따른 공동사업에 참여한 소기업 또는 소상공인

9. 각 중앙관서의 장 또는 계약담당공무원이 계약이행의 부실화를 방지하기 위하여 필요하다고 판단하여 특별히 인정하는 경우에는 경쟁참가자의 재무상태

10. 추정가격이 고시금액 미만인 물품의 제조·구매 또는 용역(「엔지니어링 산업 진흥법」 제2조제3호에 따른 엔지니어링사업 및 「건설기술 진흥법」 제2조제3호에 따른 건설기술용역을 제외한다)의 경우에는 다음 각 목의 구분에 따른 자

가. 추정가격이 1억원 미만인 물품의 제조·구매 또는 용역의 경우에는 「중소기업기본법」 제2조제2항에 따른 소기업, 「소상공인 보호 및 지원에 관한 법률」 제2조에 따른 소상공인, 「벤처기업육성에 관한 특별조치법」 제2조제1항에 따른 벤처기업 또는 「중소기업창업 지원법」 제2조제2호에 따른 창업자

나. 추정가격이 1억원 이상인 물품의 제조·구매 또는 용역의 경우에는 「중소기업기본법」 제2조에 따른 중소기업자

11. 특정지역에 소재하는 자가 생산한 물품을 구매하려는 경우에는 다음 각

목의 어느 하나에 해당하는 자인지 여부
가. 「중소기업진흥에 관한 법률」 제62조의23에 따른 지방중소기업 특별지
　　원지역에 입주(같은 조 제2항에 따른 지정기간만 해당한다)한 자
나. 「농어촌정비법」에 따른 농공단지에 입주한 자

공사계약의 경우 제한 사유는 일정 수준 이상의 기업이나 공사계약을 이행할
수 능력을 갖춘 계약상대자를 선택하기 위한 것이다. 그리고 물품계약의 경우에
는 주로 품질을 보증하기 위한 것으로, 그 외에 국가 정책적으로 환경보호, 중소
기업 보호, 지역경제에 기여하기 위하여 제한경쟁사유를 정하고 있다.

다) 지명경쟁입찰계약

지명경쟁입찰계약은 계약의 성질 또는 목적에 비추어 특수한 설비·기술·자
재·물품이나 실적이 있는 자가 아니면 계약목적을 달성하기 곤란한 경우, 계약
담당공무원이 자력·신용 등에 있어서 적당하다고 인정하는 특정 다수의 경쟁참
가자를 지명하여 입찰하게 하고 그중에서 낙찰자를 결정한 후 낙찰자와 계약을
체결하는 방법이다. 정부계약을 실행할 때에 모든 사업을 일반경쟁이나 제한경쟁
으로만 하게 되면 불필요한 경쟁을 확대하고 행정 부담만을 가중할 수 있다. 계
약대상의 성격이나 목적 등에 따라 지명경쟁이라는 탄력적인 경쟁방법에 의하도
록 하는 것이 효율적일 수 있다. 지명경쟁의 장점으로는 일반·제한경쟁의 경우
에 불성실하거나 신용이 없는 자가 경쟁에 참가하여 공정한 경쟁을 방해할 수 있
는 결함을 없앨 수 있고, 일반·제한 경쟁에 비하여 절차가 간소하며, 계약이행에
있어 가장 적합한 자만을 지명할 수 있음을 들 수 있다. 지명경쟁의 단점은 자칫
하면 지명이 특정인에게 고정되고 그 결과 담합을 용이하게 하여 경쟁의 실효를
거두지 못할 우려가 있다는데 있다. 따라서 내적 통제로서 각 중앙관서의 장의
위임을 받은 공무원은 지명경쟁입찰에 의하여 계약을 체결한 때에는 그 내용을
소속중앙관서의 장에게 보고하여야 하며, 각 중앙관서의 장은 이를 감사원에 통
지하여야 한다(시행령 제23조 제2항).

지명경쟁입찰을 통해 계약을 체결할 수 있는 사유는 시행령 제23조 제1항에
서 명확하고 제한적으로 규정하고 있다.

제23조(지명경쟁입찰에 의할 계약) ① 법 제7조제1항 단서에 따라 지명경쟁입찰에 부칠 수 있는 경우는 다음 각 호와 같다.

1. 계약의 성질 또는 목적에 비추어 특수한 설비·기술·자재·물품 또는 실적이 있는 자가 아니면 계약의 목적을 달성하기 곤란한 경우로서 입찰대상자가 10인이내인 경우

2. 「건설산업기본법」에 의한 건설공사(전문공사를 제외한다)로서 추정가격이 3억원 이하인 공사, 「건설산업기본법」에 의한 전문공사로서 추정가격이 1억원 이하인 공사 또는 그 밖의 공사관련 법령에 의한 공사로서 추정가격이 1억원 이하인 공사를 하거나 추정가격이 1억원 이하인 물품을 제조할 경우

3. 추정가격이 5천만원 이하인 재산을 매각 또는 매입할 경우

4. 예정임대·임차료의 총액이 5천만원 이하인 물건을 임대·임차할 경우

5. 공사나 제조의 도급, 재산의 매각 또는 물건의 임대·임차외의 계약으로서 추정가격이 5천만원 이하인 경우

6. 「산업표준화법」 제15조에 따른 인증을 받은 제품 또는 같은 법 제25조에 따른 우수한 단체표준제품

7. 삭제

8. 법 제7조 단서 및 이 영 제26조의 규정에 의하여 수의계약에 의할 수 있는 경우

9. 「자원의 절약과 재활용촉진에 관한 법률」 제33조의 규정에 의한 기준에 적합하고 「산업기술혁신 촉진법 시행령」 제17조제1항제3호에 따른 품질인증을 받은 재활용제품 또는 「환경기술 및 환경산업 지원법」 제17조의 규정에 의한 환경표지의 인증을 받은 제품을 제조하게 하거나 구매하는 경우

10. 「중소기업제품 구매촉진 및 판로지원에 관한 법률 시행령」 제6조에 따라 중소벤처기업부장관이 지정·공고한 물품을 「중소기업기본법」제2조에 따른 중소기업자로부터 제조·구매할 경우

11. 「중소기업제품 구매촉진 및 판로지원에 관한 법률」 제7조의2제2항제2호에 따라 각 중앙관서의 장의 요청으로 「중소기업협동조합법」 제3조제1항에 따른 중소기업협동조합이 추천하는 소기업 또는 소상공인(해당 물품 등을 납품할 수 있는 소기업 또는 소상공인을 말한다)으로 하여금 물품을 제조하게 하거나 용역을 수행하게 하는 경우

중앙관서의 장 또는 계약담당공무원은 지명경쟁입찰을 할 경우에는 5인 이상의 입찰대상자를 지명하여 2인 이상의 입찰참가신청이 있어야 하고, 지명대상자가 5인 미만인 때에는 대상자를 모두 지명하여야 한다(시행령 제24조 제1항). 그리고 각 중앙관서의 장 또는 계약담당공무원은 지명경쟁에 의하여 입찰대상자를 지명하고자 할 때에는 기획재정부령이 정하는 바에 의하여 지명경쟁대상자라는 것을 통지하고 입찰참가 여부를 확인하여야 한다(제3항). 지명을 당한 사업체는 반드시 경쟁입찰에 참여하여야 할 의무가 없고, 경우에 따라서는 사업체의 경제적 기술적 사정으로 참여할 의사가 없을 경우도 있기 때문에 발주기관은 사업체의 참여의사를 확인할 필요가 있다. 지명대상자를 지명할 때에는 입찰공고의 내용을 대상자에게 통지하여야 한다(제2항).

지명경쟁 방식의 입찰을 통한 계약은 사업체를 중심으로 하는 것이 원칙이지만, 물품을 중심으로 하여 지명경쟁계약을 체결할 수도 있다. 발주기관이 필요로 하는 물품 중에서 유사한 물품이 있는 경우에는 각 중앙관서의 장 또는 계약담당공무원은 품질·성능 또는 효율 등에 차이가 있는 유사한 종류의 물품 중에서 품질·성능 또는 효율 등이 일정 수준 이상인 물품을 지정하여 구매하고자 하는 경우에는 복수경쟁 방식으로 한다. 이 경우 유사한 종류의 물품별로 작성된 예정가격에 대한 입찰금액의 비율이 가장 낮은 입찰자를 낙찰자로 한다(시행령 25조).

2. 수의계약

가) 의 의

정부조달계약을 체결방법에 따라 분류할 때, 크게 경쟁계약과 수의계약으로 나눌 수 있다. 수의계약은 경쟁입찰에 의하지 않고 계약담당공무원이 선택한 특정인을 상대로 하여 계약을 체결하는 것을 말한다.

정부계약은 국가계약법 제7조에서 규정한 바에 따라 일반경쟁입찰에 의한 계약을 원칙으로 하되 계약의 목적·성질·규모 등을 고려하여 필요하다고 인정되는 경우 대통령령이 정하는 바에 의하여 수의계약에 의할 수 있도록 하고 있다.

이러한 점은 미국의 경우도 우리와 크게 다르지 않다. 미국은 가능하다면, 경쟁계약을 통한 조달이 미국조달계획의 중요한 목표로 한다. 미국의 경쟁계약법(CICA; The Competition in Contract Act of 1984)에서도 특별히 예외를 규정해 놓은 경우를 제외하고는 정부기관은 입찰경쟁이나 협상에 의한 경쟁에서 완전하고 공개된 경쟁(full and open competition)을 실시하여야 한다. 또한 경쟁절차를 통하거나, 조달환경에 가장 적합한 경쟁절차의 결합이 있어야 한다. 여기에서 경쟁절차8)라고 하는 것은 행정기관이 완전하고 공개적인 경쟁에 적합한 계약을 체결하기 위한 절차를 의미(The term "competitive procedures" means procedures under which an agency enters into a contract pursuant to full and open competition)하고, 조달과 관련하여 사용될 때의 '완전하고 공개적인 경쟁'9)의 의미는 이행능력이 있는 모든 조달원이 조달의 입찰이나 제안서를 경쟁적으로 제출하는 것이 허용되도록(The term "full and open competition", when used with respect to a procurement, means that all responsible sources are permitted to submit sealed bids or competitive proposals on the procurement)하는 것이다. 이전의 법인 the Armed Services Procurement Act10)에서도 조달하려고 하는 물품, 용역의 본질과 수요를 충족시킬 수 있는 최대한 많은 자격이 있는 조달원에게서 제안서를 받을 것을 요구하고 있었다. 이러한 정신을 CICA도 반영하여 완전하게 공개된 경쟁을 요구하고 있다. 즉, 미국도 경쟁을 통해서 조달하는 것을 원칙으로 하며, 수의계약이나 다른 형태의 계약은 예외로 인정한다.11)

나) 수의계약의 장·단점

수의계약은 자본과 신용이 있고 경험이 풍부한 상대자를 선택할 수 있으며, 입찰 절차 생략으로 정부계약 절차가 간소화된다는 점에서 장점이 있다. 즉, 효율적이고 상황에 빠른 대처가 가능하다는 장점이 있다. 하지만, 경쟁원리가 배제됨에 따라 각 중앙관서의 장 또는 계약담당공무원의 자의성이 개입될 우려가 있고, 예산절감 또한 기대하기 어려운 점 등이 단점이다.

따라서 해당계약을 경쟁계약으로 할 것인지 또는 수의계약으로 할 것인지에 대한 각 중앙관서의 장 또는 계약담당공무원에게 부여된다.

---

8) 41 U.S.C. § 403 (5).
9) 41 U.S.C. § 403 (6).
10) 10 U.S.C. § 2304 (g).
11) 계승균, "行政調達契約法上 隨意契約制度", 법제연구 제28호, 2005, 233면.

다) 자격요건(시행령 제32조)

수의계약으로 체결할 경우에도 기본적으로 경쟁계약에 규정을 준용한다.

> 제32조(경쟁계약에 관한 규정의 준용) 수의계약의 체결에 관하여는 제12조제
> 1항 및 제3항부터 제6항까지의 규정을 준용한다.

수의계약의 경우에도 계약상대자는 시행령 제12조에 규정된 경쟁입찰 참가자
격을 갖출 것을 요구하고 있다.

수의계약과 관련하여 주의할 것은 수의계약 사유에 해당된다고 하여 반드시 수
의계약으로 해야 하는 것은 아니며, 계약담당공무원이 판단하여 결정할 수 있다.

라) 수의계약사유

수의계약 사유를 시행령 제26조 제1항에 의하면 크게 분류하면 다음과 같이
5개 사유로 분류할 수 있다.

> (1) 경쟁에 부칠 여유가 없거나 경쟁에 부쳐서는 계약의 목적을 달성하기 곤
> 란하다고 판단되는 경우로서 다음 각 목의 경우
> (2) 특정인의 기술이 필요하거나 해당 물품의 생산자가 1인뿐인 경우 등 경쟁
> 이 성립될 수 없는 경우로서 다음 각 목의 경우
> (3) 「중소기업진흥에 관한 법률」 제2조제1호에 따른 중소기업자가 직접 생산
> 한 다음 각 목의 제품을 해당 중소기업자로부터 제조 · 구매하는 경우
> (4) 국가유공자 또는 장애인 등에게 일자리나 보훈 · 복지서비스 등을 제공하
> 기 위한 목적으로 설립된 다음 각 목의 어느 하나에 해당하는 단체 등과 물품
> 의 제조 · 구매 또는 용역 계약(해당 단체가 직접 생산하는 물품 및 직접 수행
> 하는 용역에 한정한다)을 체결하거나, 그 단체 등에 직접 물건을 매각 · 임대
> 하는 경우
> (5) 제1호부터 제4호까지의 경우 외에 계약의 목적 · 성질 등에 비추어 경쟁
> 에 따라 계약을 체결하는 것이 비효율적이라고 판단되는 경우로서 다음 각 목
> 의 경우

마) 경쟁 관련 수의계약 사유

그런데 경쟁 관련 수의계약 사유가 있는데 시행령 제27조부터 제29조까지 규정되어 있다.

(1) 재공고입찰과 수의계약(시행령 제27조)

제27조(재공고입찰과 수의계약) ① 경쟁입찰을 실시한 결과 다음 각호의 1에 해당하는 경우에는 수의계약에 의할 수 있다.
1. 제10조의 규정에 의하여 경쟁입찰을 실시하였으나 입찰자가 1인뿐인 경우로서 제20조제2항의 규정에 의하여 재공고입찰을 실시하더라도 제12조의 규정에 의한 입찰참가자격을 갖춘 자가 1인밖에 없음이 명백하다고 인정되는 경우
2. 제20조제2항의 규정에 의하여 재공고입찰에 부친 경우로서 입찰자 또는 낙찰자가 없는 경우
② 제1항의 규정에 의한 수의계약의 경우 보증금과 기한을 제외하고는 최초의 입찰에 부칠 때에 정한 가격 및 기타 조건을 변경할 수 없다.

(2) 낙찰자가 계약을 체결하지 아니할 때의 수의계약(시행령 제28조)

제28조(낙찰자가 계약을 체결하지 아니할 때의 수의계약) ① 낙찰자가 계약을 체결하지 아니할 때에는 그 낙찰금액보다 불리하지 아니한 금액의 범위안에서 수의계약에 의할 수 있다. 다만, 기한을 제외하고는 최초의 입찰에 부칠 때 정한 가격 및 기타 조건을 변경할 수 없다.
② 제1항의 규정은 낙찰자가 계약체결 후 소정의 기일내에 계약의 이행에 착수하지 아니하거나, 계약이행에 착수한 후 계약상의 의무를 이행하지 아니하여 계약을 해제 또는 해지한 경우에 이를 준용한다.

바) 분할수의계약(시행령 제29조)

제29조(분할수의계약) 제26조 제1항 제5호 라목, 제27조 및 제28조의 경우
에 있어서는 예정가격 또는 낙찰금액을 분할하여 계산할 수 있는 경우에 한하
여 그 가격 또는 금액보다 불리하지 아니한 금액의 범위안에서 수인에게 분할
하여 계약을 할 수 있다.

사) 수의계약 적격확인(시행령 제26조 제3항)

각 중앙관서의 장 또는 계약담당공무원은 제1항제4호에 따라 수의계약에 의
하는 경우에는 다음 각 호의 사항을 확인하여야 한다.
1. 수의계약 대상자의 자격요건
2. 수의계약의 대상물품의 직접생산여부

위의 두 가지 사항은 필수적으로 확인하여야 한다. 그리고 제1항 제3호의 경
우에는 3년 동안 수의계약을 체결할 수 있다. 그리고 각 중앙관서의 장 또는 계
약담당공무원은 수의계약 대상자를 감독하는 주무부처의 장에게 제2항 각 호의
사항의 확인에 필요한 협조를 요청할 수 있다.

② 각 중앙관서의 장 또는 계약담당공무원은 제1항 제3호 각 목의 제품을 구
매하려는 경우에는 주무부장관(주무부장관으로부터 위임받은 자를 포함한다)
이 해당 물품을 인증 또는 지정한 날부터 3년(해당 물품에 대한 인증 또는 지
정이 유효한 기간만 해당한다) 동안만 수의계약을 체결할 수 있다. 다만, 주
무부장관이 인증기간 또는 지정기간을 연장한 경우에는 연장된 인증기간 또
는 지정기간과 연장일부터 3년이 되는 날까지의 기간 중 짧은 기간 동안만
수의계약을 체결할 수 있다.

아) 수의계약체결의 보고 및 통지(시행령 제26조 제5항)

계약담당공무원은 제1항 제1호 다목·라목, 같은 항 제2호, 제4호 나목·다목 및 제5호 다목·마목에 따라 수의계약을 체결한 때에는 그 내용을 소속중앙관서의 장에게 보고하여야 하며, 각 중앙관서의 장은 보고받은 사항 중 제1항 제2호에 따른 계약에 대하여는 이를 감사원에 통지하여야 한다.

자) 수의계약시의 견적에 의한 가격결정

각 중앙관서의 장 또는 계약담당공무원은 수의계약을 체결하고자 할 때에는 2인 이상으로부터 견적서를 받아야 한다. 2인 이상 견적서 제출이 원칙이다. 이는 비록 수의계약이라고 하더라도 최소한의 경쟁구도를 만들어 계약절차의 공정성 내지 투명성을 확보하기 위한 것이다. 그러나 다음과 같은 경우에는 1인으로부터 견적서를 제출받아 계약금액을 정할 수 있다.

1. 제26조 제1항 제2호, 같은 항 제5호 마목, 제27조 및 제28조에 따른 계약의 경우
2. 추정가격이 2천만원 이하인 경우. 다만, 「여성기업지원에 관한 법률」 제2조 제1호에 따른 여성기업 또는 「장애인기업활동 촉진법」 제2조제2호에 따른 장애인기업과 계약을 체결하는 경우에는 5천만원 이하인 경우로 한다.
3. 제2항 본문에 따라 전자조달시스템을 이용하여 견적서를 제출받았으나 견적서 제출자가 1인뿐인 경우로서 다시 견적서를 제출받더라도 견적서 제출자가 1인밖에 없을 것으로 명백히 예상되는 경우

차) 수의계약과 관련된 책임문제

(1) 수의계약 사유가 아님에도 불구하고 계약이 체결된 경우

계약담당공무원이 시행령을 위반하여 수의계약 해당 사유가 아님에도 불구하고 수의계약을 체결하였을 경우, 계약의 유효성 여부가 문제될 수 있다. 시행령에 위반하여 계약을 체결하였다 하더라도 계약은 유효하다는 것이 판례의 태도

인 듯하다. 우리 대법원[12]은 "계약담당공무원이 입찰절차에서 국가를당사자로하는계약에관한법률 및 그 시행령이나 그 세부심사기준에 어긋나게 적격심사를 하였다 하더라도 그 사유만으로 당연히 낙찰자 결정이나 그에 기한 계약이 무효가 되는 것은 아니고, 이를 위배한 하자가 입찰절차의 공공성과 공정성이 현저히 침해될 정도로 중대할 뿐 아니라 상대방도 이러한 사정을 알았거나 알 수 있었을 경우 또는 누가 보더라도 낙찰자의 결정 및 계약체결이 선량한 풍속 기타 사회질서에 반하는 행위에 의하여 이루어진 것임이 분명한 경우 등 이를 무효로 하지 않으면 그 절차에 관하여 규정한 국가를당사자로하는계약에관한법률의 취지를 몰각하는 결과가 되는 특별한 사정이 있는 경우에 한하여 무효가 된다고 해석함이 타당하다."라고 하여 법령에 설령 위반이 있다고 하여도 계약은 유효하다고 보고 있다. 위 사안은 국가계약법의 원칙인 일반경쟁입찰에 관한 사안이라, 엄격하고 좁게 해석하여야 할 예외인 수의계약에도 그대로 적용될지는 의문이다. 다만 위 판례의 취지는 국가계약법의 취지를 무시하거나 몰각시키는 특별한 사정이 있는 경우에 한하여 계약을 무효로 보는 것으로 이해된다.

  그렇다면 국가 공무원이 법률에 위반하여 계약을 체결한 것이 명백하면 이러한 국가공무원의 행위는 법치행정에 위반되는 것이지만, 이러한 계약담당공무원의 계약체결이 국가계약법의 정신을 형해화시키거나, 몰각시키는 것이 아니면 위법한 것이 아니라는 결론에 도달한다. 이러한 결론을 뒷받침하는 이론[13]은 국가계약관련 법령을 우선 재정 관련 법으로 이해하고, 또한 그 효력범위에 있어서 공무원 내부규정으로 본다. 즉, 사인과는 직접적 연관이 없는 행정의 합리성, 효율성을 보장하기 위한 규정으로 파악하고 있다. 이러한 재정법을 위반한 경우라 하더라도 헌법과 법률이 무효라고 하지 않는 이상 그 효력에는 영향이 없다고 본다. 그리고 국가나 지방자치단체가 계약당사자가 되는 소위 정부계약에서도 정부 등은 사경제의 주체로서 체결하는 사법상의 계약[14]이라고 파악하고, 또한 이를 관장하는 국가계약 관련 법령이나 예규 등을 국가와 사인 간의 계약관계에 있어서 계약공무원이 지켜야 할 내부준칙으로 이해한다.[15]

---

12) 대법원 2001. 12. 11. 선고 2001다33604 판결.
13) 선재성, "공공계약에서 낙찰자결정과 계약이 무효가 되는 사유", 대법원판례해설 제38호, 2001, 52-55면.
14) 대법원 1996. 12. 10. 선고 96누14780 판결; 대법원 1993. 6. 8. 선고 92다49447 판결.
15) 대법원 1996. 12. 10. 선고 96누14780 판결; 박정훈, "행정조달계약의 법적 성격", 민사판례

(2) 계약담당공무원의 손해배상책임

우리나라에서는 공무원이 순전히 직무수행 중에 국가 또는 지방자치단체가 재산상의 손해를 입힌 경우라도 그 공무원은 민법상의 불법행위에 기한 손해배상책임을 지지 않으며, 회계관계직원이 그 직무상의 행위로 인하여 변상책임을 지는 경우에는 감사원의 변상판정에 의하도록 하고 있다.16) 이에 따라 계약담당공무원이 수의계약을 임의로 체결하거나 혹은 고가로 계약을 체결하여 국가나 지방자치단체 등에 손해를 끼쳤을 경우에는 「회계관계직원등의책임에관한법률」에 따라 변상책임17)을 부담하여야 한다. 같은 법률 제2조에 의하면 계약담당공무원은 '회계관계직원'에 해당되며, 같은 법률 제4조에서는 회계관계직원이 고의 또는 중대한 과실로 법령 그 밖의 관계규정과 예산에 정하여진 바에 위반하여 국가·지방자치단체 그 밖에 감사원의 감사를 받는 단체 등의 재산에 대하여 손해를 끼친 때에는 변상 책임을 부과하고 있다. 변상책임 판정은 감사원 판정 전이더라도 중앙기관의 장, 지방자치단체의 장, 감독기관의 장, 해당 기관의 장도 변상책임을 부과할 수 있다. 문제는 변상책임의 성립요건과 변상의 범위라고 할 수 있다.

회계관계직원의 변상책임 성립요건18)은 ① 회계관계직원이 직무를 수행함에 있어, ② 고의 또는 중대한 과실로 법령등에 정하여진 바를 위반하여, ③ 지방자치단체 등에 손해를 끼친 결과가 있으며, ④ 이러한 행위와 결과발생 간에 상당한 인과관계의 존재 등이다. 여기서 '중대한 과실'이라고 하는 것은 일반적으로 보통인이 조금만 주의하였더라면 능히 그러한 결과발생을 예견할 수 있고 따라서, 그 결과 발생을 충분히 방지할 수 있었음에도 불구하고 이러한 정도의 주의조차 태만히 한 정도의 주의의무 위반이 있는 경우이다.19) 그리고 구체적으로 중

연구회편, 「민사판례연구[XXV]」, 박영사, 2003, 567면 이하.

16) 대법원 1980. 2. 26. 선고 79다2241 판결.

17) 우리 대법원은 감사원의 변상판정은 추상적인 변상의무의 유무 및 그 범위를 확정할 뿐이고, 구체적인 변상금 납부의무는 소속장관이 변상명령처분을 통해서 내리는 것이므로, 소속장관의 변상명령 자체에 위법사유가 존재할 수 있고, 변상명령을 단순한 표시행위로 볼 수 없으므로 이를 독립된 행정행위로 보아 행정소송의 대상으로 보고 있다. 대법원 1994. 12. 2. 선고 93누623 판결.

18) 감사원 2001. 12. 11. 판정, 2001년 감재판 제8호; 감사원 1999. 12. 28. 판정, 1999년 감재판 제9호.

19) 최재건, "변상책임의 발생요건에 관한 일 고찰", 감사논집 제3호, 1998, 372면 이하 참조.

대한 과실을 범한 경우에 해당되는지 여부에 대한 판단은 회계관계직원등의책임
에관한법률 제1조의 목적조항과 제3조의 회계관계직원의 성실의무, 제4조에서
변상책임에서 경과실을 제외하고 있는 취지 등의 법률규정을 고려하고, 회계관계
직원이 그 업무를 수행함에 있어 법령 기타 관계규정 및 예산에 정하여진 바에
따르지 않음으로써 성실의무에 위배한 정도가 회계관계직원으로서 갖추어야 할
지식과 능력, 그 업무내용에 비추어 중대한 것으로 평가될 수 있는지 여부에 의
하여 결정되어야 한다.

그리고 회계관계직원등의책임에관한법률 제4조의 "손해를 끼쳤다."는 의미에
대해서는 현금과 물품의 횡령, 망실, 훼손 등 외관상으로 단체가 손해를 입은 것
이 명백한 경우는 물론, 그 외에도 단체의 자산과 자본 등이 감소되거나 부채의
증가를 가져와 단체의 재산에 손해를 끼친 경우도 포함한다.

변상판정범위와 관련된 손해액[20]은 의무위반행위와 상당인과관계가 인정되
는 범위 내에서 손해발생 시에 확정된 금액이다. 따라서 지방자치단체가 전세권
자로서 전세권을 설정하였는데 전세금이 회수불능이 되었을 경우에는 그 손해액
은 전세금에서 실제 회수된 금액을 공제한 금액이라고 보아야 할 것이다.[21]

우리 판례[22]도 회계관계공무원에 대한 변상책임을 부과하기 위한 요건인 '중
대한 과실'에 해당되는지 여부는 같은 법 제1조의 법률의 목적, 제3조의 성실의
무 등을 종합하여 회계관계직원이 그 업무를 수행함에 있어 따라야 할 법령 기타
관계규정 및 예산에 정해진 바에 따르지 않음으로써 성실의무에 위배한 정도가
그 업무내용에 비추어 중대한 것으로 평가될 수 있는지의 여부에 의해 결정되어
야 한다고 판시하고 있다. 따라서 업무내용을 단순하게 구분하여 고도의 기능
적·관리직 성격을 가지느냐 아니면 기계적·사실적 성격을 가지느냐에 의해서
결정할 것은 아니라고 판시하고 있다.[23]

또한 손해의 범위[24]에 관해서는 "이사회의 집행부 임원들이 건축공사의 도급
계약에 관하여 견적가격에 대주주의 내정가격과 맞지 아니하는 경우에는 공개경

---

20) 감사원 1999. 12. 28. 판정, 1999년 감재판 제9호.
21) 이러한 태도에 대한 비판적 견해 강인옥, "회계관계공무원의 변상책임에 관한 연구", 감사
논집 제3호, 1998, 310면 이하 참조.
22) 대법원 2003. 6. 27. 선고 2001두9660 판결; 대법원 2001. 2. 23. 선고 99두5498 판결; 대법
원 1994. 2. 13. 선고 93누98 판결.
23) 대법원 1994. 12. 13. 선고 93누98 판결.
24) 대법원 1977. 5. 24. 선고 76다3031 판결.

쟁입찰에 의하고 수의계약 체결 시에도 제약을 가하고 있는 취지의 대주주회의의 위임 및 이사회의 결의에 반하여 특정회사와 적정가격보다 과다한 가격으로 수의계약을 체결하고 공사를 하였다면 위 수의계약이 공개경쟁입찰에 부치는 것보다 유리하다고 볼 만한 특별한 사정이 없는 한 위 수의계약의 가격과 적정가격과의 차액에 대하여 이를 배상할 책임이 있다."라고 판시하여 임의적인 수의계약을 함으로써 손해가 발생한 경우에 손해배상책임을 인정하고 공개경쟁을 통한 가격이나 적정가격의 차이를 손해액으로 보고 있다.

또한 우리 판례[25]는 "구 회계관계직원등의책임에관한법률(2001. 4. 7. 법률 제6461호로 전문 개정되기 전의 것)에 의한 공무원의 변상책임은 회계사무를 집행하는 회계관계직원에 대하여는 다른 공무원과는 달리 그 책임을 엄중히 하기 위한 것으로서 국가배상법에 의한 공무원의 구상책임과는 그 성립의 기초를 달리하므로 그 제한에 관한 원리를 유추적용하여 변상금액을 감액할 수는 없고, 구 회계관계직원등의책임에관한법률 자체에 정상에 관한 사유를 참작하여 변상금을 감액하도록 하는 규정이 존재하지 않는 이상 변상금액 자체를 감액할 수는 없다."라고 판시하여 공무원에게 변상책임을 엄격하게 부담시키고 있다. 또한 변상책임은 특별권력관계에 기한 법률적 책임으로서 민법상의 과실상계이론이 적용될 수 없다고 판단했다.[26]

(3) 형사책임과 징계책임

계약담당공무원이 국가계약의 집행과 관련하여 특히, 수의계약 집행과 관련하여 업무에 위배한 경우에는 공무원으로서 징계책임[27]과 형사책임을 부담하여야 한다. 이에 관한 사례들을 살펴보면 다음과 같다. 우선, 징계와 관련하여서는 구청장이 부하직원으로부터 음식비, 양복비 등을 수수하고 청사수리공사를 실시함에 있어, 위법적인 수의계약을 하였음에도 경쟁입찰에 의하여 낙찰된 허위문서를 작성하여 재정법을 위반한 사건에서 공무원의 성실의무위반과 직무를 태만히 하여 공무원의 체면과 위신을 손상케 한 경우에 해당하므로 파면의 징계처분은 정당하다고 보았다.[28] 마찬가지로 우리 대법원은 수의계약업무를 담당하고 있는

---

25) 대법원 2002. 10. 11. 선고 2001두3297 판결.
26) 서울고등법원 1968. 1. 19. 선고 66나3639 판결.
27) 국가공무원법, 제10장, 군인사법, 제10장, 제9장 등 참조.

자가 업자들로부터 편의상 관계 서류에 첨부할 인지값으로 현금을 받고 이를 횡령하였다면 업무상 횡령에 해당[29]한다고 판시하고, 또한 연초제조창창장이 물건구매의 책임이 있는 자들과 상호 협력하여 불요불급한 부속공구를 납품업자와 시가보다 고가로 수의계약을 구입하고 대금을 지급한 경우에, 국가공무원으로서 물품계약예산의 집행에 있어서 업무수행 시 절실히 필요한 최저 가격으로 물품을 구매하기 위하여 노력하여야 하는 임무에 위배한 행위로서 이로 인하여 국가에 손해를 가하였으므로 업무상 배임에 해당한다고 판시[30]했다. 그리고 일반경쟁입찰에 의하여 매각할 국유재산을 수의계약으로 매각한 경우 국가가 받은 손해범위, 배임의 범위에 대해서는 총체적으로 보아야 한다고 판단하고 있다. 일반경쟁입찰에 의하여 매각할 은닉 신고된 국유부동산을 수의계약으로 매각하였다고 하여 바로 국가가 그 부동산 자체를 상실하는 손해를 입었다고 볼 수는 없고, 수의계약에 의한 매각대금이 정당한 객관적 시가가 못되고, 일반경쟁입찰의 방식으로 매각할 경우의 예상대금보다 저렴한 금액인 경우에만 국가에 손해가 발생한 것이라고 판단하고 있다.[31] 동일한 법리를 다른 판결에서도 발견할 수 있다. 국·공유재산 관리업무를 담당하는 군청의 경리계원이 국·공유재산의 적법한 매수대상자가 아닌 자에게 업무상의 임무에 위배하여 감정가보다 현저히 헐값에 수의계약하여 매도함으로써 그 차액상당의 이익을 주고 국가에 같은 액의 손해를 가하였다면 업무상 배임죄가 성립한다고 판시했다.[32]

28) 대법원 1963. 1. 17. 선고 62누199 판결.
29) 대법원 1967. 2. 28. 선고 67도33 판결.
30) 대법원 1970. 1. 30. 선고 70도1263 판결.
31) 대법원 1981. 6. 23. 선고 80도2934 판결.
32) 대법원 1986. 9. 23. 선고 86도618 판결.

제10강

추정가격과 예정가격

제10강
추정가격과 예정가격

I. 추정가격

1. 의의

"추정가격"이라 함은 물품·공사·용역 등의 조달계약을 체결함에 있어서 국가계약법 제4조의 규정에 의한 국제입찰 대상 여부를 판단하는 기준 등으로 삼기 위하여 예정가격이 결정되기 전에 제7조의 규정에 의하여 산정된 가격을 말한다(시행령 제2조 제1항). 구체적으로 추정가격은 물품·공사·용역 등 정부계약을 체결할 때, 국제입찰 여부, 입찰공고방법·PQ·적격심사낙찰제·대형공사·내역입찰·수의계약 등의 대상 여부를 판단하는 기준으로 삼기 위하여 예정가격 결정 또는 입찰공고에 앞서 시행령 제7조의 규정에 의하여 예산에 계상된 금액 등으로 추산하여 산정한 가격을 말한다.

2. 산정기준

추정가격은 예산에 계상된 금액 등을 기준으로 하지만, 산정기준에 관해서는 시행령 제7조에서 구체적으로 정하고 있다.

1. 공사계약의 경우에는 관급자재로 공급될 부분의 가격을 제외한 금액
2. 단가계약의 경우에는 해당 물품의 추정단가에 조달예정수량을 곱한 금액
3. 개별적인 조달요구가 복수로 이루어지거나 분할되어 이루어지는 계약의 경우에는 다음 각목의 1중에서 선택한 금액
   가. 해당 계약의 직전 회계연도 또는 직전 12월동안 체결된 유사한 계약의 총액을 대상으로 직후 12월 동안의 수량 및 금액의 예상변동분을 감안하여 조정한 금액
   나. 동일 회계연도 또는 직후 12월 동안에 계약할 금액의 총액
4. 물품 또는 용역의 리스·임차·할부구매계약 및 총계약금액이 확정되지 아니한 계약의 경우에는 다음 각목의 1에 의한 금액
   가. 계약기간이 정하여진 계약의 경우에는 총계약기간에 대하여 추정한 금액
   나. 계약기간이 정하여지지 아니하거나 불분명한 계약의 경우에는 1월분의 추정지급액에 48을 곱한 금액
5. 조달하고자 하는 대상에 선택사항이 있는 경우에는 이를 포함하여 최대한 조달가능한 금액

공사입찰에 참가하려는 자는 입찰 시 입찰서와 함께 산출내역서를 중앙관서의 장 또는 계약담당공무원에게 제출해야 한다. 다만, 추정가격이 100억 원 미만인 공사와 시행령 제20조 제1항에 따라 재입찰에 부치는 공사의 경우에는 낙찰자로 결정된 후 착공신고서를 제출하는 때에 제출해야 한다(시행령 제14조 제6항). 그리고 공사입찰의 경우에는 공고일의 산정기준, 현장설명회의 실시 기준(시행령 제14조의2 제3항), 제한경쟁대상자 선정 기준(시행령 제21조), 지명경쟁대상자 선정 기준(제23조), 수의계약대상자 선정 기준(시행령 제26조)에 추정가격이 적용된다.

Ⅱ. 예정가격

1. 의의

예정가격은 각 중앙관서의 장 또는 계약담당공무원이 입찰 또는 수의계약 등에 부칠 사항에 대하여 낙찰자 및 계약금액의 결정기준으로 삼기 위하여 미리 해당 규격서 및 설계서 등에 따라 작성하여 두는 가격이다(법 제8조의2 제1항). 다른

국가기관 또는 지방자치단체와 계약을 체결하는 경우 등 대통령령으로 정하는
경우에는 예정가격을 작성하지 아니하거나 생략할 수 있다. 각 중앙관서의 장 또
는 계약담당공무원이 예정가격을 작성할 경우에는 계약수량, 이행기간, 수급상
황, 계약조건 등을 고려하여 계약목적물의 품질·안전 등이 확보되도록 적정한
금액을 반영하여야 한다(제2항).

그리고 각 중앙관서의 장 또는 계약담당공무원이 국가계약법에 따라 예정가
격을 작성하는 경우에는 해당 규격서 및 설계서 등에 따라 예정가격을 결정하고
이를 밀봉해 미리 개찰장소 또는 가격협상장소 등에 두어야 하며, 예정가격이 누
설되지 않도록 해야 한다(시행령 제7조의2 제1항).

예정가격의 작성시기, 결정방법, 결정기준 등에 관해서는 시행령에 규정하고
있다.

2. 결정 기준

각 중앙관서의 장 또는 계약담당공무원은 다음 각 호의 가격을 기준으로 하
여 예정가격을 결정함에 있어서는 계약수량, 이행기간, 수급상황, 계약조건 기타
제반여건을 참작하여 예정가격을 결정하여야 한다(시행령 제9조).

> 1. 적정한 거래가 형성된 경우에는 그 거래실례가격(법령의 규정에 의하여 가
>   격이 결정된 경우에는 그 결정가격의 범위안에서의 거래실례가격)
> 2. 신규개발품이거나 특수규격품등의 특수한 물품·공사·용역등 계약의 특
>   수성으로 인하여 적정한 거래실례가격이 없는 경우에는 원가계산에 의한
>   가격. 이 경우 원가계산에 의한 가격은 계약의 목적이 되는 물품·공사·용
>   역등을 구성하는 재료비·노무비·경비와 일반관리비 및 이윤으로 이를
>   계산한다.
> 3. 공사의 경우 이미 수행한 공사의 종류별 시장거래가격 등을 토대로 산정한
>   표준시장단가로서 중앙관서의 장이 인정한 가격
> 4. 제1호 내지 제3호의 규정에 의한 가격에 의할 수 없는 경우에는 감정가
>   격, 유사한 물품·공사·용역등의 거래실례가격 또는 견적가격

그러나 해외로부터 수입하고 있는 군용물자부품을 국산화한 업체와 계약을

체결하려는 경우에는 그 수입가격 등을 고려하여 방위사업청장이 인정한 가격을 기준으로 하여 예정가격을 결정할 수 있다. 예정가격의 결정에 관하여 필요한 사항은 기획재정부장관이 정한다.

3. 예정가격의 결정방법

예정가격은 계약을 체결하고자 하는 사항의 가격의 총액에 대하여 이를 결정하여야 한다. 다만, 일정한 기간 계속하여 제조·공사·수리·가공·매매·공급·임차 등을 하는 계약의 경우에 있어서는 단가에 대하여 그 예정가격을 결정할 수 있다.

공사계약에 있어서 그 이행에 수년이 걸리며 설계서 등에 의하여 전체의 사업내용이 확정된 공사 및 물품의 제조등의 계약에 있어서 그 이행에 수년이 걸리며 설계서 또는 규격서등에 의하여 해당 계약목적물의 내용이 확정된 물품의 제조등의 경우에는 총공사·총제조 등에 대하여 예산상의 총공사금액(관급자재 금액은 제외한다) 또는 총제조금액(관급자재 금액은 제외한다) 등의 범위 안에서 예정가격을 결정하여야 한다(시행령 제8조).

공공계약법의 기초이론

제11강

입찰 공고

제11강
입찰 공고

I. 의의

입찰공고는 경쟁계약에 있어서 입찰에 부친다는 표시를 하는 것을 말한다. 따라서 각 중앙관서의 장 또는 계약담당공무원은 경쟁입찰을 하는 경우에는 입찰에 관한 사항을 공고하거나 통지하여야 한다(법 제8조 제1항). 이 표시에 따라 경쟁자가 입찰을 하면 개찰을 하고 낙찰자를 결정하는 과정을 밟게 된다. 이때의 입찰에 부친다는 표시는 일반적으로 공고를 통하여 하게 되는데 이를 통해서 계약에 관한 조건을 일반인에게 널리 알려서 경쟁에 관심이 있는 자로 하여금 경쟁에 참가하게 하여 그중에서 국가에 대해 가장 유리한 조건을 제시한 자를 선정하고, 계약을 체결하게 된다.

II. 방법과 시기 및 내용

1. 방법

입찰에 의하여 경쟁에 부치고자 할 때에는 이 영에 특별한 규정이 있는 경우를 제외하고는 전자조달시스템(www.g2b.go.kr)을 이용하여 공고하여야 한다. 다만, 필요한 경우 일간신문 등에 게재하는 방법을 병행할 수 있다. 각 중앙관서의 장 또는 계약담당공무원은 제1항에 따른 입찰공고 중 내용의 오류나 법령위반사항이 발견되어 공고사항의 정정이 필요한 경우에는 남은 공고기간에 5일 이상을 더하여 공고하여야 한다(시행령 제33조). 그리고 각 중앙관서의 장 또는 계약담당공무원은 국가의 보안유지를 위하여 필요한 때에는 입찰공고 규정에 불구하고 기획재정부령이 정하는 바에 의하여 해당 입찰참가적격자에게 입찰공고의 내용에 관한 사항을 통지하여 입찰참가신청을 하게 할 수 있다. 이 경우 통지시기에 관하여는 일반적인 입찰시기를 준용하도록 하고 있다(시행령 제34조).

2. 공고시기

원칙적으로 입찰공고는 입찰서 제출마감일의 전일부터 기산하여 7일 전에 하여야 한다. 공사입찰인 경우 현장설명을 실시할 때에는 현장설명일의 전일부터 기산하여 7일 전에 공고하여야 한다. 다만, 입찰참가자격을 사전에 심사하려는 공사입찰의 경우에는 현장설명일 전일부터 기산하여 30일 전에 공고하여야 한다. 그런데 공사입찰의 경우로서 현장설명을 실시하지 아니하는 때에는 입찰서 제출마감일의 전일부터 기산하여 추정가격이 10억 원 미만인 경우 7일, 추정가격이 10억 원 이상 50억 원 미만인 경우 15일, 추정가격이 50억 원 이상인 경우 40일 전에 공고하여야 한다(시행령 제35조 제1항부터 제3항).

이러한 원칙에도 불구하고 재공고입찰의 경우, 국가의 재정정책상 예산의 조기집행을 위해 필요한 경우, 다른 국가사업과 연계되어 일정조정을 위하여 불가피한 경우, 긴급한 행사 또는 긴급한 재해예방·복구 등을 위하여 필요한 경우와 다른 국가사업과 연계된 경우 또는 긴급한 행사 및 예방 복구 등을 위한 경우에는 입찰서 제출마감일의 전날부터 기산하여 5일 전까지 공고할 수 있다(제4항).

협상에 의한 계약 또는 경쟁적 대화에 의한 계약의 경우에는 제안서 제출마감일의 전날부터 기산하여 40일 전에 공고하여야 한다. 다만, 재공고입찰의 경우, 국가의 재정정책상 예산의 조기집행을 위해 필요한 경우, 다른 국가사업과 연계되어 일정조정을 위하여 불가피한 경우, 긴급한 행사 또는 긴급한 재해예방·복구 등을 위하여 필요한 경우 제4항 각 호의 어느 하나에 해당하는 경우, 추정가격이 고시금액 미만인 경우에 해당하는 경우에는 제안서 제출마감일의 전날부터 기산하여 10일 전까지 공고할 수 있다(제5항).

3. 내용(시행령 제36조)

입찰공고에는 다음과 같은 내용을 명시하여야 한다(시행령 제36조). 즉, 공고 필수 사항은 다음과 같다.

1. 입찰에 부치는 사항
2. 입찰 또는 개찰의 장소와 일시
3. 공사입찰의 경우에는 현장설명의 장소·일시 및 참가자격에 관한 사항
3의2. 제43조에 따른 협상에 의한 계약체결의 경우로서 제안요청서에 대한 설명을 실시하는 경우에는 그 장소 및 일시에 관한 사항
4. 입찰참가자의 자격에 관한 사항
4의2. 입찰참가등록 및 입찰관련서류에 관한 사항
5. 입찰보증금과 국고귀속에 관한 사항
6. 낙찰자결정방법(제42조제1항 또는 제4항에 따라 낙찰자를 결정하는 경우에는 낙찰자결정에 필요한 서류의 제출일 및 낙찰자통보예정일을 포함한다)
7. 계약의 착수일 및 완료일
8. 계약하고자 하는 조건을 공시하는 장소
9. 제39조제4항의 규정에 의한 입찰무효에 관한 사항
10. 입찰에 관한 서류의 열람·교부장소 및 교부비용
11. 추가정보를 입수할 수 있는 기관의 주소등
12. 제39조제1항에 따라 전자조달시스템 또는 각 중앙관서의 장이 지정·고시한 정보처리장치를 이용하여 입찰서를 제출하게 하는 경우에는 그 절차 및 방법
12의2. 제39조제2항에 따라 입찰서를 우편으로 제출하게 하는 경우에는 그 취지와 입찰서를 송부할 주소
13. 제72조의 규정에 의한 공동계약을 허용하는 경우에는 공동계약이 가능하다는 뜻(제72조제3항 및 제4항의 규정에 의한 공동계약인 경우에는 공동수급체구성원의 자격제한사항을 포함한다)과 공동계약의 이행방식
14. 제19조의 규정에 의한 부대입찰의 경우에는 그 취지
15. 제78조의 규정에 의한 입찰의 경우에는 대안입찰 또는 일괄입찰등에 관

한 사항

15의2. 입찰 관련 비리 또는 불공정행위의 신고에 관한 사항

16. 제9조제1항제2호에 따른 예정가격 결정과 관련하여 계약의 목적이 되는
물품 · 공사 · 용역 등을 구성하는 재료비 · 노무비 · 경비의 책정기준, 일
반관리비율 및 이윤율 등 기획재정부장관이 정하는 기준 및 비율

17. 기타 입찰에 관하여 필요한 사항

각 중앙관서의 장 또는 계약담당공무원은 경쟁참가자의 자격을 제한하고자
할 때에는 입찰공고에 그 제한사항과 제한기준을 명시하여야 한다(시행령 제21조
제2항). 각 중앙관서의 장 또는 계약담당공무원은 공사입찰로서 추정가격이 기획
재정부령으로 정하는 금액 미만인 계약의 경우에는 법인등기부상 본점소재지(개
인사업자인 경우에는 사업자등록증 또는 관련 법령에 따른 허가 · 인가 · 면허 · 등록 · 신고 등
에 관련된 서류에 기재된 사업장의 소재지를 말함) 규정에 의하여 경쟁참가자의 자격
을 제한하는 경우에 필요하다고 인정할 때에는 기획재정부령이 정하는 바에 의
하여 당해 입찰참가적격자에게 입찰공고 사항을 통지함으로써 입찰공고에 갈음
할 수 있다.

Ⅲ. 법적 성격

입찰의 경우 입찰에 부친다는 표시는 '청약의 유인'일 뿐이고 응찰자의 입찰
이 청약인 것이 원칙이나, 계약조건을 구체적으로 정하여 입찰에 부친 때에는 입
찰공고를 청약으로 해석하여야 할 경우도 있다.

정부계약에서 입찰공고의 법적 성격에 관해서는 청약설, 청약유인설, 개별적
판단설이 있다. 청약설의 근거는 적격심사 품목이든 최저가 품목이든 법이 정한
요건을 충족하면 계약을 체결하여야 하기 때문이라고 본다. 개별적 판단설은 입
찰공고의 대상이 되는 계약이 되는 것이 적격심사 품목의 경우는 청약의 유인으
로, 최저가 품목의 경우는 청약으로 보자는 견해이다. 그러나 최저가 품목의 경
우도 최저가 입찰참가자의 입찰가격이 예정가격을 초과하는 경우는 계약체결이
거부되고 정부계약은 입찰공고 → 입찰 → 개찰 → 낙찰을 거친 후에 최종적으
로 계약서의 작성과 계약당사자의 서명날인을 통해서 계약이 성립 · 확정되는 것

이므로 앞서 언급한 바와 같이 청약의 유인설이 타당하다.

Ⅳ. 입찰참가자격 사전심사

1. 도입배경

우리나라 경제는 1960년 이후 20세기 말까지 지속적으로 성장했다. 성장산업 중에서 특히 토목과 건설산업도 외형적으로 크게 발전하여 왔다. 건설경기가 활성화되면서 건설업체도 규모에서 대형화되고, 신규업체의 진출도 본격화되었으며, 특히 국내 건설시장이 개방된 이후 건설산업은 국내·외로부터 시장구조의 조정을 강요당하는 입장에 놓이게 되었다. 1992년도에는 면허발급체계 개선, 계약제도 개편, 부실업체 제재강화 등 광범위한 제도개선에 착수하였고, 부실공사를 방지하고 품질제고를 위한 보다 다양한 형태의 건설업체 평가방법 도입의 필요성이 제기되었다.

정부공사의 낙찰제도를 저가 심의제에서 최저가제로 전환하기 위한 제도 개선작업이 시작되면서 부실공사를 방지하기 위한 수단으로 입찰 전에 미리 공사수행능력 등을 심사하여 일정수준 이상의 능력을 갖춘 자에게만 입찰에 참가할 자격을 부여하는 입찰참가자격 사전심사제(PQ, Pre-Qualification)의 도입이 검토되었으며, 1992년 8월 신행주대교 및 남해 창선대교 붕괴사고의 발생은 입찰참가자격 사전심사제도의 도입을 촉진하게 하였다.

그결과 1993년 2월 22일 「예산회계법 시행령(대통령령 제13853호, 1993. 2. 22. 일부개정)」개정을 통해 입찰참가자격 사전심사제도가 도입되었다. 입찰참가자격 사전심사제도는 정부공사의 부실을 방지하기 위하여 정부계약제도 중 입찰참가자의 자격을 사전에 심사하여 적격자만이 입찰에 참가할 수 있도록 하는 방식이다.

2. 의의

입찰참가자격 사전심사란 용어 그대로 입찰에 참여하고자 하는 사업체에 대해 입찰에 참가할 수 있는 자격이 있는지 여부를 입찰 전에 미리 심사하는 것을 말한다. 건설업자가 설계도면, 시방서 및 계약조건 등의 내용대로 계약을 이행하여 제공할 수 있는지를 판단하기 위하여 발주기관이 건설업자의 시공경험, 기술능력 및 경영상태 등을 입찰 전에 미리 심사하는 것이다.

2006년 5월 25일 개정 전까지 입찰참가자격 사전심사의 적용 여부는 각 중앙관서의 장 또는 계약담당공무원의 재량으로 결정[1]할 수 있는 사항이었으나, 2006. 5. 25. 국가계약법 시행령(대통령령 제19483호, 2006. 5. 25, 일부개정)의 개정으로 입찰참가자격 사전심사를 의무화하였다. 그러나 2010년 7월 21일 시행령 개정을 통해서 의무화된 사전심사를 자율적으로 행하는 것으로 바뀌었다. 개정 이유는 입찰참가자격 사전심사 대상 및 기준을 기획재정부령으로 정하도록 하고 있어 계약의 특성에 따라 탄력적으로 적격업체를 선발하는 데에 어려움이 있었고, 입찰참가자격 사전심사 대상을 자율화하고, 입찰참가자격 사전심사 기준도 계약의 성격이나 기관의 특성에 맞추어 자율적으로 정하도록 하기 위해서이다.

3. 선정절차와 통지

각 중앙관서의 장 또는 계약담당공무원은 입찰참가자의 자격을 심사할 때 계약이행의 난이도, 이행실적, 기술능력, 재무상태, 사회적 신인도 및 계약이행의 성실도 등 계약수행능력을 평가하는 데에 필요한 요소들을 종합적으로 고려해 심사기준을 정해야 한다. 각 중앙관서의 장 또는 계약담당공무원은 용역 등에 대해 관계법령에서 사업자 선정절차 등을 규정하고 있는 경우에는 법령에서 정한 절차등에 따라 경쟁입찰에 참가할 수 있는 적격자를 선정할 수 있다(시행령 제13조 제2항, 제3항).

> 피고 산하의 육군중앙경리단 소속 계약담당공무원은 이 사건 심사기준을 적용하여 원고의 적격성을 심사하면서 원고의 상호가 전년도 하자보수 지체 업체인 소외회사와 같고 양 회사의 대표이사가 동일인임을 확인하고 소외인이 두 회사의 대표이사직에 있으면서 소외회사의 인지도를 이용하여 영업활동을 하면서 특별신인도 감점 규정의 적용을 회피하고자 하였을 가능성이 있다고 판단하여, 2002. 12. 24. 국방부장관으로부터 특별신인도의 규정 취지는 입찰업체의 과거 계약이행의 성실도를 심사하여 계약이행가능

---

1) 국가를당사자로하는계약에관한법률시행령[대통령령 제16548호, 1999. 9. 9, 일부개정] 제13조(입찰참가자격 사전심사) ① 각 중앙관서의 장 또는 계약담당공무원은 재정경제부령이 정하는 공사에 있어서는 입찰참가자격심사 신청자에 대한 입찰참가자격을 미리 심사하여 경쟁입찰에 참가할 수 있는 적격자를 선정할 수 있다. 이 경우 선정된 적격자에게 선정결과를 통지하여야 한다.

성이 높은 업체를 선정하기 위한 것으로서 특별신인도 감점효력은 부정당
업자 제재에서와 같이 해당법인과 그 대표자에게 미친다고 보아야 하고 하
자보수를 지연한 사업주(대표자)가 새로이 업체를 설립한 경우 같은 법 시
행령 제76조 제5항에 의하여 판단하여야 한다는 취지의 유권해석을 받은
후, 위 유권해석을 근거로 특별신인도 평가 항목의 '국방관서로부터 전년도
에 하자보수 통보를 받고 15일 이내에 착수하지 아니한 자'의 범위에 원고
가 속하는 것으로 보아 원고에 대해 0.5점을 감점한 결과 원고가 적격심사
통과점수에 미달되어 원고에게 부적격판정을 하였다.

　위 인정 사실을 앞서 본 법리에 비추어 살펴보면, 피고가 원고에 대한 적
격심사과정에서 특별신인도 항목의 감점 대상 법인인 소외회사의 대표이사
를 새로운 대표이사로 선임하고 소외회사의 종전 상호와 같은 상호를 사용
하여 입찰한 원고에 대하여 입찰참가자격제한에 관한 국가계약법 시행령의
관련 규정을 유추적용하여 특별신인도 항목에서 감점을 하고 부적격판정을
한 조치는 정당하므로 위법하다고 볼 수 없고 원고에 대한 불법행위를 구성
한다고 할 수 없다.[2]

---

2) 대법원 2006. 4. 28. 선고 2004다50129 판결; 헌법재판소 2013. 11. 29. 선고 2012헌마763
　전원재판부.

제12강

입찰

제12강

입찰

　공법상의 계약정부계약에 있어서 입찰은 '입찰참가신청절차'와 '입찰참가절차'의 2단계 절차를 거친다.

Ⅰ. 입찰참가신청

　입찰에 참가하고자 하는 자는 입찰공고 또는 참가자격통지서에 기재된 입찰참가신청 마감일까지 입찰참가신청서 및 관련 서류(입찰참가자격을 증명하는 서류, 기타 공고 또는 통지로 요구되는 서류)를 제출하여 입찰참가신청을 하여야 한다(기획재정부령 제40조 제1항, 입찰 유의서 참고).

　입찰에 참고하고자 하는 자는 대통령령 등 입찰 관련 법령 및 각 입찰유의서 제4조 제1항의 규정에 의한 입찰에 관한 서류를 입찰 전에 완전히 파악하여 이해한 후에 입찰에 참가하여야 한다. 물론 입찰서 제출에 일부 하자가 있더라도 다른 서류에 의하여 입찰의사가 명백히 드러나는 경우에는 그 사유만으로 해당 입찰을 무효로 보아서는 아니 된다.

Ⅱ. 입찰무효

법령상으로 입찰이 무효가 되는 경우는 다음과 같다(기획재정부령 제44조).

1. 입찰참가자격이 없는 자가 한 입찰
1의2. 영 제76조제6항에 따라 입찰참가자격 제한기간 내에 있는 대표자를 통한 입찰
2. 입찰보증금의 납부일시까지 소정의 입찰보증금을 납부하지 아니하고 한 입찰
3. 입찰서가 그 도착일시까지 소정의 입찰장소에 도착하지 아니한 입찰
4. 동일사항에 동일인(1인이 수개의 법인의 대표자인 경우 해당수개의 법인을 동일인으로 본다)이 2통 이상의 입찰서를 제출한 입찰
6. 영 제14조제6항에 따른 입찰로서 입찰서와 함께 산출내역서를 제출하지 아니한 입찰 및 입찰서상의 금액과 산출내역서상의 금액이 일치하지 아니한 입찰과 그 밖에 기획재정부장관이 정하는 입찰무효사유에 해당하는 입찰
6의3. 제15조제1항에 따라 등록된 사항중 다음 각 목의 어느 하나에 해당하는 등록사항을 변경등록하지 아니하고 입찰서를 제출한 입찰
　가. 상호 또는 법인의 명칭
　나. 대표자(수인의 대표자가 있는 경우에는 대표자 전원)의 성명
7의2. 영 제39조제1항에 따라 전자조달시스템 또는 각 중앙관서의 장이 지정·고시한 정보처리장치를 이용하여 입찰서를 제출하는 경우 해당 규정에 따른 방식에 의하지 아니하고 입찰서를 제출한 입찰
8. 영 제44조제1항의 규정에 의한 입찰로서 제42조제6항의 규정에 의하여 입찰서와 함께 제출하여야 하는 품질등 표시서를 제출하지 아니한 입찰
9. 영 제72조제3항 또는 제4항에 따른 공동계약의 방법에 위반한 입찰
10. 영 제79조에 따른 대안입찰의 경우 원안을 설계한 자 또는 원안을 감리한 자가 공동으로 참여한 입찰
10의2. 영 제98조제2호에 따른 실시설계 기술제안입찰 또는 같은 조 제3호에 따른 기본설계 기술제안입찰의 경우 원안을 설계한 자

또는 원안을 감리한 자가 공동으로 참여한 입찰
　　11. 제1호부터 제10호까지 외에 기획재정부장관이 정하는 입찰유의서에
　　　　위반된 입찰

입찰이 무효이면 소급적으로 입찰참가 자체가 없는 것으로 본다. 그런데 입찰에 무효사유가 있음에도 불구하고 이를 모르고 낙찰자로 선정되고 계약이 체결된 경우 어떻게 할 것인가가 문제된다. 이는 앞서 언급한 대로 기본적으로 입찰이 무효이므로 낙찰자 결정 역시 무효이기 때문에 만약 이에 따라 계약이 체결되었다고 하더라도 이 계약 역시 무효라고 보아야 한다.

　　건설회사 임직원과 관계 공무원 간의 공모로 최종 낙찰 예정가를 사전에 알아내어 그에 근접한 금액으로 낙찰을 받은 경우, 그 입찰은 구 예산회계 법시행령(1995. 7. 6. 대통령령 제14710호로 개정되기 전의 것) 제97조 제3 항, 구 계약사무처리규칙(1995. 7. 6. 폐지) 제25조 제9호에 의하여 적용되는 입찰유의서(회계예규) 제10조 제8호 소정의 '담합하거나 타인의 경쟁참 가를 방해 또는 관계 공무원의 공무집행을 방해한 자의 입찰'에 해당하여 무효이고, 이에 터잡아 이루어진 공사도급계약 역시 무효이다.[1]

Ⅲ. 입찰보증금

1. 의의

발주기관이 입찰을 실시하는 경우 입찰참가자가 계약의 이행을 담보하기 위하여 납부하는 보증금이 입찰보증금이다. 각 중앙관서의 장 또는 계약담당공무원은 경쟁입찰에 참가하려는 자에게 입찰보증금을 내도록 하여야 한다. 다만, 대통령령으로 정하는 경우에는 입찰보증금의 전부 또는 일부의 납부를 면제할 수 있다(법 제9조 제1항).

2. 법적 성격

입찰보증금의 성격이 발주기관이 입찰과정에서 입게 되는 손해를 담보하기

---

1) 대법원 1997. 7. 25. 선고 97다15852 판결.

위한 것이 위약금인지, 위약금이라고 한다면 위약벌인지 또는 손해배상의 예정액
이라고 하여야 할지가 문제된다. 이에 관하여 대법원2)은 한국토지개발공사의 상
업용지 공급에 관한 제한경쟁입찰에서 입찰보증금을 위약벌이 아니라 손해배상
액 예정의 성질을 지닌 것이라고 하였다.

각 중앙관서의 장 또는 계약담당공무원은 낙찰자가 계약을 체결하지 아니하
였을 때에는 해당 입찰보증금을 국고에 귀속시켜야 한다. 이 경우 제1항 단서에
따라 입찰보증금의 전부 또는 일부의 납부를 면제하였을 때에는 대통령령으로
정하는 바에 따라 입찰보증금에 해당하는 금액을 국고에 귀속시키도록 하고 있
는데, 국고귀속에 관한 다툼에 있어서 대법원은,

> 예산회계법에 따라 체결되는 계약은 사법상의 계약이라고 할 것이고 동
> 법 제70조의5의 입찰보증금은 낙찰자의 계약체결의무이행의 확보를 목적으
> 로 하여 그 불이행시에 이를 국고에 귀속시켜 국가의 손해를 전보하는 사법
> 상의 손해배상 예정으로서의 성질을 갖는 것이라고 할 것이므로 입찰보증
> 금의 국고귀속조치는 국가가 사법상의 재산권의 주체로서 행위하는 것이지
> 공권력을 행사하는 것이거나 공권력작용과 일체성을 가진 것이 아니라 할
> 것이므로 이에 관한 분쟁은 행정소송이 아닌 민사소송의 대상이 될 수밖에
> 없다고 할 것이다.3)

라고 판시하고 있다.

---

2) 대법원 1997. 3. 28. 선고 95다48117 판결; 대법원 1997. 7. 22. 선고 97다13306 판결; 대법
원 1999. 9. 17. 선고 99다19926 판결.
3) 대법원 1983. 12. 27. 선고 81누366 판결; 대법원 1996. 12. 20. 선고 96누14708 판결.

제13강

낙찰자 결정

제13강

낙찰자 결정

I. 의의

낙찰자결정은 입찰절차의 입찰기준과 방법에 따라 참여한 자 중에서 심사하여 발주기관이 결정하는 것을 말하고, 결정에 따라 계약당사자로 선정된 자를 낙찰자라고 한다. 낙찰자 결정에 관해서 세입의 원인이 되는 경우와 국고부담이 되는 경우를 나누어 생각할 수 있다.

세입의 원인이 되는 경쟁입찰에서는 최고가격의 입찰자를 낙찰자로 한다. 다만, 계약의 목적, 입찰 가격과 수량 등을 고려하여 대통령령으로 기준을 정한 경우에는 그러하지 아니하다. 국가에 수입이 되는 경쟁입찰의 경우, 흔히 경매라고 하는 경우에는 최고가입찰을 원칙으로 한다(법 제10조 제1항).

국고의 부담이 되는 경쟁입찰에서는 충분한 계약이행 능력이 있다고 인정되는 자로서 최저가격으로 입찰한 자를 낙찰자로 한다. 최저가를 제시한 자를 낙찰자로 하도록 하고 있다. 이외에도 입찰공고나 입찰설명서에 명기된 평가기준에 따라 국가에 가장 유리하게 입찰하거나, 그 밖에 계약의 성질, 규모 등을 고려하여 대통령령으로 특별히 기준을 정한 경우에는 그 기준에 가장 적합하게 입찰한 자를 낙찰자로 결정할 수 있다.

실무상 국고의 부담이 되는 입찰이 대부분이므로 일반경쟁입찰과 최저가낙찰
자결정이 우리나라 국가계약법의 원칙이라고 말할 수 있다.

Ⅱ. 법적 성질

앞서 설명한 대로 국가계약절차는 입찰공고, 입찰참가신청, 입찰참가자격사전
심사, 입찰 및 개찰, 심사, 낙찰자 결정, 계약체결 순으로 이루어지는 것이 일반
적이다. 따라서 입찰공고는 청약의 유인, 입찰은 청약, 낙찰자 결정은 계약의 예
약으로 보아야 한다. 그 이유는 정부계약은 각 중앙관서의 장 또는 계약담당공무
원이 계약을 체결할 때에는 다음 각 호의 사항을 명백하게 기재한 계약서를 작성
하여야 하는 것이 원칙이고, 그 담당 공무원과 계약상대자가 계약서에 기명하고
날인하거나 서명함으로써 계약이 확정되기 때문이다(국가계약법 제11조). 따라서
낙찰자는 발주기관에 계약체결을 청구할 수 있는 권리를 가지게 된다.

> 민사소송법 제23조 제1항, 제24조, 민사소송법등인지법 제2조 제1항, 민
> 사소송등인지규칙 제6조, 예산회계법 제77조 제3항, 예산회계법 및 같은법
> 시행령에 기초한 재무부령인 계약사무처리규칙 제44조, 제55조의 규정들에
> 비추어 볼 때, 낙찰자의 지위는 계약상대자로 결정되어 계약을 체결할 수
> 있는 지위에 불과하고 계약을 체결하여 계약상의 권리의무가 발생한 계약
> 당사자의 지위와는 다르다고 보여지므로, 최초입찰에 있어서 낙찰자지위확
> 인을 구하는 소에서 원고가 승소하더라도 원고는 계약당사자와 같이 공사
> 대금의 청구 등 계약상의 권리를 취득하게 되는 것이 아니라 단순히 원고가
> 유효한 낙찰자의 지위에 있음을 확인받아 그에 따른 계약을 체결하여 줄 것
> 을 청구할 수 있는 권리를 취득하는 것이고 이는 결국 금전으로 가액을 산
> 출하기 어려운 경제적 이익을 얻는 데 불과하므로 낙찰자지위확인을 구하
> 는 소는 재산권상의 소로서 그 소가를 산출할 수 없는 경우에 해당한다.[1]

따라서 국가계약법에 따른 낙찰자 결정은 입찰과 낙찰결정이 있은 후에 계약
을 따로 체결한다는 계약의 편무예약이다.

---

1) 대법원 1994. 12. 2. 선고 94다41454 판결.

구 지방재정법(2005. 8. 4. 법률 제7663호로 전문 개정되기 전의 것) 제
63조가 준용하는 국가를 당사자로 하는 계약에 관한 법률 제11조는 지방자
치단체가 당사자로서 계약을 체결하고자 할 때에는 계약서를 작성하여야
하고 그 경우 담당공무원과 계약당사자가 계약서에 기명날인 또는 서명함
으로써 계약이 확정된다고 규정함으로써, 지방자치단체가 당사자가 되는 계
약의 체결은 계약서의 작성을 성립요건으로 하는 요식행위로 정하고 있으
므로, 이 경우 낙찰자의 결정으로 바로 계약이 성립된다고 볼 수는 없어 낙
찰자는 지방자치단체에 대하여 계약을 체결하여 줄 것을 청구할 수 있는 권
리를 갖는 데 그치고, 이러한 점에서 위 법률에 따른 낙찰자 결정의 법적
성질은 입찰과 낙찰행위가 있은 후에 더 나아가 본 계약을 따로 체결한다는
취지로서 계약의 편무예약에 해당한다.[2]

따라서 발주기관이 낙찰자 결정을 하여 낙찰자로서의 지위[3]를 가졌다는 의미
는 계약이 체결되어 계약당사자로서의 지위를 가지고 있다는 의미는 아니고, 본
계약체결을 청구할 수 있는 권리 내지 지위를 의미한다. 그러므로 낙찰자가 형성
권인 예약완결권[4]을 가지는 것은 아니다.

편무계약이라고하는 것은 쌍무계약에 반대되는 개념으로서 일방 당사자만이
채무를 부담하거나, 쌍방이 채무를 부담하더라도 서로 대가로서의 의의를 가지지

---

2) 대법원 2006. 6. 29. 선고 2005다41603 판결.

3) 실무상 낙찰자의 지위를 가지는 시점은 낙찰자로서 통보를 받은 때부터이다. 조달청지침
「공사입찰유의서」, 제15조 제2항에는 "낙찰예정자는 서면으로 낙찰자 선정통보를 받기 전
까지는 낙찰자로서의 지위가 인정되지 아니한다."라고 규정하고 있다.

4) 대법원 2012. 2. 16. 선고 2010다82530 전원합의체 판결. 수인의 채권자가 각기 채권을 담
보하기 위하여 채무자와 채무자 소유의 부동산에 관하여 수인의 채권자를 공동매수인으로
하는 1개의 매매예약을 체결하고 그에 따라 수인의 채권자 공동명의로 그 부동산에 가등
기를 마친 경우, 수인의 채권자가 공동으로 매매예약완결권을 가지는 관계인지 아니면 채
권자 각자의 지분별로 별개의 독립적인 매매예약완결권을 가지는 관계인지는 매매예약의
내용에 따라야 하고, 매매예약에서 그러한 내용을 명시적으로 정하지 않은 경우에는 수인
의 채권자가 공동으로 매매예약을 체결하게 된 동기 및 경위, 매매예약에 의하여 달성하려
는 담보의 목적, 담보 관련 권리를 공동 행사하려는 의사의 유무, 채권자별 구체적인 지분
권의 표시 여부 및 지분권 비율과 피담보채권 비율의 일치 여부, 가등기담보권 설정의 관
행 등을 종합적으로 고려하여 판단하여야 한다. 갑이 을에게 돈을 대여하면서 담보 목적으
로 을 소유의 부동산 지분에 관하여 을의 다른 채권자들과 공동명의로 매매예약을 체결하
고 각자의 채권액 비율에 따라 지분을 특정하여 가등기를 마친 사안에서, 채권자가 각자의
지분별로 별개의 독립적인 매매예약완결권을 갖는 것으로 보아, 갑이 단독으로 담보목적물
중 자신의 지분에 관하여 매매예약완결권을 행사할 수 있고, 이에 따라 단독으로 자신의
지분에 관하여 가등기에 기한 본등기절차의 이행을 구할 수 있다고 본 원심판단을 정당하
다고 한 사례.

않는 채무를 부담하는 계약을 말한다. 낙찰자는 발주기관에 소정의 기한 내에 계약을 체결할 것을 요구할 수 있고, 발주기관은 이에 응하여 계약체결을 하여야 할 의무를 부담한다. 이에 대하여 발주기관은 동시이행항변권을 행사할 수 없다.

Ⅲ. 처분성

행정기관의 낙찰자 결정에 처분성을 인정하여야 할 것인가 하는 의문이 들 수 있다. 국가계약법의 국가계약에 관한 앞서 살펴본 판례의 태도에 따르면 기본적으로 사법상의 계약에 지나지 않는다고 보는 것이 명백하므로 이를 행정행위의 하나로 파악하기에는 다소 무리가 있다. 낙찰자 결정을 처분으로 인정하면 행정소송의 하나인 항고소송으로 다투어야 하는데 이는 현재의 실무상 수용하기에는 다소 무리가 있다. 이러한 경우 대부분 낙찰자지위확인청구소송을 제기하는 것이 일반적이다.

> 계약담당공무원이 입찰절차에서 국가를당사자로하는계약에관한법률 및 그 시행령이나 그 세부심사기준에 어긋나게 적격심사를 하였다 하더라도 그 사유만으로 당연히 낙찰자 결정이나 그에 기한 계약이 무효가 되는 것은 아니고, 이를 위배한 하자가 입찰절차의 공공성과 공정성이 현저히 침해될 정도로 중대할 뿐 아니라 상대방도 이러한 사정을 알았거나 알 수 있었을 경우 또는 누가 보더라도 낙찰자의 결정 및 계약체결이 선량한 풍속 기타 사회질서에 반하는 행위에 의하여 이루어진 것임이 분명한 경우 등 이를 무효로 하지 않으면 그 절차에 관하여 규정한 국가를당사자로하는계약에관한 법률의 취지를 몰각하는 결과가 되는 특별한 사정이 있는 경우에 한하여 무효가 된다고 해석함이 타당하다.5)

Ⅳ. 낙찰자로서 확인의 이익

입찰과 관련하여 적격심사대상자 또는 낙찰자지위의 존재 확인을 구하는 소송이 많이 제기되고 있다. 확인의 소는 권리 또는 법률관계의 존부의 확정을 목

---

5) 대법원 2001. 12. 11. 선고 2001다33604 판결; 대법원 2006. 4. 28. 선고 2004다50129 판결; 대법원 2012. 5. 17. 선고 2009다105406 전원합의체 판결.

적으로 하는 소송을 말한다.

확인의 소에서는 그 청구에 대해서 확인의 이익을 가지는 자가 원고적격자가 되며, 원고의 이익과 대립·저촉되는 이익을 가진 자가 피고적격자가 되므로, 해당 권리의 권리자라도 확인의 이익이 없으면 원고적격이 없다. 또한 확인의 이익은 권리나 법률상의 지위에 관하여 현존하는 불안이나 불안정의 위험이 있는 경우 그 불안이나 위험을 제거하기 위하여 확인판결을 구하기 때문에 단순히 과거의 지위에 관하여 확인을 구하는 것은 인정되지 않는 것이 원칙이다. 그런데 정부계약에서 1순위자를 발주기관이 낙찰자로 인정하지 않은 경우 1순위자가 발주기관을 상대로 계약관계를 형성할 목적으로 확인의 소를 제기하는 것이므로 그 이익이 불확정적이기 때문에 확인의 이익이 있는지 여부가 의문이다. 대법원은 이에 대하여,

> 이 사건 입찰절차의 취소가 효력이 없다고 할 경우 원고들은 제2순위 적격심사대상자로서 추후 진행되는 적격심사에서 제1순위 적격심사대상자가 부적격판정을 받거나 계약을 체결하지 아니하면 적격심사를 받아 낙찰자 지위를 취득할 수도 있으므로 이 사건 입찰절차상 제2순위 적격심사대상자로서의 지위에 대한 확인과 이 사건 입찰절차의 취소 및 새로운 입찰공고가 무효임의 확인을 구하는 이 사건 소가 단순한 사실관계나 과거의 법률관계의 존부 확인에 불과하다고 할 수 없으며, 확인의 소로써 위험·불안을 제거하려는 법률상 지위는 반드시 구체적 권리로 뒷받침될 것을 요하지 아니하고 그 법률상 지위에 터잡은 구체적 권리 발생이 조건 또는 기한에 걸려 있거나 법률관계가 형성 과정에 있는 등 원인으로 불확정적이라고 하더라도 보호할 가치 있는 법적 이익에 해당하는 경우에는 확인의 이익이 인정될 수 있다.[6)]

고 판시하고 있다.

그리고 국방부 조달본부가 2000. 4. 12. 예열기 등의 구매계약에 관하여 공개경쟁입찰공고를 한 사실, 국가를당사자로하는계약에관한법률 제8조 제2항, 제10조 제2항 및 같은 법 시행령 제42조의 위임에 의한 국방부 조달본부의 물품 및 용역적격심사기준에 의하면 예정가격 이하로서 최저가 입찰자에 대한 심사 결과

---

6) 대법원 2000. 5. 12. 선고 2000다2429 판결.

종합평점이 85점 이상이면 낙찰자로 결정하며 85점 미만인 경우에는 차순위 최저가 입찰자 순으로 심사하여 낙찰자를 결정하도록 정하여진 사실, 2000. 4. 28. 실시된 입찰에서 넥슨이라는 업체를 운영하는 안선태가 최저가 입찰을 하고 원고는 차순위로 최저가 입찰을 하였는데 피고는 안선태에 대한 적격심사 결과 85.2점으로 적격판정을 한 후 안선태를 낙찰자로 결정한 사실, 피고는 2000. 5. 31. 안선태와 위 입찰에 따른 구매계약을 체결하였고 2000. 8. 25. 물품납품 및 수요차량에 대한 장착이 이루어져 그 계약의 이행이 완료된 사실을 인정한 다음 안선태에 대한 낙찰자결정 및 계약체결이 무효이므로 위 입찰에 있어서 원고가 낙찰자의 지위에 있음을 확인을 구한다는 이 사건 주위적 청구에 대하여 낙찰자 결정에 따라 계약이 이미 체결되어 그 이행이 완료된 이상 위 청구는 과거의 법률관계의 확인청구에 지나지 아니하여 확인의 이익이 없다는 이유로 원심이 이를 각하한 사안에 대하여 대법원[7]은,

> 국가나 지방자치단체가 실시하는 공사입찰에서 적격심사과정의 하자로 인하여 낙찰자결정이 무효이고 따라서 하자 없는 적격심사에 따른다면 정당한 낙찰자가 된다고 주장하는 자는 낙찰자로서의 지위에 대한 확인을 구할 수 있고 이러한 법리는 위 입찰에 터잡아 낙찰자와 계약이 체결된 경우에도 동일하다 할 것이나, 나아가 낙찰자와 체결된 계약에 의하여 이미 그 이행까지 완료된 경우에는 더 이상 낙찰자결정이 무효임을 주장하여 낙찰자지위에 대한 확인을 구할 이익이 존재하지 않는다.

라고 판시하고 있다.

Ⅴ. 신뢰이익 또는 이행이익

만약 입찰자가 낙찰자로 선정되지 못하여 계약을 체결하지 못한 경우에 낙찰자는 낙찰자지위확인소송제기뿐만 아니라, 계약을 체결하지 못함으로써 발생한 손해에 대해서도 손해배상을 청구할 수 있다. 이러한 경우 손해배상의 범위에 대한 논의가 있다. 도급계약의 도급인이 될 자가 수급인 선정을 위한 입찰절차에서

---

7) 대법원 2004. 9. 13. 선고 2002다50057 판결.

낙찰자를 결정하였으나 정당한 이유 없이 본계약 체결을 거절하는 경우, 낙찰자에게 배상할 손해의 범위에 이행이익 상실의 손해가 포함되는지 여부와 그 손해액 산정 방법에 관하여 대법원[8])은,

공사도급계약의 도급인이 될 자가 수급인을 선정하기 위해 입찰절차를 거쳐 낙찰자를 결정한 경우 입찰을 실시한 자와 낙찰자 사이에는 도급계약의 본계약체결의무를 내용으로 하는 예약의 계약관계가 성립하고, 어느 일방이 정당한 이유 없이 본계약의 체결을 거절하는 경우 상대방은 예약채무불이행을 이유로 한 손해배상을 청구할 수 있다. 이러한 손해배상의 범위는 원칙적으로 예약채무불이행으로 인한 통상의 손해를 한도로 하는데, 만일 입찰을 실시한 자가 정당한 이유 없이 낙찰자에 대하여 본계약의 체결을 거절하는 경우라면 낙찰자가 본계약의 체결 및 이행을 통하여 얻을 수 있었던 이익, 즉 이행이익 상실의 손해는 통상의 손해에 해당한다고 볼 것이므로 입찰을 실시한 자는 낙찰자에 대하여 이를 배상할 책임이 있다. 그리고 낙찰자가 본계약의 체결 및 이행을 통하여 얻을 수 있었던 이익은 일단 본계약에 따라 타방 당사자에게서 지급받을 수 있었던 급부인 낙찰금액이라고 할 것이나, 본계약의 체결과 이행에 이르지 않음으로써 낙찰자가 지출을 면하게 된 직·간접적 비용은 그가 배상받을 손해액에서 당연히 공제되어야 하고, 나아가 손해의 공평·타당한 분담을 지도원리로 하는 손해배상제도의 취지상, 법원은 본계약 체결의 거절로 인하여 낙찰자가 이행과정에서 기울여야 할 노력이나 이에 수반하여 불가피하게 인수하여야 할 사업상 위험을 면하게 된 점 등 여러 사정을 두루 고려하여 객관적으로 수긍할 수 있는 손해액을 산정하여야 한다.
갑 주택재개발정비사업조합이 공사도급계약의 수급인을 선정하기 위한 입찰절차에서 을 주식회사를 낙찰자로 결정하였으나 정당한 이유 없이 본계약 체결을 거절한 사안에서, 갑 조합이 본 계약체결의무 위반으로 을 회사에 배상할 손해에 본계약이 체결되어 이행되었을 경우 을 회사가 얻을 수 있는 이익, 즉 이행이익이 포함된다고 본 원심판단 부분은 정당하나, 을 회사가 본계약 이행을 하지 않게 됨으로써 면하게 된 여러 노력이나 사업상 위험 등에 관하여 아무런 고려를 하지 않은 채, 을 회사가 입찰에 참가하기 위해 건축사사무소에 작성을 의뢰하여 받은 내역서의 일부인 공사원가계산서에 이윤으로 기재된 금액을 그대로 을 회사가 본계약인 공사도급계약의

---

8) 대법원 2011. 11. 10. 선고 2011다41659 판결.

체결과 이행으로 얻을 수 있었던 이익으로 인정한 부분은 수긍하기 어렵다.

라고 판시하여 낙찰받을 공사로 인하여 발생할 이행이익 상당 금액을 청구할 수 있다고 보면서, 이행이익의 산정에 있어서 공제할 부분에 대해서 설시하고 있다.

제14강

계약 체결

제14강

계약 체결

Ⅰ. 의의

국가계약에서는 계약의 체결과 관련하여 대통령령으로 계약서를 생략할 수 있는 이외에는 다음의 사항을 명백히 기재된 계약서를 반드시 작성하여(제11조 제1항), 계약을 체결하도록 하고 있다.

1. 계약의 목적
2. 계약금액
3. 이행기간
4. 계약보증금
5. 위험부담
6. 지체상금(遲滯償金)
7. 그 밖에 필요한 사항

계약문서 작성과 관련해서는 표준계약서에 의해서 계약을 체결하도록 하고 있다. 공사계약의 경우에는 공사도급표준계약서(별지서식 제7호), 물품구매의 경우 물품구매표준계약서(별지서식 제8호), 용역계약인 경우 용역표준계약서(별지서식 제9호)를 이용하여 지체 없이 계약을 체결하도록 하고 있다(기획재정부령 제49조 제1항). 이러한 표준계약서에 의하는 것이 곤란한 경우에는 다른 양식의 계약서에 의하여 계약을 체결할 수 있다(제3항).

그리고 계약서 작성을 생략할 수 있는 경우는 다음과 같다(대통령령 제49조).

1. 계약금액이 3천만원이하인 계약을 체결하는 경우
2. 경매에 부치는 경우
3. 물품매각의 경우에 있어서 매수인이 즉시 대금을 납부하고 그 물품을 인수하는 경우
4. 각 국가기관 및 지방자치단체 상호간에 계약을 체결하는 경우
5. 전기 · 가스 · 수도의 공급계약 등 성질상 계약서의 작성이 필요하지 아니한 경우

계약서를 작성한 경우에는 그 담당 공무원과 계약상대자가 계약서에 기명하고 날인하거나 서명함으로써 계약이 확정된다(법 제11조 제2항). 그런데 유의하여야 할 점은 담당공무원과 계약상대자가 서명날인한 계약문서뿐만 아니라, 예를 들어 공사계약인 경우, 설계서, 입찰유의서, 공사계약일반조건, 공사계약특수조건, 산출내역서 등도 계약서의 일부이고 서로 보완적으로 해석의 자료가 된다는 점이다. 특히, 산출내역서의 경우 계약금액의 기준으로서 계약금액 조정을 하여야 할 경우, 또는 기성고를 지불하여야 할 경우 산출내역서가 적용되는 기준이기 때문에 산출내역서는 계약문서로서 효력이 있다(공사계약일반조건 제3조 제1항).

국가계약을 체결한 경우 계약 해석과 관련해서는 민사법상의 일반적인 법률행위 해석에 따른다.

먼저 이 사건 특약사항의 해석에 관한 원심판단의 당부에 대하여 보건대, 당사자 사이에 계약의 해석을 둘러싸고 이견이 있어 계약문서에 나타난 당사자의 의사해석이 문제되는 경우에는 문언의 내용, 그와 같은 약정이 이루어진 동기와 경위, 약정에 의하여 달성하려는 목적, 당사자의 진정한 의사 등을 종합적으로 고찰하여 논리와 경험칙에 따라 합리적으로 해석하여야 할 것이다.[1]

그리고 국가계약 체결과 관련하여 계약 체결자와 계약 명의인 가운데 누구를 계약당사자로 볼 것인가에 관해서 대법원은,

> 계약을 체결하는 행위자가 타인의 이름으로 법률행위를 한 경우에 행위자 또는 명의인 가운데 누구를 계약의 당사자로 볼 것인가에 관하여는, 우선 행위자와 상대방의 의사가 일치한 경우에는 그 일치한 의사대로 행위자 또는 명의인을 계약의 당사자로 확정해야 하고, 행위자와 상대방의 의사가 일치하지 않는 경우에는 그 계약의 성질·내용·목적·체결 경위 등 그 계약 체결 전후의 구체적인 제반 사정을 토대로 상대방이 합리적인 사람이라면 행위자와 명의자 중 누구를 계약 당사자로 이해할 것인가에 의하여 당사자를 결정하여야 한다.[2]

라고 판시하고 있다.

구 지방재정법 및 국가를 당사자로 하는 계약에 관한 법률상의 요건과 절차를 거치지 않고 체결한 지방자치단체와 사인 간의 사법상 계약 또는 예약의 효력에 관해서는 기본적으로 무효로 보고 있다.

> 구 지방재정법(2005.8.4.법률 제7663호로 전부 개정되기 전의 것)제63조는 지방자치단체를 당사자로 하는 계약에 관하여 이 법 및 다른 법령에서 정한 것을 제외하고는 '국가를 당사자로 하는 계약에 관한 법률'의 규정을 준용한다고 규정하고 있고, 이에 따른 준용조문인 국가를 당사자로 하는 계약에 관한 법률 제11조 제1항, 제2항에 의하면 지방자치단체가 계약을 체결하고자 할 때에는 계약의 목적, 계약금액, 이행기간, 계약보증금, 위험부담, 지체상금 기타 필요한 사항을 명백히 기재한 계약서를 작성하여야 하고, 그 담당공무원과 계약상대자가 계약서에 기명·날인 또는 서명함으로써 계약이 확정된다고 규정하고 있는바, 위 각 규정의 취지에 의하면 지방자치단체가 사경제의 주체로서 사인과 사법상의 계약을 체결함에 있어서는 위 법령에 따른 계약서를 따로 작성하는 등 그 요건과 절차를 이행하여야 하고, 설사 지방자치단체와 사인사이에 사법상의 계약 또는 예약이 체결되었다 하

더라도 위 법령상의 요건과 절차를 거치지 않은 계약 또는 예약은 그 효력이 없다.[3]

그리고 계약절차가 복잡하고 시간도 오래 걸리는 것이 보통의 경우이므로 통지 등을 하는 경우가 많은데 이에 관해서 「공사계약일반조건」 제5조에서는 구두에 의한 통지·신청·청구·요구·회신·승인 또는 지시는 문서로 보완되어야 효력이 있고, 통지 등의 효력은 계약문서에서 따로 정하는 경우를 제외하고는 계약 당사자에게 도달한 날부터 발생한다. 이 경우 도달일이 공휴일인 경우에는 그 다음날부터 효력이 발생한다.

Ⅱ. 약관 여부

정부계약에 있어서 일반조건이나 특수조건이 「약관의 규제에 관한 법률」에서 말하는 약관조항에 해당되는지 여부에 관하여서는,

단순 최저가 낙찰방식에 의한 건설공사 도급계약에 있어서는 현저한 저가 입찰을 억제하여 덤핑에 의한 부실공사를 방지하고 계약 내용대로 계약을 이행할 것을 담보할 필요성이 매우 강한 점에 비추어, 예정가격의 100분의 85 미만에 낙찰받은 자는 예정가격과 낙찰금액의 차액을 차액보증금으로서 현금으로 납부하게 하고 채무불이행의 경우 차액보증금을 발주자에게 귀속시키기로 하는 약관조항은 허용될 수 있으며, 이러한 약관조항이 약관의규제에관한법률 제6조, 제8조에 저촉된다고 보기는 어려우나, 위의 경우, 차액보증금을 현금에 갈음하여 건설공제조합 등이 발행하는 보증서로 납부하고자 하는 경우에는 그 차액의 2배를 납부하게 하고 수급인의 채무불이행의 경우 계약보증금과 차액보증금을 발주자에게 귀속시키기로 하는 약관조항은 같은 법 제6조 제2항 제1호 또는 제8조에 저촉되어 무효라고 할 것이다.[4]

라고 판시하여 국가계약법령이 약관에 해당한다고 보고 있다. 원칙적으로는 당사자가 법규와 회계예규를 계약조건으로 하기로 합의를 하여야 비로소 계약의

---

3) 대법원 2009. 12. 24. 선고 2009다51288 판결.
4) 대법원 2000. 12. 8. 선고 99다53483 판결.

내용이 된다. 그러나 실제로는 계약담당 공무원이 부동문자화된 회계예규를 계약 일반조건으로 하는 것을 전제로 해서 입찰 및 계약절차를 진행시키므로 이러한 계약 일반조건은 「약관규제에 관한 법률」의 적용을 받는 '약관'에 해당된다.

Ⅲ. 계약위탁

지방자치단체가 조달청에 조달에 관한 위탁을 한 경우에 계약당사자가 누구 인지 문제된 사안에서,

> 지방자치단체의 구매요청에 따라 조달청이 갑 회사와 조달물자구매계약 을 체결하면서 지급방법을 '대지급'으로 정한 사안에서, 위 조달계약은 그 당사자가 조달청과 갑 회사이고 수요기관인 지방자치단체는 그 계약상 수 익자에 불과한 '제3자를 위한 계약'이므로 갑 회사에 대해 조달계약의 당사 자로서 그 대금지급의무를 부담하는 자는 조달청일 뿐이고, 조달계약에서 계약금액의 지급방법을 '대지급'으로 약정한 이상, 수요기관인 지방자치단체 를 제3채무자로 하여 채권압류 및 전부명령을 받은 갑 회사의 채권자가 위 지방자치단체에 대하여 전부금을 청구할 수 없다.[5]

라고 판시하고 있다. 또한,

> 대한민국이 서울특별시를 위하여 건설회사와의 사이에 난지도 쓰레기처 리장 건설공사계약을 체결한 이상 그 계약의 당사자는 대한민국과 건설회 사이고 서울특별시는 위 계약상의 수익자이며, 난지도 쓰레기처리시설의 건 설이 서울특별시의 사업으로서 그 기본계획의 입안, 부지의 선정 및 제공, 입찰안내서의 작성, 공사비의 지출, 관리비의 지출 등 계약체결을 제외한 모든 것이 실질적으로 서울특별시에 의하여 이루어졌을 뿐 아니라 완성된 시설 또한 서울특별시에 귀속된다고 하여 서울특별시가 쓰레기처리장 건설 공사계약의 당사자가 되는 것은 아니다.
> 대한민국과 건설회사 사이에 체결된 난지도 쓰레기처리장 건설공사계약 은 이른바 설계시공일괄입찰(Turn-Key Base) 방식에 의한 것으로서 비록 도급인인 대한민국이 쓰레기처리장의 입지, 규모, 처리공정의 골격과 처리

---

5) 대법원 2010. 1. 28. 선고 2009다56160 판결.

설비의 최소한의 기능 등 공사 전반의 기본적 사항을 결정하여 제시하고 공사실시도면에 관하여 행정상 필요한 승인을 하였다고 하더라도, 설계시공일괄입찰 방식의 계약에 있어서의 수급인인 건설회사는 도급인이 의욕하는 공사목적물의 설치목적을 이해한 후 그 설치목적에 맞는 설계도서를 작성한 뒤 이를 토대로 스스로 공사를 시행하고 그 성능을 보장하여 결과적으로 도급인이 의욕한 공사목적을 이루게 하여야 하는 것이다.[6]

라고 판시한 사례도 있다. 위의 두 사례를 보면 우리의 대법원은 기본적으로 계약서에 누가 당사자로 기재되어 있는가를 기준으로 계약당사자를 파악하는 형식설에 입각하고 있다고 판단된다.[7]

Ⅳ. 계약서를 작성하지 않은 경우

낙찰자가 정당한 이유 없이 계약을 체결하지 않는 경우, 즉 계약서를 작성하지 않는 경우에는 입찰보증금을 국고에 귀속시켜야 한다(법 제9조 제3항). 그리고 부정당업자제재 사유에 해당하면(법 제27조 제1항 제8호 나목), 부정당업자 제재를 가하여야 한다. 따라서 계약서 작성을 통해서 계약체결을 강제하는 의미가 있다.

구 지방재정법(2005. 8. 4. 법률 제7663호로 전문 개정되기 전의 것) 제63조가 준용하는 국가를 당사자로 하는 계약에 관한 법률 제11조는 지방자치단체가 당사자로서 계약을 체결하고자 할 때에는 계약서를 작성하여야 하고 그 경우 담당공무원과 계약당사자가 계약서에 기명날인 또는 서명함으로써 계약이 확정된다고 규정함으로써, 지방자치단체가 당사자가 되는 계약의 체결은 계약서의 작성을 성립요건으로 하는 요식행위로 정하고 있으므로, 이 경우 낙찰자의 결정으로 바로 계약이 성립된다고 볼 수는 없어 낙찰자는 지방자치단체에 대하여 계약을 체결하여 줄 것을 청구할 수 있는 권리를 갖는 데 그치고, 이러한 점에서 위 법률에 따른 낙찰자 결정의 법적 성질은 입찰과 낙찰행위가 있은 후에 더 나아가 본계약을 따로 체결한다는 취지로서 계약의 편무예약에 해당한다.
'국가를 당사자로 하는 계약에 관한 법률'에 따른 입찰절차에서의 낙찰자

---

6) 대법원 1994. 8. 12. 선고 92다41559 판결.
7) 김성근, 앞의 책, 542면.

의 결정으로는 예약이 성립한 단계에 머물고 아직 본계약이 성립한 것은 아니라고 하더라도, 그 계약의 목적물, 계약금액, 이행기 등 계약의 주요한 내용과 조건은 지방자치단체의 입찰공고와 최고가(또는 최저가) 입찰자의 입찰에 의하여 당사자의 의사가 합치됨으로써 지방자치단체가 낙찰자를 결정할 때에 이미 확정되었다고 할 것이므로, 지방자치단체가 계약의 세부사항을 조정하는 정도를 넘어서서 계약의 주요한 내용 내지 조건을 입찰공고와 달리 변경하거나 새로운 조건을 추가하는 것은 이미 성립된 예약에 대한 승낙의무에 반하는 것으로서 특별한 사정이 없는 한 허용될 수 없다.[8]

예산회계법시행령 제97조 제3항, 계약사무처리규칙 제25조 제6호, 입찰유의서 제6조, 제10조 제7호, 제11호, 총액단가입찰집행요령 제4조 각 조항의 어디에도 말소 또는 정정된 곳 자체에 정정인을 날인하여야 한다는 규정이 없을 뿐만 아니라 위 법령들이 정정한 곳이 있을 때에는 반드시 정정날인을 하도록 요구하고 있는 것은 입찰자의 의사에 의하지 아니하고 제3자에 의하여 권한 없이 정정되는 것을 방지하려는 데 그 취지가 있으므로 비록 입찰서에 첨부한 산출내역서 기재를 정정하면서 정정할 곳에 횡선을 긋고 정정인을 찍는 통상적인 방법을 사용하지 않고 입찰서상의 투찰금액과 다른 금액이 기재된 산출내역서 1페이지 총괄집계표상의 기재금액을 산출내역서의 끝장에 별도의 총괄집계표를 첨부하고 거기에 위 1페이지의 총괄집계표는 계산착오로 무효이고 이를 총괄집계표로 한다는 취지로 정정한 후 그 곳에 정정인을 찍는 방법으로 정정하였어도 전체적으로 입찰서상의 투찰금액에 맞추어 제대로 정정된 이상 입찰내역서의 작성이 정정의 방법에 위반되거나 그로 인하여 입찰서의 금액과 산출내역서상의 금액이 일치하지 아니하는 입찰 또는 입찰서의 입찰금액 등 중요한 부분이 불분명하거나 정정한 후 정정날인을 누락한 입찰로 되어 입찰무효사유에 해당한다고 볼 수 없다.[9]

V. 계약조건

1. 의의

정부계약과 관련하여 법규명령인 국가계약법, 시행령, 시행규칙, 행정규칙의

---

8) 대법원 2006. 6. 29. 선고 2005다41603 판결.
9) 대법원 1994. 12. 2. 선고 94다41454 판결.

회계예규에 계약조건에 관한 내용이 규정되어 있다. 대표적인 것이 「공사계약일반조건」, 「용역계약일반조건」, 「물품구매계약일반조건」이며, 계약 내용이 비교적 상세하게 규정되어 있다.

구체적이고 세부적인 계약조건은 계약담당 공무원과 계약상대자는 정할 수 있다. 특별한 계약이행사항, 납지, 납기, 검수, 인수와 관련된 사항을 추가적으로 계약조건에 포함시킬 수 있다. 이러한 것을 계약특수조건이라고 지칭한다. 만약 계약일반조건과 계약특수조건이 서로 충돌한다면, 어느 것이 우선인지 문제되는데 이 또한 법률행위 해석의 문제로 귀결된다.

2. 부당한 특약 또는 계약조건의 금지

국가계약법 제5조 제1항에는 정부계약의 원칙으로서 계약은 서로 대등한 입장에서 당사자의 합의에 따라 체결되어야 하며, 당사자는 계약의 내용을 신의성실의 원칙에 따라 이행하여야 한다고 규정하고 있다. 그리고 제2항에서는 각 중앙관서의 장 또는 계약담당공무원은 제4조 제1항에 따른 국제입찰의 경우에는 호혜(互惠)의 원칙에 따라 정부조달협정 가입국(加入國)의 국민과 이들 국가에서 생산되는 물품 또는 용역에 대하여 대한민국의 국민과 대한민국에서 생산되는 물품 또는 용역과 차별되는 특약(特約)이나 조건을 정하여서는 아니 된다고 규정하고 있다.

제5조에서 여러 가지의 추상적인 중요한 용어들을 발견할 수 있다. 서로 대등하다는 원칙, 신의성실의 원칙, 계약상대자의 차별금지 등의 내용을 알 수 있다. 이러한 내용을 받아 시행령 제4조에서 각 중앙관서의 장 또는 그 위임·위탁을 받은 공무원은 계약을 체결함에 있어서 법, 이 영 및 관계법령에 규정된 계약상대자의 계약상 이익을 부당하게 제한하는 특약 또는 조건을 정하는 것을 금지하고 있다.

그리고 이를 구체적으로 시행하는 일반조건에서도 이러한 규정을 찾아볼 수 있다. 예를 들어, 공사계약일반조건 제3조 제3항에서는,

> 계약담당공무원은 「국가를 당사자로 하는 계약에 관한 법령」, 공사관계 법령 및 이 조건에 정한 계약일반사항 외에 해당 계약의 적정한 이행을 위하여 필요한 경우 공사계약특수조건을 정하여 계약을 체결할 수 있다.

라고 하여, 계약일반사항 외에 계약상대자와 발주기관은 특약을 체결할 수 있도록 한다. 흔히 특수조건이라고 말하는 것들을 정할 수 있다. 그런데 앞서 언급한 대로 국가계약법에서는 신의성실의 원칙, 부당한 특약설정금지 원칙 등을 천명하고 있다. 그러므로 발주기관은 계약상대자의 이익을 부당하게 제한하는 특약이나 조건을 규정한 계약을 체결하지 않아야 한다. 그래서 제4항에서는,

> 제3항에 의하여 정한 공사계약특수조건에 「국가를 당사자로 하는 계약에 관한 법령」, 공사 관계법령 및 이 조건에 의한 계약상대자의 계약상 이익을 제한하는 내용이 있는 경우에 특수조건의 해당 내용은 효력이 인정되지 아니한다.

라고 규정하고 있다. 여기서 효력이 인정되지 않는다는 의미는 계약 전체가 효력이 없거나 무효가 된다는 의미가 아니라, 계약상대자와의 합의 사항에서 위반된 부분은 계약의 내용에서 처음부터 제외된다는 의미라고 생각된다.

3. 부당한 특약에 대한 통제

부당한 특약을 설정하여 계약상대자의 이익을 침해하거나 제한하는 경우에는 약관법상의 법리, 공정거래법상의 불공정거래행위의 성립 가능성, 국가계약법 시행령 제4조에 의한 통제, 민법 제103조의 규정의 적용을 통한 구제방법을 생각해 볼 수 있다.

제15강

계약보증금

제15강

계약보증금

Ⅰ. 의의

계약보증금은 일반적으로 매매계약이나 공사도급계약에서 계약이행보증금 명목으로 계약을 체결할 때에 일정한 금원을 교부하고, 교부자가 채무를 불이행하면 그 보증금을 수령자에게 귀속되도록 약정하는 것을 말한다. 실무에서는 보증금, 체약금, 증거금품, 착수금, 약조금, 해약금, 계약금 등의 명칭으로 불리고 있다.

계약보증금 제도는 요물계약이었던 매매가 낙성계약으로 발전하는 과정에서 생겨난 제도이기는 하나, 계약보증금 제도의 성질에 관해서는 당사자의 의사표시 문제로 보아야 한다.[1]

계약당사자 사이에 어떠한 계약 내용을 처분문서인 서면으로 작성한 경우에 문언의 객관적인 의미가 명확하다면, 특별한 사정이 없는 한 문언대로의 의사표시의 존재와 내용을 인정하여야 하지만, 그 문언의 객관적인 의미가 명확하게 드러나지 않는 경우에는 그 문언의 내용과 계약이 이루어지게

---

1) 대법원 2008. 10. 9. 선고 2007다33811 판결.

된 동기 및 경위, 당사자가 계약에 의하여 달성하려고 하는 목적과 진정한 의사, 거래의 관행 등을 종합적으로 고찰하여 사회정의와 형평의 이념에 맞도록 논리와 경험의 법칙, 그리고 사회 일반의 상식과 거래의 통념에 따라 계약 내용을 합리적으로 해석하여야 하고, 특히 당사자 일방이 주장하는 계약의 내용이 상대방에게 중대한 책임을 부과하게 되는 경우에는 그 문언의 내용을 더욱 엄격하게 해석하여야 한다.

이러한 계약보증금은 채무자에게는 채무이행에 대한 심리적인 압박을 가하는 측면도 있고, 채권자에게는 채무의 이행을 확보하는 유효한 수단이다. 문제가 되는 경우는 계약보증금이 실제손해와 비교하여 과다하거나, 귀속조건이 일방적인 경우이다.

각 중앙관서의 장 또는 계약담당공무원은 국가와 계약을 체결하려는 자에게 계약보증금을 내도록 하여야 한다. 다만, 대통령령으로 정하는 경우에는 계약보증금의 전부 또는 일부의 납부를 면제할 수 있다. 각 중앙관서의 장 또는 계약담당공무원은 계약상대자가 계약상의 의무를 이행하지 아니하였을 때에는 해당 계약보증금을 국고에 귀속시켜야 한다(법 제12조).

그리고 계약보증금은 계약 금액의 10%를 기준으로 하고 있다. 각 중앙관서의 장 또는 계약담당공무원은 법 제12조의 규정에 의한 계약보증금을 계약금액의 100분의 10 이상으로 납부하게 하도록 하고 있다. 단가계약에 의하는 경우로서 여러 차례로 분할하여 계약을 이행하게 하는 때에는 매회별 이행예정량 중 최대량에 계약단가를 곱한 금액의 100분의 10 이상을 계약보증금으로 납부하게 하도록 하고 있다. 또한, 장기계속계약에 있어서는 제1차 계약체결 시 부기한 총공사 또는 총제조등의 금액의 100분의 10 이상을 계약보증금으로 납부하게 하여야 한다. 이 경우 당해 계약보증금은 총공사 또는 총제조등의 계약보증금으로 보며, 연차별계약이 완료된 때에는 당초의 계약보증금 중 이행이 완료된 연차별계약금액에 해당하는 분을 반환하여야 한다(시행령 제50조).

Ⅱ. 계약보증금의 본질

계약보증금은 기본적으로 위약금의 성질을 가진다. 위약금은 채무자가 채무불이행을 하면 채권자에게 지급하기로 약속한 금전이다. 위약금은 채무자의 급부이행에 대한 채권자의 청구권과는 구별되는 것으로서 위약금 합의는 주채무와는 독립된 성질을 가진다. 따라서 위약금계약은 독자적이며 채권의 성격을 갖는 계약이지만, 본래의 의무에 종속되기 때문에 이러한 성질을 '위약금의 종속성'이라 한다. 위약금 합의를 체결할 수 있는 근거는 사적 자치 또는 계약자유의 원칙이다.

채권자가 채무자의 채무불이행을 원인으로 하여 손해배상을 청구하는 경우, 일반적으로 손해배상 사실과 손해액을 입증하여야 하는데, 이러한 입증의 곤란성을 제거하고 법률관계를 간이하고 신속하게 해결할 필요성이 있다. 그런데 위약금 계약은 대개의 경우 채권자에게는 유리하지만, 채무자에게 불리하고, 계약체결을 할 때 여러 사정이나 계약상의 지위를 살펴보더라도 대부분 채권자와 채무자가 대등하지 않은 관계인 경우가 많다.

Ⅲ. 위약금의 기능

1. 손해배상액의 예정으로서의 기능

손해배상액의 예정이란 채무불이행의 경우에 채무자가 지급하여야 할 손해배상액을 당사자 사이에 계약으로 미리 정하여 두는 것을 의미한다. 법원이 손해배상의 예정액을 부당히 과다하다고 하여 감액하기 위해서는,[2]

> 법원이 손해배상의 예정액을 부당히 과다하다고 하여 감액하려면 채권자와 채무자의 경제적 지위, 계약의 목적과 내용, 손해배상액을 예정한 경위와 동기, 채무액에 대한 예정액의 비율, 예상 손해액의 크기, 당시의 거래관행과 경제상태 등을 참작한 결과 손해배상 예정액의 지급이 경제적 약자의 지위에 있는 채무자에게 부당한 압박을 가하여 공정을 잃는 결과를 초래한다고 인정되는 경우라야 하고, 단지 예정액 자체가 크다든가 계약 체결 시부터 계약 해제 시까지의 시간적 간격이 짧다든가 하는 사유만으로는 부족하다.

위약금 조항은 채무불이행을 정지조건으로 하고 채권자에게 손해가 발생할 경우에 대비하여 채무자가 배상하여야 할 손해액을 미리 정하여 두는 것을 말한

---

2) 대법원 2014. 7. 24. 선고 2014다209227 판결; 대법원 1991. 3. 27. 선고 90다14478 판결.

다. 이러한 위약금 조항의 기능에 대해서 일원적 기능론과 이원적 기능론이 있다. 일원적 기능론은 손해발생 사실과 손해액 입증의 어려움을 배제하고 법률관계를 간이하게 해결하고자 한다는 견해이고, 이원적 기능론은 입증의 곤란성을 배제하는 것 외에 채무자에게 심리적 경고를 줌으로써 채무의 이행을 확보하는 기능, 즉 이행기능확보도 가진다고 하는 견해[3]이다.

계약자유의 원칙은 사적소유권절대의 원칙 및 과실책임의 원칙과 더불어 근대사법의 기초를 이루고 있으나 계약자유의 무제한한 허용은 경제적 약자의 지위에 있는 계약당사자를 부당하게 압박하여 가혹한 결과를 초래할 수 있으므로 국가는 당사자 사이의 실질적 불평등을 제거하고 공정성을 보장하기 위하여 계약의 체결 또는 그 내용에 간섭할 필요가 생기며, 민법 제398조 제2항이 규정하고 있는 손해배상예정액의 감액도 위와 같은 계약자유의 원칙에 대한 제한의 한가지 형태에 다름 아니다.

그러므로 계약자유의 원칙의 제한은 민법의 지배 원리인 신의성실의 원칙의 바탕 위에서 공정성 보장을 위하여 필요한 한도 내에서 이루어져야 하며 이러한 한도를 외면한 자의적인 제한은 계약자유의 본질을 침해하는 것이어서 허용될 수 없음을 유념하여야 할 것이다.

민법 제398조가 규정하는 손해배상의 예정은 채무불이행의 경우에 채무자가 지급하여야 할 손해배상액을 미리 정해두는 것으로서 그 목적은 손해의 발생사실과 손해액에 대한 입증곤란을 배제하고 분쟁을 사전에 방지하여 법률관계를 간이하게 해결하는 것 외에 채무자에게 심리적으로 경고를 줌으로써 채무이행을 확보하려는 데에 있으므로, 채무자가 실제로 손해발생이 없다거나 손해액이 예정액보다 적다는 것을 입증하더라도 채무자는 그 예정액의지급을 면하거나 감액을 청구하지 못한다.

---

3) 대법원 1991. 3. 27. 선고 90다14478 판결.

제16강

하자보수보증금

제16강

하자보수보증금

Ⅰ. 의의

발주기관이 공사 도급계약을 체결할 경우 계약상대자에게 그 공사의 하자보수를 보증하기 위하여 하자보수보증금을 납부하게 하여야 한다(제18조 제1항). 이경우 일부 면제나 전부 면제를 할 수 있다. 공사계약 경우 준공 이후에 하자가 발생한 경우 계약상대자가 하자보수를 이행하지 않는 경우에 발주기관이 직접하자를 보수하여야 하는데 이에 따른 보수비용을 충당하여야 한다. 이것이 하자보수보증금이다.

하자보수보증금액은 기획재정부령이 정하는 바에 의하여 계약금액의 100분의 2 이상 100분의 10 이하로 하여야 한다. 다만, 공사의 성질상 하자보수가 필요하지 아니한 경우로서 기획재정부령이 정하는 경우에는 하자보수보증금을 납부하지 아니하게 할 수 있다(시행령 제62조 제1항).

Ⅱ. 본질

하자담보책임에 관해서는 법정 책임설과 채무불이행설이 있다. 현재는 매매계약의 유상성에 비추어 매수인을 보호하고, 거래의 안전을 보장하려는 뜻에서 매도인에게 인정되는 법정책임으로 파악하고 있는 것이 다수의 견해이다. 권리와 물건을 나누어서 생각하는 견해도 있다. 하자담보책임의 본질은 불완전이행 내지 채무불이행이다.

책임의 성질은 법정책임이다. 즉, 고의, 과실을 요건으로 하지 않는 무과실책임이다.

> 민법 제570조 소정의 타인의 권리의 매도인의 담보책임은 매도인의 고의, 과실 더구나 기망행위로 인한 책임이 아니고 법정무과실책임이다.[1]

원시적 일부불능인 경우에도 하자담보책임을 지우고 있다(민법 제574조). 원칙적으로 일부불능인 경우에는 계약이 성립하지 않는다. 그러나 특칙으로서 인정하면 원시적 하자가 있는 때에도 계약성립이 인정된다.

매도인의 담보책임을 개관하면 담보책임의 발생 원인이, 권리에 하자가 있는 경우(569조부터 573조까지, 574조, 제575조부터 제577조까지)와 물건에 하자가 있는 경우(하자담보책임, 제580조, 제581조, 제582조)로 나눌 수 있다.

책임의 내용은 계약해제권, 대금감액청구권, 손해배상청구권, 완전물급부청구권이다. 대금감액은 일부해제에 해당하고, 목적물의 하자가 심해서 계약의 목적을 달성할 수 없는 경우에는 계약해제를 인정하고 있다.

완전물급부청구권은 불특정물매매(종류매매)에만 인정되고, 매수인이 선의·무과실인 경우에 계약해제와 손해배상에 갈음하여 행사할 수 있다.

Ⅲ. 손해배상의 범위

손해배상의 범위는 신뢰이익이냐 이행이익이냐의 문제이다. 종류매매에 있어서 매매목적물의 하자에 관하여 매도인이 매수인에게 배상하여야 할 손해액의

---

1) 대구고등법원 1979. 4. 13. 선고 78나386 제3민사부 판결.

범위는 매수인이 매매목적물에 하자가 없다고 믿었기 때문에 받은 손해, 즉 이른 바 신뢰이익으로서, 매도인이 매수인에게 하자 없는 물건을 인도하였을 경우에, 매수인이 얻었을 이익, 즉 이른바 이행이익을 그 한도로 한다.

Ⅳ. 법적 성격

공사도급계약은 그 계약의 성질상 하자발생 빈도가 높기 때문에 분쟁이 많고, 이에 대한 계약체결단계에서의 대비책이 바로 하자보수보증금제도이다. 다만, 하자보수보증금의 법적 성격은 무엇인지에 관해서 법원의 판결에 변화가 있다. 우선, 하자보수보증금을 건설회사가 지방자치단체와 체결한 공사도급계약에서 약정한 하자보수보증금은 위 도급계약상의 수급인의 하자보수책임의 이행을 간접적으로 강제하고 수급인이 동 책임을 이행하지 아니하는 경우에는 그에 대한 제재로서 같은 금원을 지방자치단체의 소유로 귀속시키기로 하는 이른바 위약벌 내지 제재금에 해당하므로, 수급인의 하자보증금 반환채권은 하자담보책임기간 내에 하자가 발생하지 아니하거나 혹은 그 기간 내에 하자가 발생한 경우에도 수급인이 위 계약에 따른 하자보수의무를 이행하는 조건으로 하여 발생한다고 보아 위약벌로 본 사례[2]도 있었다. 또한, 손해배상예정으로 본 사례도 있었다.

> 도급계약의 내용으로 되어 있는 공사계약일반조건에 수급인이 하자보수의무를 이행하지 아니하는 경우 하자보수보증금이 도급인에게 귀속한다고만 규정되어 있을 뿐 이와 별도로 도급인이 입은 손해에 대하여는 따로이 배상하여야 한다는 취지의 규정이 있지도 아니하고, 오히려 도급계약상 도급인이 하자보수를 위하여 실제로 지출한 비용이 수급인이 예치한 하자보수보증금을 초과하더라도 그 이상의 책임을 수급인에게 물을 수 없다면, 위 하자보수보증금의 귀속규정은 수급인이 하자보수의무를 이행하지 아니하는 경우 그 보증금의 몰취로써 손해의 배상에 갈음한다는 취지로서, 하자보수보증금은 손해배상액의 예정으로서의 성질을 가진다.[3]

고 본 사례도 있지만, 지금은 특수한 손해배상예정으로 보고 있다.

---

2) 대법원 1998. 1. 23. 선고 97다38329 판결.
3) 대법원 2001. 9. 28. 선고 2001다14689 판결.

공사도급계약서 또는 그 계약내용에 편입된 약관에 수급인이 하자담보책임 기간 중 도급인으로부터 하자보수요구를 받고 이에 불응한 경우 하자보수보증금은 도급인에게 귀속한다는 조항이 있을 때 이 하자보수보증금은 특별한 사정이 없는 한 손해배상액의 예정으로 볼 것이고, 다만 하자보수보증금의 특성상 실손해가 하자보수보증금을 초과하는 경우에는 그 초과액의 손해배상을 구할 수 있다는 명시 규정이 없다고 하더라도 도급인은 수급인의 하자보수의무 불이행을 이유로 하자보수보증금의 몰취 외에 그 실손해액을 입증하여 수급인으로부터 그 초과액 상당의 손해배상을 받을 수도 있는 특수한 손해배상액의 예정으로 봄이 상당하다.[4)]

그리고 장기계속계약의 경우에는

국가를당사자로하는계약에관한법률시행령 제62조 제3항은 국가 또는 지방자치단체가 '장기계속공사계약'을 체결한 경우에 원칙적으로 각 연차계약별로 그 해당 하자보수보증금을 납부하도록 하되, 다만 각 연차계약의 수급인이 동일한 경우에 한하여 장기계속계약의 성질과 내용, 목적물의 구조 등에 비추어 준공된 목적물에 발생한 하자가 각 연차계약별 공정 중 어느 단계에서의 하자인지 구분할 수 없는 공사인 때에는 총공사의 준공검사 후 그 전체에 대하여 하자보수보증금을 납부하도록 그 절차에 관한 편의를 규정한 것이고, '장기계속공사'에 있어서 연차계약별로 그 공사수급인이 다른 경우에도 그 공사계약의 성격상 연차계약별로 하자담보책임을 구분할 수 없다는 사정만으로 그 최종 공사수급인에 대하여 특별한 약정 없이 무조건 총공사금액에 대한 하자보수보증금을 납입토록 강제하는 규정으로 해석되지 않는바, 장기계속공사의 연차계약별로 공사수급인이 다른 경우에 그 최종공사수급인은 원칙적으로 그 해당 공사계약에 관한 하자보수보증금을 지급할 의무가 있을 뿐이고 이와 달리 국가가 최종 공사의 수급인에게 총공사에 대한 하자담보책임 또는 하자보수보증금 납입의무를 지우기 위하여는 그에 관하여 최종 공사수급인과 사이에 특약이 있어야 한다.[5)]

라고 판시하고 있다.

---

4) 대법원 2002. 7. 12. 선고 2000다17810 판결; 대법원 2002. 7. 12. 선고 99다68652 판결.
5) 대법원 2004. 1. 16. 선고 2003다19275 판결.

Ⅴ. 보증계약·보험계약 여부

건설공제조합이 조합원으로부터 보증수수료를 받고 조합원이 다른 조합원 또는 제3자에게 부담하는 하자보수의무를 보증하기로 하는 보증계약의 법적 성격이 보증계약인지 보험계약인지에 관해서 다수의견은 보증계약을 보고 있지만, 소수의견은 보험계약으로 파악하고 있다. 두 의견의 차이는 구상권 행사 여부와 관련된다. 다수의견을 간략히 요약하면 다음과 같은 내용이다.

> 구 건설공제조합법(1996. 12. 30. 법률 제5230호로 제정된 건설산업기본법 부칙 제2조 제1호로 폐지)에 따라 건설공제조합이 조합원으로부터 보증수수료를 받고 그 조합원이 다른 조합원 또는 제3자와의 도급계약에 따라 부담하는 하자보수의무를 보증하기로 하는 내용의 보증계약은, 무엇보다 채무자의 신용을 보완함으로써 일반적인 보증계약과 같은 효과를 얻기 위하여 이루어지는 것으로서, 그 계약의 구조와 목적, 기능 등에 비추어 볼 때 그 실질은 의연 보증의 성격을 가진다 할 것이므로, 민법의 보증에 관한 규정, 특히 보증인의 구상권에 관한 민법 제441조 이하의 규정이 준용된다. 따라서 건설공제조합과 주계약상 보증인은 채권자에 대한 관계에서 채무자의 채무이행에 관하여 공동보증인의 관계에 있다고 보아야 할 것이므로, 그들 중 어느 일방이 변제 기타 자기의 출재로 채무를 소멸하게 하였다면 그들 사이에 구상에 관한 특별한 약정이 없다 하더라도 민법 제448조에 의하여 상대방에 대하여 구상권을 행사할 수 있다.[6]

Ⅵ. 보증계약의 취소

건설산업기본법에 의하여 설립된 공제조합이 그 조합원과의 보증위탁계약에 따라 조합원이 도급받은 공사 등과 관련하여 수령하는 선급금의 반환채무를 보증하기 위하여 선급금지급보증서를 발급하는 방법으로 그 도급인과 보증계약을 체결하는 경우, 보증사고에 해당하는 수급인의 채무불이행이 있는지 여부는 보증계약의 대상인 도급공사의 내용과 공사금액·공사기간 및 지급된 선급금 등을 기준으로 판정하여야 하므로, 이러한 보증계약에서 선급금의 액수와 그 지급방법

---

6) 대법원 2008. 6. 19. 선고 2005다37154 전원합의체 판결.

및 선급금이 정하여진 용도로 실제 사용될 것인지 여부 등은 계약상 중요한 사항으로서 조합원 등이 이를 거짓으로 고지하는 것은 공제조합에 대한 기망행위에 해당할 수 있고, 기망행위에 해당하는 경우 공제조합은 민법의 일반원칙에 따라 그 보증계약을 취소할 수 있다.

건설산업기본법에 따라 설립된 공제조합이 그 조합원과의 보증위탁계약에 따라 조합원이 도급받은 공사 등의 계약이행과 관련하여 부담하는 계약보증금의 납부에 관한 의무이행을 보증하기 위하여 계약보증서를 발급하는 방법으로 그 도급인과 보증계약을 체결하는 경우, 공제조합은 그 조합원이 도급계약에 따른 채무를 이행하지 아니함으로 말미암아 도급인에게 부담하게 될 채무를 보증하는 것이므로, 선급금의 액수와 그 지급방법 및 선급금이 정하여진 용도로 실제 사용될 것인지 여부 등은 보증사고에 해당하는 수급인의 채무불이행 여부를 판정하는 기준이 되는 계약상 중요한 사항으로서 조합원 등이 이를 거짓으로 고지할 경우 공제조합에 대한 기망행위가 될 수 있다.[7]

계약이행보증계약의 경우 채무자가 보증계약 체결에 있어서 보증인을 기망하였고, 보증인은 그로 인하여 착오를 일으켜 보증계약을 체결하였다는 이유로 보증계약 체결의 의사표시를 취소하였다 하더라도 보증채권자가 보증계약이 체결되는 것을 전제로 채무자와 계약을 체결하거나 또는 보증인이 이미 보증서를 교부하여 보증채권자가 그 보증서를 수령한 후 이에 터잡아 새로운 계약을 체결하거나 혹은 이미 체결한 계약에 따른 의무를 이행하는 등으로 계약보증계약의 채권담보적 기능을 신뢰하여 새로운 이해관계를 가지게 되었다면 그와 같은 보증채권자의 신뢰를 보호할 필요가 있다 할 것이나, 보증채권자가 그와 같은 기망행위가 있었음을 알았거나 알 수 있었던 경우에는 그 취소를 가지고 보증채권자에게 대항할 수 있다.[8]

Ⅶ. 보증기간만 정한 경우

예를 들어 주택사업공제조합과 사업주체가 보증계약을 체결하면서 보증하고자 하는 하자의 내용을 정하지 않고 단지 보증기간만을 정한 경우, 보증대상이

7) 대법원 2002. 11. 26. 선고 2002다34727 판결.
8) 대법원 2003. 11. 13. 선고 2001다33000 판결.

되는 하자의 기간적 범위에 관해서는,

　　주택사업공제조합과 사업주체가 보증계약 체결시 정하는 보증기간이 구 공동주택관리령 제16조에서 정한 하자보수책임기간에 의하여 제한된다고 볼 것은 아니므로 주택사업공제조합과 사업주체 사이에 특별히 보증계약으로 보증하고자 하는 하자의 내용을 정하지 않고 단지 보증기간만을 정하는 경우에는 그 보증계약상의 보증금액에 의하여 보증되는 하자는 그 보증기간 내에 발생한 하자보수책임기간 내의 모든 하자를 의미한다고 볼 것이고, 당해 보증계약이 보증기간으로 정한 기간 내에 속하는 단기인 다른 보증계약의 보증기간을 제외한 나머지 기간 중의 하자만을 보증하는 것은 아니라고 할 것이다.9)

　　그렇지만, 한편, 구 공동주택관리규칙 제11조 제1항 [별표 3]에 정해진 하자보수책임기간에 불구하고 사업주체가 스스로 그 기간보다 장기간의 하자보수책임기간을 약정하는 것이 금지되는 것은 아니라고 할 것이지만, 사업주체가 사용검사권자에게 사용검사신청서를 제출하면서 그에 필요한 구비서류로 건설공제조합으로부터 하자보수보증기간 및 하자담보책임기간이 3년으로 기재된 하자보수보증서를 발급받아 이를 제출하였다는 사정만으로는 사업주체와 하자보수청구권자 사이에 구 공동주택관리규칙 제11조 제1항 [별표 3]에 정해진 단기간의 하자보수책임기간에 관계없이 모든 하자에 대한 보수책임기간을 3년으로 연장하기로 약정한 것이라고 볼 수있는지 여부에 관해서는,10)

　　사업주체가 공동주택의 사용검사권자에게 사용검사신청서를 제출하면서 위 규정에 따라 건설공제조합(피고)이나 주택사업공제조합으로부터 하자보수보증서를 발급받아 이를 예치한 경우, 그 하자보수보증서에 의하여 보증대상이 되는 하자의 보수책임기간도 사용검사일로부터 구 공동주택관리규칙 제11조 제1항 [별표 3]에 규정된 바와 같이 각 세부항목별로 1년 또는 2년, 3년으로 한정된다고 보아야 하며, 설령 그 하자보수보증서에 구 공동주택관리규칙 [별표 3]에 정해진 1년 또는 2년, 3년의 하자보수책임기간에 관계없이 모든 하자에 대한 보증기간이 3년으로 기재되어 있다고 하더라도

---

9) 대법원 2009. 3. 12. 선고 2008다76020 판결.
10) 대법원 2007. 1. 26. 선고 2002다73333 판결.

보증대상이 되는 하자는 구 공동주택관리규칙 [별표 3]에 정해진 하자보수 책임기간을 도과하기 전에 발생한 것이어야 하고 그 이후에 발생한 하자는 비록 그것이 하자보수보증서에 기재된 보증기간 내에 발생하였다 할지라도 그 보증대상이 되지 않는다고 보아야 한다.11) 왜냐하면 보증인인 건설공제 조합이나 주택사업공제조합의 채무범위가 주채무자인 사업주체의 채무범위 를 넘을 수는 없기 때문이다.

라고 판시하고 있다.

---

11) 대법원 2002. 2. 8. 선고 99다69662 판결 등 참조.

제17강

선급제도

제17강

선급제도

I. 의의

선금의 지급이란 확정된 채무에 대하여 계약상대자의 계약이행 전 또는 대가 지급시기 도래 전에 미리 그 대금의 전부 또는 일부를 지급하는 것을 말한다. 선금의 지급과 관련해서 지출관은 운임, 용선료(傭船料), 공사·제조·용역 계약의 대가, 그 밖에 대통령령으로 정하는 경비로서 그 성질상 미리 지급하지 아니하거나 개산(槪算)하여 지급하지 아니하면 해당 사무나 사업에 지장을 가져올 우려가 있는 경비의 경우에는 이를 미리 지급하거나 개산하여 지급할 수 있다(국고금관리법 제26조). 그리고 공사, 제조 또는 용역 계약의 대가로서 계약금액의 100분의 70을 초과하지 아니하는 금액을 선금으로 지급할 수 있다(국고금관리법 시행령 제40조 제1항 제15호).

선급인 경우에는 계약 체결 후 계약 상대방의 청구를 받은 날부터 14일 이내에 지급하여야 한다. 다만, 불가피한 사유로 지급이 불가능하여 그 사유를 계약 상대방에게 문서로 통지한 경우에는 그러하지 아니하다. 선금의 지급과 관련하여 구체적인 업무집행에 관해서는 정부입찰계약집행기준 제10장에 상세하게 규정되어 있다.

제33조(선금의 지급 등) 계약담당공무원은 「국고금관리법 시행령」 제40조제1항제15호에 의하여 선금을 지급하고자 할 때에는 이 장에 정한 바에 따라야 한다. 다만, 각 중앙관서의 장은 특수한 사유로 인하여 이 예규에 의하기 곤란하다고 인정할 때에는 기획재정부장관과 협의하여 특례를 정할 수 있다.

선금의 지급의 적용범위와 관련해서는 제34조에서,

① 계약담당공무원은 다음 각호의 요건을 충족하는 경우로서 계약상대자가 선금의 지급을 요청할 때에는 계약금액의 100분의 70을 초과하지 아니하는 범위 내에서 선금을 지급할 수 있다. 다만, 계약상대자가 선금의무지급률 이하로 신청하는 경우에는 신청한 바에 따라 지급한다.
1. 공사, 물품 제조 또는 용역 계약(발주기관이 시스템 특성 등에 맞게 소프트웨어의 일부에 대하여 수정·변경을 요구하여 체결한 소프트웨어사업을 포함)
2. 시행령 제76조에 의한 입찰참가자격제한을 받고 그 제한기간 중에 있지 아니한 경우
② 계약담당공무원은 계약상대자가 제1항에 따라 선금지급을 요청하는 경우에 하수급인에 대한 선금지급계획을 제출하도록 하여야 한다. 〈신설 2011. 5.13.〉
③ 계약담당공무원은 다음 각호에 해당되는 선금에 대하여는 계약상대자의 청구를 받은 날로부터 14일 이내에 지급하여야 한다. 〈단서삭제 2011. 5.13.〉
1. 공사
   가. 계약금액이 100억원이상인 경우 : 100분의 30
   나. 계약금액이 20억원이상 100억원 미만인 경우 : 100분의 40
   다. 계약금액이 20억원 미만인 경우 : 100분의 50
2. 물품의 제조 및 용역
   가. 계약금액이 10억원이상인 경우 : 100분의 30
   나. 계약금액이 3억원이상 10억원 미만인 경우 : 100분의 40

다. 계약금액이 3억원 미만인 경우 : 100분의 50
   3. 수해복구공사
      가. 계약금액이 20억원미만인 경우 : 100분의 70
      나. 계약금액이 20억원이상인 경우 : 100분의 50

라고 규정하여 선급금의 지급시기와 기준을 밝히고 있다.

Ⅱ. 취지

선급급 제도의 취지는 계약상대자의 계약이행을 위한 자금난 해소, 건설노동자 고용이나 건설에 필요한 자재를 구입하는 등 정부계약의 이행을 원활히 하는 것을 돕기 위한 것이다. 즉, 계약상대자의 계약이행을 수월하게 하도록 하기 위하여 도입된 제도이다. 단순하게 법규범의 관점에서만 바라보면 계약목적 달성에 기여한다는 성격도 있지만, 선급제도를 통하여 사회부조적인 효과뿐만 아니라 경제의 활성화라는 부수적인 효과도 있다.

Ⅲ. 법적 성격

선금의 지급의 성격에 관해서 대법원[1]은 공사대금의 일부로 보고 있다. 대법원은

공사도급계약에서 지급되는 선금은 자금 사정이 좋지 않은 수급인으로 하여금 자재 확보, 노임 지급 등에 어려움이 없이 공사를 원활하게 진행할 수 있도록 하기 위하여, 도급인이 장차 지급할 공사대금을 수급인에게 미리 지급하여 주는 선급공사대금이라고 할 것인데, 만약 선금을 수급인이 지급받을 기성고 해당 중도금 중 최초분부터 전액 우선 충당하게 되면 위와 같은 선금 지급의 목적을 달성할 수 없는 점을 감안하면, 선금이 지급된 경우에는 특별한 사정이 없는 한 기성 부분 대가 지급시마다 계약금액에 대한 기성 부분 대가 상당액의 비율에 따라 안분 정산하여 그 금액 상당을 선금 중 일부로 충당하고 나머지 공사대금을 지급받도록 함이 상당하다.

---

1) 대법원 2002. 9. 4. 선고 2001다1386 판결.

라고 판시하여 건설공사도급계약에서 도급인이 지급한 선금은 미리 지급한 공사대가, 즉 선급공사대금에 해당하고, 정산방법에 관해서는 기성고 비율에 따른 안분 정산을 택하고 있다. 또한, 선급금이 「하도급공정화에관한법률」 제17조에서 말하는 하도급대금에 해당되는지 여부에 관해서도,[2]

공사도급계약에 있어서 수수되는 이른바 선급금은 수급인으로 하여금 공사를 원활하게 진행할 수 있도록 하기 위하여 도급인이 수급인에게 미리 지급하는 공사대금의 일부이므로 하도급거래공정화에관한법률 제17조의 하도급대금에 해당한다.

고 판시하고 있다. 따라서 계약금의 일부가 아니라 계약대금의 일부이므로 받은 사람이 계약을 해제한 경우에 그 배액을 상환할 필요는 없다.

Ⅳ. 선급의 사용

계약상대자가 지급받은 선금은 계약이행을 위한 목적으로만 사용하도록 하고 있다. 자재확보라든지 노임지급 등과 같은 것에 우선적으로 사용해야 한다. 이와 관련하여 집행기준 제36조는,

① 계약담당공무원은 선금을 지급하고자 할 때에 해당 선금을 계약목적달성을 위한 용도와 수급인의 하수급인에 대한 선금배분이외의 다른 목적에 사용하게 할 수 없으며, 노임지급(공사계약은 제외) 및 자재확보에 우선 사용하도록 하여야 한다.
② 계약담당공무원은 지급된 선금이 제1항에 의한 용도로 사용되었는지 여부를 확인하기 위하여 선금전액 사용시에는 계약상대자로 하여금 사용내역서를 제출하게 하여야 한다.

라고 규정하고 있다. 그리고 선금에 관한 권리를 양도하지 못하도록 하고 있다.

---

2) 대법원 2003. 5. 16. 선고 2001다27470 판결.

③ 계약담당공무원은 계약상대방이 선금을 전액 정산하기 이전에는 계약에 의하여 발생한 권리의무를 제3자에게 양도하게 할 수 없다. 다만, 제35조에 따라 선금 지급을 보증한 기관의 동의를 얻어 공사대금청구권을 양도하고자 하는 경우에는 선금을 전액 정산하기 이전이라도 공사대금청구권을 제3자에게 양도하게 할 수 있다.

그리고 선금을 지급한 경우에는,

④ 계약담당공무원은 수급인에게 선금을 지급한 경우에는 선금지급일로부터 20일 이내에 계약상대자와 하수급인으로부터 증빙서류를 제출받아 선금배분 및 수령내역을 비교ㆍ확인하여야 한다.
⑤ 계약담당공무원은 계약상대자가 하수급인에게 선금을 현금으로 지급하도록 하여야 한다.

라고 규정하여 계약담당공무원은 선금의 사용용도 및 그 사용대상자를 확인하도록 하고 있다.

Ⅴ. 선금의 정산

선금의 정산방식은 다음과 같이 규정되어 있다. 집행기준 제37조에는,

선금은 기성부분 또는 기납부분의 대가 지급시마다 다음 방식에 의하여 산출한 선금정산액 이상을 정산하여야 한다.

선금정산액 = 선금액×[기성(또는 기납) 부분의 대가상당액/계약금액]

Ⅵ. 선금의 반환청구

발주기관이 선금을 지급하고 난 후에 일정한 사유가 발생할 경우 계약상대자에게 지체 없이 그 반환을 청구하여야 한다. 여기서 일정한 사유란 계약을 해제

또는 해지하는 경우, 선금지급조건을 위배한 경우, 정당한 사유 없이 선금 수령일로부터 15일 이내에 하수급인에게 선금을 배분하지 않은 경우, 계약변경으로 인해 계약금액이 감액되었을 경우를 말한다. 다만, 계약상대자의 귀책사유에 의하여 반환하는 경우에는 해당 선금잔액에 대한 약정이자상당액을 가산하여 청구하여야 한다. 이 경우에 약정이자율은 선금을 지급한 시점을 기준으로 한다.

선금금 반환의무의 법적 성격에 관하여 대법원[3]은 채무불이행에 따른 계약해제를 원인으로 발생하는 원상회복의무의 일종으로 보고 있다.

> 선금금 반환의무는 수급인의 채무불이행에 따른 계약해제로 인하여 발생하는 원상회복의무의 일종이고, 보증인은 특별한 사정이 없는 한 채무자가 채무불이행으로 인하여 부담하여야 할 손해배상채무와 원상회복의무에 관하여도 보증책임을 지므로, 민간공사 도급계약에서 수급인의 보증인은 특별한 사정이 없다면 선금금 반환의무에 대하여도 보증책임을 진다. 그리고 민간공사 도급계약 연대보증인의 보증책임은 각종 보증서의 구비 여부, 도급계약의 내용, 보증 경위 등을 참작하여 개별적으로 구체적인 사안에 따라 법률행위의 해석에 의하여 판단되어야 하지만, 특별한 약정이 없다면 수급인의 책임과 마찬가지로 금전채무보증과 시공보증을 포함한다고 보아야 한다.

또한, 선금반환사유 발생 시 선금정산과 관련된 사항에 관해서는,

> 공사도급계약에서 수수되는 이른바 선금금은 자금 사정이 좋지 않은 수급인에게 자재 확보·노임 지급 등에 어려움이 없이 공사를 원활하게 진행할 수 있도록 하기 위하여 도급인이 장차 지급할 공사대금을 수급인에게 미리 지급하여 주는 것으로서, 구체적인 기성고와 관련하여 지급된 공사대금이 아니라 전체 공사와 관련하여 지급된 공사대금이고, 이러한 점에 비추어 선금금을 지급한 후 계약이 해제 또는 해지되는 등의 사유로 수급인이 도중에 선금금을 반환하여야 할 사유가 발생하였다면, 특별한 사정이 없는 한 별도의 상계 의사표시 없이도 그때까지의 기성고에 해당하는 공사대금 중 미지급액은 선금금으로 충당되고 도급인은 나머지 공사대금이 있는 경우 그 금액에 한하여 지급할 의무를 부담하게 된다. 이때 선금금의 충당 대상이 되는 기성공사대금의 내역을 어떻게 정할 것인지는 도급계약 당사자의

---

3) 대법원 2012. 5. 24. 선고 2011다109586 판결.

약정에 따라야 하고, 도급인이 하수급인에게 하도급대금을 직접 지급하는
사유가 발생한 경우에 이에 해당하는 금원을 선급금 충당의 대상이 되는 기
성공사대금의 내역에서 제외하기로 하는 예외적 정산약정을 한 때에는 도
급인은 미정산 선급금이 기성공사대금에 충당되었음을 이유로 하수급인에
게 부담하는 하도급대금 지급의무를 면할 수 없다. 그러나 이러한 정산약정
역시 특별한 사정이 없는 한 도급인에게 도급대금채무를 넘는 새로운 부담
을 지우지 않는 범위 내에서 하수급인을 수급인에 우선하여 보호하려는 약
정이라고 보아야 하므로, 도급인이 하도급대금을 직접 지급하는 사유가 발
생하기 전에 선급금이 기성공사대금에 충당되어 도급대금채무가 모두 소멸
한 경우에는 도급인은 더 이상 하수급인에 대한 하도급대금 지급의무를 부
담하지 않게 된다.

라고 판시4)하고 있다. 발주기관이 계약상대자로부터 선금을 반환받아야 할
경우, 계약상대자가 발주기관에 청구할 채권이 있을 경우에 상계를 금지하는 특
별한 사정이 없다면 두 개의 채권은 당연히 상계할 수 있다.

---

4) 대법원 2014. 1. 23. 선고 2013다214437 판결; 대법원 1999. 12. 7. 선고 99다55519 판결.

제18강

계약의 이행

제18강

계약의 이행

계약체결 후 계약상대자는 계약의 내용에 따라 그 계약을 충실히 이행하여야 한다. 계약내용에 따른 이행이 지체된 경우에는 지체상금이 부과된다. 그리고 계약이행이 불가능한 경우에는 계약의 해제 또는 해지, 계약이행보증금의 국고귀속, 부정당업자 제재 처분 등을 받게 된다.

Ⅰ. 감독 및 검사

정부계약에서는 계약이행 확보를 위하여 감독이라는 제도를 두고 있다. 감독과 관련된 근거조항은 국가계약법 제13조이다.

제13조(감독) ① 각 중앙관서의 장 또는 계약담당공무원은 공사, 제조, 용역 등의 계약을 체결한 경우에 그 계약을 적절하게 이행하도록 하기 위하여 필요하다고 인정하면 계약서, 설계서, 그 밖의 관계 서류에 의하여 직접 감독하거나 소속 공무원에게 그 사무를 위임하여 필요한 감독을 하게 하여야 한다. 다만, 대통령령으로 정하는 계약의 경우에는 전문기관을 따로 지정하여 필요한

감독을 하게 할 수 있다.

② 제1항에 따라 감독하는 자는 감독조서(監督調書)를 작성하여야 한다.

더 나아가서 계약이행을 확인하기 위하여 계약서류와 계약이행을 '검사'할 수 있도록 하고 있다. 이와 관련된 근거조항은 제14조이다.

제14조(검사) ① 각 중앙관서의 장 또는 계약담당공무원은 계약상대자가 계약의 전부 또는 일부를 이행하면 이를 확인하기 위하여 계약서, 설계서, 그 밖의 관계 서류에 의하여 검사하거나 소속 공무원에게 그 사무를 위임하여 필요한 검사를 하게 하여야 한다. 다만, 대통령령으로 정하는 계약의 경우에는 전문기관을 따로 지정하여 필요한 검사를 하게 할 수 있다.

② 제1항에 따라 검사하는 자는 검사조서(檢査調書)를 작성하여야 한다. 다만, 대통령령으로 정하는 경우에는 검사조서의 작성을 생략할 수 있다.

③ 각 중앙관서의 장 또는 계약담당공무원은 제1항에도 불구하고 다른 법령에 따른 품질인증을 받은 물품 또는 품질관리능력을 인증받은 자가 제조한 물품 등 대통령령으로 정하는 물품에 대하여는 같은 항에 따른 검사를 하지 아니할 수 있다.

④ 물품구매계약 또는 물품제조계약의 경우 물품의 특성상 필요한 시험 등의 검사에 드는 비용과 검사로 인하여 생기는 변형, 파손 등의 손상은 계약상대자가 부담한다.

이와 관련된 구체적인 집행방법은 시행령 제54조와 제55조에 규정되어 있다. 그리고 준공검사관이 준공검사를 함에 있어 수중, 지하 또는 구조물의 내부 등 시공 후 매몰된 부분의 검사는 공사감독관의 감독조서를 근거로 하여 검사를 행하면 되고, 이를 실제로 검사하지 아니한 채 준공조서를 작성하였다 하더라도 허위준공검사조서작성죄의 죄책을 지지 아니하나, 매몰된 부분의 공사가 완성되지 아니하였다는 것을 알면서도 준공검사조서를 작성한 경우에는 허위준공검사조서작성죄에 해당된다.[1] 그리고 공사감독관이 감독을 하는 이유는 법령이 정한 감독의무를 철저히 수행하게 하여 무자격자 또는 자격미달자가 건설공사에 참여

---

1) 대법원 1995. 6. 13. 선고 95도491 판결.

함으로써 야기될 공사의 부실화와 그로 인하여 발생할지도 모르는 재해를 미연에 방지하고자 하는 일반예방적인 차원에서 사전에 이를 차단하기 위한 것이다. 또한 오늘날 도처에서 일어나고 있는 교량 및 건물붕괴 등의 건축물 관련 대형사고가 대부분 부실공사에 의한 것으로 나타나고 있고, 그 사고의 결과 또한 참혹하기 이를 데 없을 뿐만 아니라 무자격자에 의한 시공이 그 부실공사의 원인 중의 하나로 밝혀지고 있는 점까지 아울러 감안하여 보면 공사감독관이 위와 같은 직무에 위배하여 당해 건축공사가 불법 하도급되어 무자격자에 의하여 시공되고 있는 점을 알고도 이를 묵인하였거나 그와 같은 사정을 쉽게 적발할 수가 있었음에도 직무상의 의무를 태만히 하여 무자격자로 하여금 공사를 계속하게 함으로써 붕괴사고 등의 재해가 발생한 경우에, 만일 자격 있는 자가 시공을 하였다면 당해 재해가 발생하지 아니하였거나 재해 발생의 위험이 상당히 줄어들었으리라고 인정된다면, 공사감독관의 그와 같은 직무상의 의무위반과 붕괴사고 등의 재해로 인한 치사상의 결과 사이에 상당인과관계가 있다. 공사를 발주한 구청 소속의 현장감독 공무원인 피고인이 갑 회사가 전문 건설업 면허를 소지한 을 회사의 명의를 빌려 원수급인인 병 회사로부터 콘크리트 타설공사를 하도급받아 전문 건설업 면허나 건설기술 자격이 없는 개인인 정에게 재하도급주어 이 사건 공사를 시공하도록 한 사실을 알았거나 쉽게 알 수 있었음에도 불구하고 그 직무를 유기 또는 태만히 하여 정의 시공방법상의 오류와 그 밖의 안전상의 잘못으로 인하여 콘크리트 타설작업 중이던 건물이 붕괴되는 사고가 발생할 때까지도 이를 적발하지 아니하였거나 적발하지 못한 잘못이 있다면, 피고인의 위와 같은 직무상의 의무위반 행위는 이 사건 붕괴사고로 인한 치사상의 결과에 대하여 상당인과관계가 있다.[2]

Ⅱ. 대가의 지급과 기성대가

1. 원칙

　　발주기관은 계약상대자가 계약에 따른 이행을 하였을 경우에는 대가를 지급하여야 한다. 이에 관하여 국가계약법 제15조에는 다음과 같이 규정하고 있다.

---

2) 대법원 1995. 9. 15. 선고 95도906 판결.

각 중앙관서의 장 또는 계약담당공무원은 공사, 제조, 구매, 용역, 그 밖에 국고의 부담이 되는 계약의 경우 검사를 하거나 검사조서를 작성한 후에 그 대가(代價)를 지급하여야 한다. 다만, 국제관례 등 부득이한 사유가 있다고 인정되는 경우에는 그러하지 아니하다.

② 제1항에 따른 대가는 계약상대자로부터 대가 지급의 청구를 받은 날부터 대통령령으로 정하는 기한까지 지급하여야 하며, 그 기한까지 대가를 지급할 수 없는 경우에는 대통령령으로 정하는 바에 따라 그 지연일수(遲延日數)에 따른 이자를 지급하여야 한다.

③ 동일한 계약에서 제2항에 따른 이자와 제26조에 따른 지체상금은 상계(相計)할 수 있다.

그리고 국가의 수입이 되는 계약에 있어서는 각 중앙관서의 장 또는 계약담당공무원은 재산의 매각·대부, 용역의 제공, 그 밖에 세입의 원인이 되는 계약에서는 다른 법령에 특별한 규정이 없으면 계약상대자에게 그 대가를 미리 내도록 하고 있다(법 제16조).

2. 기성대가(기성고)

기성대가 또는 기성고에 관해서는 국가계약법 제15조에는 규정되어 있지 않지만, 시행령 제58조 제3항에는 기성부분 또는 기납부분에 대가를 지급하는 경우에는 계약수량, 이행 전망, 이행기간 등을 참작하여 적어도 30일마다 지급하도록 하고 있다. 공사계약일반조건 제39조에는 기성대가에 관한 규정을 두고 있다. 제1항에서는,

계약상대자는 최소한 30일마다 제27조 제8항에 의한 검사를 완료하는 날까지 기성부분에 대한 대가지급청구서[(하수급인 및 자재·장비업자에 대한 대금지급 계획과 하수급인과 직접 계약을 체결한 자재·장비업자(이하 '하수급인의 자재·장비업자'라 한다)에 대한 대금지급계획을 첨부하여야 한다)]를 계약담당공무원과 공사감독관에게 동시에 제출할 수 있다.

대가의 지급방법을 살펴보면 계약담당공무원은 검사완료일부터 5일 이내에

검사된 내용에 따라 기성대가를 확정하여 계약상대자에게 지급하여야 한다. 다만, 계약상대자가 검사완료일후에 대가의 지급을 청구한 때에는 그 청구를 받은 날부터 5일 이내에 지급하여야 한다. 또한, 계약담당공무원은 기성대가지급을 할 때에 대금 지급 계획상의 하수급인, 자재·장비업자 및 하수급인의 자재·장비업자에게 기성대가지급 사실을 통보하고, 이들로 하여금 대금 수령내역(수령자, 수령액, 수령일 등) 및 증빙서류를 제출하게 하여야 한다.

기성대가 지급과 관련하여 관련 자료의 제출을 명할 수 있다. 계약담당공무원은 자재에 대하여 기성대가를 지급하는 경우에는 계약상대자로 하여금 그 지급대가에 상당하는 보증서(시행령 제37조 제2항에 규정된 증권 또는 보증서 등을 말한다)를 제출하게 하여야 한다. 그리고 계약담당공무원은 제1항에 의한 청구서의 기재사항이 검사된 내용과 일치하지 아니할 때에는 그 사유를 명시하여 계약상대자에게 이의 시정을 요구하여야 한다. 이 경우에 시정에 필요한 기간은 제2항에 규정한 기간에 산입하지 아니한다.

그리고 기성대가의 산정은 계약단가에 따라 산정하여 지급한다. 다만, 계약단가가 없을 경우에는 제20조 제1항 제2호 및 동조 제2항에 의하여 산정된 단가에 의한다.

또한 계약담당공무원은 제1항의 청구를 받은 후 그 청구내용의 전부 또는 일부가 부당함을 발견한 때에는 그 사유를 명시하여 계약상대자에게 해당 청구서를 반송할 수 있다. 이 경우에는 반송한 날로부터 재청구를 받은 날까지의 기간은 제2항의 지급기간에 산입하지 아니한다.

공사도급계약을 해지하면서 그동안의 기성고액을 수급인이 모두 수령한 것으로 하고, 그 대신 도급인이 수급인의 하수급인들에 대한 채무를 직접 지급하기로 정산합의를 한 경우, 당사자의 의사는 정산합의 시점에서 확정적으로 수급인의 기성금청구채권 포기의 효력이 생기도록 하고, 다만, 도급인이 하수급인들에 대한 채무의 이행을 하지 아니하는 것을 해제조건으로 하였다고 보는 것이 합당하다 할 것이므로, 일단 정산합의 시점부터 권리포기의 효과는 발생하였다고 봄이 상당하다.

공사도급계약에서 "이 계약으로부터 발생하는 권리 또는 의무는 제3자에게 양도하거나 승계할 수 없다. 다만, 상대방의 서면승낙과 보증인의 동의를 얻었을 때에는 그러하지 아니하다."고 규정하고 있다 할지라도, 원칙적으로 의무의 승계에 있어서는 의무이행자가 누구인가 하는 것이 보증에 있어서 중대한 요소이므로 보증인의 동의를 요한다고 봄이 상당할 것이나, 권리의 양도로 인하여 보증인에게 어떠한 책임이 가중되거나 하는 일은 없으므로, 권리의 양도에 보증인의 동의를 요한다고 보기는 어렵다 할 것이어서, 도급인과 수급인이 수급인의 기성금청구채권을 하수급인들에게 양도함에 있어 위 도급계약조항에 의하여 수급인의 보증인의 동의를 요한다고 할 수는 없다.

공사도급계약을 해지하면서 그 동안의 기성고액을 수급인이 모두 수령한 것으로 하고, 그 대신 도급인이 수급인의 하수급인들에 대한 채무를 직접 지급하기로 정산합의를 함으로써 수급인의 도급인에 대한 기성금청구채권이 소멸하여 수급인의 보증인이 민법 제434조에 따른 주채무자의 채권에 기한 상계권을 행사하지 못하게 된 경우, 비록 상계가 담보적 기능을 가지고 있다 할지라도 그것만으로 위와 같은 결과를 신의칙에 반하는 것으로 볼 수는 없다.3)

기성대가 지급에 관한 일반조건을 구체적으로 정하면 그것은 특약사항이 된다.

3. 기성대가의 취지

기성대가가 어디에서 주로 문제가 되는지 또는 기성고가 왜 문제가 되는지 의문이 들 수 있다. 기성대가가 주로 문제되는 계약은 공사계약으로서 건설공사 분야, 즉 도급의 경우이다. 도급은 노무공급계약이지만 '일의 완성'을 특징으로 하고, 이에 수급인은 보수청구권을 행사하는 하는 것이다. 그런데 일이 완성되지 않은 경우에도 보수를 청구할 수 있는지 문제되는데, 보통의 경우 수급인의 귀책사유로 건설도급 공사가 중도에 해제된 경우, 기성고 상당의 보수청구권이 인정된다는 것이 우리 판례의 입장이다. 다만, 도급인의 귀책사유로 건설도급계약이 중도에 해제된 경우 보수청구권 여부와 청구의 범위에 대해서 논의를 해 볼 필요가 있다.

또한, 건설공사의 사회적·경제적 파급 효과가 크다. 더 나아가서 건설공사의 경우 특수성이 존재한다. 즉, 도급인의 간섭 등이 그것이다. 그리고 건설도급 계약이 중도해제된 경우, 건설공사의 결과가 완전하지 못하므로 이를 채무불이행으

---

3) 대법원 2001. 10. 26. 선고 2000다61435 판결.

로 볼 것인지, 아니면 불완전이행으로 볼 것인지에 따라 큰 차이가 있다.

민법 제688조에는 다음과 같이 규정되어 있다.

> 제688조(수임인의 비용상환청구권 등) ① 수임인이 위임사무의 처리에 관하여 필요비를 지출한 때에는 위임인에 대하여 지출한 날 이후의 이자를 청구할 수 있다.
>
> ② 수임인이 위임사무의 처리에 필요한 채무를 부담한 때에는 위임인에게 자기에 갈음하여 이를 변제하게 할 수 있고 그 채무가 변제기에 있지 아니한 때에는 상당한 담보를 제공하게 할 수 있다.
>
> ③ 수임인이 위임사무의 처리를 위하여 과실 없이 손해를 받은 때에는 위임인에 대하여 그 배상을 청구할 수 있다.

문제는 민법 제688조를 해제제한규정으로 해석하고 강행규정이라고 해석하여야 하는가 하는 점이다. 건물인 경우 수급인은 도급인에게 보수청구를 할 수 있다. 그리고 도급인은 수급인에게 하자담보 책임을 부과하여 하자부분에 대한 보수 또는 이에 갈음하는 손해배상의 제공이 있을 때까지 공사대금의 지급을 거절할 수 있다는 것이 대법원[4]의 태도이다.

> 도급인이 하자의 보수에 갈음하여 손해배상을 청구한 경우 도급인은 그 손해배상의 제공을 받을 때까지 손해배상액에 상당하는 보수액의 지급만을 거절할 수 있는 것이고 그 나머지 보수액의 지급은 이를 거절할 수 없는 것이라고 보아야 할 것이므로 도급인의 손해배상채권과 동시이행관계에 있는 수급인의 공사금채권은 공사잔대금채권 중 위 손해배상채권액과 동액의 금원뿐이고 그 나머지 공사잔대금채권은 위 손해배상채권과 동시이행관계에 있다고 할 수 없다.

불완전이행인 경우에는 계약해제가 가능하다. 이때 수급인에게 이미 완성된 부분에 대한 보수청구권이 있는지 여부가 문제되는데 그 기준이 중요하다. 즉, 무엇을 기준으로 보수청구권의 발생 여부를 판단하여야 할지가 문제된다.

공사계약의 경우에는 공사기일, 즉 최후의 공정 기일을 기준으로 하여 이날까

---

4) 대법원 1990. 5. 22. 선고 90다카230 판결.

지 마치지 않으면 미완성으로 판단할 수 있고, 이는 채무불이행에 해당한다. 공사는 최종 기일까지 일단 종료되었으나 불완전 이행이어서 보수가 필요하다고 판단되면 목적물에 하자가 있는 것으로 판단하여야 한다.

4. 기성고 지급 방법

기성대가와 관련하여 건설공사계약이 중도 해제된 경우, 중도 해제된 건설공사계약에 대한 조세 문제가 발생한다. 기성대가는 특히 중도공사계약이 중도 해제된 경우에는 채무불이행 등의 문제가 발생하지만, 어느 범위까지 계약금액을 지급하여야 하는지 하는 것도 문제이다. 그리고 기성대가는 수급인의 입장에서 보면 보수청구권의 범위를 정하는 문제가 된다.

건설공사도급계약이 중도 해제된 경우, 하수급인이 이행한 부분을 기성고로 보아 기성고를 지급하여야 할 지 여부가 문제된다. 이 문제에 관해서 우리 대법원[5]은,

> 건설산업기본법 제35조 제1항, 하도급거래공정화에 관한 법률 제14조 제1항 등에서 하도급대금의 직접지급에 관하여 규정을 두고 있는 것은 수급인이 파산하거나 그 외 사유로 하도급업자들에게 하도급대금을 지급하지 않거나 지급할 수 없는 사유가 생길 경우 약자의 지위에 있는 하도급업자들을 보호하고 공사 수행에 대한 대가를 실질적으로 보장하기 위함에 그 취지와 목적이 있는 것일 뿐이지 도급인과 하수급인과의 직접적인 도급계약관계의 설정을 전제로 한 것은 아니므로, 결국 하수급인이 시공한 부분은 수급인의 기성고로 볼 수밖에 없다. 또한, 하수급인은 수급인의 이행보조자에 불과하므로 수급인의 기성공사금액에는 그 이행보조자인 하수급인의 기성공사부분이 당연히 포함된다고 보아야 한다. 따라서 선급금을 지급한 후 계약의 해제 또는 해지 등의 사유가 발생한 경우에는 하수급인의 기성공사부분에 대한 공사대금도 포함한 수급인의 기성고를 선급금에서 공제하여야 하고, 그래도 남는 공사대금이 있는 경우에 한하여 하도급대금을 하수급인에게 직접 지급하여야 한다.

라고 설시하고 있다. 기성고 비율에 따라 공사대금을 지급하기로 한 경우, 그

---

5) 대법원 2007. 9. 20. 선고 2007다40109 판결.

기성고 비율의 산정 방법에 관해서도,

> 수급인이 공사를 완성하지 못한 채 공사도급계약이 해제되어 기성고에 따른 공사비를 정산해야 할 경우에 특단의 사정이 없는 한 그 공사비는 약정총공사비에서 막바로 미시공부분의 완성에 실제로 소요될 공사비를 공제하여 산정할 것이 아니라 기성부분과 미시공부분에 실제로 소요되거나 소요될 공사비를 기초로 산출한 기성고비율을 약정공사비에 적용하여 산정하여야 한다.6)

> 도급인이 수급인(또는 하수급인)에게 약정된 공사도급금액 중 기성고의 비율에 따라 공사대금을 지급하기로 하였다면, 도급인이 지급하여야 할 공사대금은 약정된 도급금액을 기준으로 하여 여기에 기성고 비율을 곱하는 방식으로 산정하여야 하고, 그 기성고 비율은 우선 약정된 공사의 내역과 그 중 이미 완성된 부분의 공사 내용과 아직 완성되지 아니한 공사 내용을 확정한 뒤, 공사대금 지급의무가 발생한 시점을 기준으로 이미 완성된 부분에 관한 공사비와 미완성된 부분을 완성하는 데 소요될 공사비를 평가하여 그 전체 공사비 가운데 이미 완성된 부분에 소요된 비용이 차지하는 비율을 산정하여 확정하여야 한다.7)

라고 설시하고 있고, 공사도급계약에서 설계 및 사양 변경에 따라 공사대금을 변경하기로 특약한 경우 기성고에 따른 공사비의 산정방법에 관해서는,

> 수급인이 공사를 완공하지 못한 채 공사도급계약이 해제되어 기성고에 따른 공사비를 정산하여야 할 경우, 기성 부분과 미시공 부분에 실제로 소요되거나 소요될 공사비를 기초로 산출한 기성고 비율을 약정 공사비에 적용하여 그 공사비를 산정하여야 하고, 기성고 비율은 이미 완성된 부분에 소요된 공사비에다가 미시공 부분을 완성하는 데 소요될 공사비를 합친 전체 공사비 가운데 이미 완성된 부분에 소요된 공사비가 차지하는 비율이라고 할 것이고, 만약 공사도급계약에서 설계 및 사양의 변경이 있는 때에는 그 설계 및 사양의 변경에 따라 공사대금이 변경되는 것으로 특약하고, 그 변경된 설계 및 사양에 따라 공사가 진행되다가 중단되었다면 설계 및 사양

---

6) 대법원 1991. 4. 23. 선고 90다카26232 판결.
7) 대법원 1996. 1. 23. 선고 94다31631, 31648 판결.

의 변경에 따라 변경된 공사대금에 기성고 비율을 적용하는 방법으로 기성
고에 따른 공사비를 산정하여야 한다.[8]

라고 판시하고 있다.

5. 계약금액 조정과 기성고

국고금관리법 시행규칙 제72조에 계약금액 조정과 관련하여 기성대가 지급에
관해서 규정하고 있다.

> 제72조(개산급) 영 제41조제5호에서 "기획재정부령이 정하는 경비"란 다음
> 각 호의 경비를 말한다.
> 1. 국가의 사무 또는 사업을 위탁하거나 대행하게 하는 경우 그에 소요되는
>   경비
> 2. 「국가를 당사자로 하는 계약에 관한 법률 시행령」 제64조부터 제66조까지
>   에 따른 물가변동·설계변경 및 그 밖의 계약내용의 변경으로 인하여 계약
>   금액이 변동될 것으로 예상되는 경우에 지급하는 기성대가 또는 기납대가

그리고 공사계약과 관련해서는 공사계약일반조건 제39조의2에서 규정하고
있다.

> 제39조의2(계약금액조정전의 기성대가지급) ① 계약담당공무원은 물가변동,
> 설계변경 및 기타계약내용의 변경으로 인하여 계약금액이 당초 계약금액보다
> 증감될 것이 예상되는 경우로서 기성대가를 지급하고자 하는 경우에는 「국고
> 금관리법 시행규칙」 제72조에 의하여 당초 산출내역서를 기준으로 산출한 기
> 성대가를 개산급으로 지급할 수 있다. 다만, 감액이 예상되는 경우에는 예상
> 되는 감액금액을 제외하고 지급하여야 한다.
> ② 계약상대자는 제1항에 의하여 기성대가를 개산급으로 지급받고자 하는 경
> 우에는 기성대가신청시 개산급신청사유를 서면으로 작성하여 첨부하여야 한다.

---

8) 대법원 2003. 2. 26. 선고 2000다40995 판결.

제19강

지체상금

제19강

지체상금

Ⅰ. 의의

지체상금은 "채무자가 이행지체를 할 때에 지급하여야 할 손해배상액을 미리 계약에서 정한 금액[1]"을 의미한다. 계약불이행이라는 관점에서 바라보면 계약상 대자가 정당한 이유 없이 계약이행을 지체한 경우 계약에서 정한 바에 따라 계약 상대자가 지급하여야 할 손해배상액이라 말할 수 있다. 계약담당공무원은 정당한 이유 없이 계약의 이행을 지체한 계약상대자로 하여금 지체상금을 납부하게 하여야 하며 지체상금의 금액·납부방법 기타 필요한 사항은 대통령령으로 정하고 있다(법 제26조). 발주기관은 계약상대자가 계약상의 의무를 지체한 때에는 지체상금으로서 계약금액에 기획재정부령이 정하는 율과 지체일수를 곱한 금액을 계약상대자로 하여금 현금으로 납부하게 하여야 한다(시행령 제74조 제1항). 지체상금 = 계약금액 × 지체상금률 × 지체일수이다.

또한 공사계약인 경우 계약상대자는 계약서에 정한 준공기한, 즉 계약서상 준 공신고서 제출기일 내에 공사를 완성하지 아니한 때에는 매 지체일수마다 계약

---

[1] 서민, "지체상금의 효력", 민사판례연구 제9집, 민사판례연구회, 1987, 68면.

서에 정한 지체상금률을 계약금액에 곱하여 산출한 금액, 즉 지체상금을 현금으로 납부하여야 한다고 규정하고 있다(공사계약일반조건 제25조 제1항).

이러한 지체상금약정은 계약상대자가 정해진 기한에 계약이행을 하지 못한 것을 정지조건으로 하여 효력이 발생하는 정지조건부 계약이며, 기본계약에 부수하여 행해지는 종된 계약으로 볼 수 있다.[2] 일반계약에서는 지체상금약정이 존재하지 않는다면 임의로 지체상금을 청구할 수 없고, 청구하는 자가 지체상금 약정의 존재사실을 입증해야 하지만 정부계약의 경우 법, 시행령, 공사계약 일반조건에서 모두 지체상금에 대하여 명확하게 규정하고 있으므로 지체상금 약정이 존재한다는 점은 명백하다.

II. 필요성

발주기관은 계약상대자가 자신의 귀책사유로 계약상 의무의 이행을 지체하여 발주기관에 손해를 입힌 경우 그 손해의 배상을 계약상대자에게 청구할 수 있는데, 민사소송법상 발주기관이 계약상대자에게 손해의 배상을 청구하기 위해서는 손해배상청구의 요건사실은 물론 손해금액까지 입증해야 한다. 지체상금은 이러한 경우에 계약상대자가 계약상 의무의 이행을 지연한 경우 지체일수마다 일정한 비율에 의한 손해가 발생한 것으로 간주하여 손해발생 및 손해금액의 입증책임에서 벗어나게 해주는 기능을 하게 된다. 즉, 지체상금은 채무자로 하여금 적기에 계약의 이행을 강제하기 위한 목적과 함께 미리 손해배상액이나 손해배상률을 정함으로써 실제의 이행지체가 문제되는 경우에 책임소재 및 배상액에 대한 입증책임을 명확히 하려는 목적을 가지고 있다.

일반적으로 지체상금은 공사계약에서 많이 활용되고 있으나, 국가계약법은 공사계약에 한정하지 않고 있어, 물품 제조, 용역계약, 물품공급계약 등에도 적용된다. 국가계약법령은 계약상대자의 이행지체에 대하여 지체상금을 부과하도록 하는 반면에, 발주기관이 대가지급을 지연하는 경우 대가지급 지연이자를 지급하도록 하고 있어 국가계약상 당사자 대등의 원칙, 공평의 원칙을 견지하고 있다(국가계약법 시행령 제59조).[3]

---

2) 김성근, 정부계약법 해설I, 건설경제, 2013, 52면 이하.
3) 김성근, 앞의 책, 54면.

Ⅲ. 법적성질

판례는 과거 물품매매계약에 있어서 "지체상금이라 함은 일반적으로 채권자가 계약상의 채무를 이행받는 자체보다도 그 채무를 일정한 시기까지는 이행받아야만 할 필요성, 즉 이행시기가 더 중요하여 채무자로 하여금 이행기를 준수케 하고 지체되는 일이 있더라도 가능한 한 조속한 기간 내에 이행을 완료하도록 강제할 필요성이 있는 경우에 그 위약벌로 정하는 것이 일반거래의 관행이므로 그 액수는 지체기간의 장단에 정비례함이 성질상 당연하다 할 것이고 당사자가 지체기간의 장단에 관계없이 일정액을 지체상금으로 정한다는 것은 특단의 사정이 없는 한 경험칙에 반한다."라고 하여 지체상금을 위약벌로 판시[4]하기도 하였으나, 현재는 "지체상금에 관한 약정은 수급인이 그와 같은 일의 완성을 지체한 데 대한 손해배상액의 예정이므로, 수급인이 약정된 기간 내에 그 일을 완성하여 도급인에게 인도하지 아니하여 지체상금을 지급할 의무가 있는 경우, 법원은 민법 제398조 제2항의 규정에 따라 계약당사자의 지위, 계약의 목적과 내용, 지체상금을 예정한 동기, 실제의 손해와 그 지체상금액의 대비, 그 당시의 거래관행 및 경제상태 등 제반 사정을 참작하여 약정에 따라 산정한 지체상금액이 일반 사회인이 납득할 수 있는 범위를 넘어 부당하게 과다하다고 인정하는 경우에 이를 적당히 감액할 수 있다."라고 판시[5]하여 일관되게 손해배상액의 예정이라고 보고 있다.

손해배상액의 예정으로 보게 되는 경우 그 액수가 부당하게 과다한 경우에는 민법 제398조 제2항에 따라 법원이 재량으로 감액할 수 있으며, 예정한 금액 이외의 손해가 발생한 경우에도 예정액을 초과하는 부분에 관하여는 이를 청구할 수 없다. 또한 손해배상액의 예정은 채무불이행의 경우에 채무자가 지급하여야 할 손해배상액을 미리 정해 두는 것으로서 채무자가 실제로 손해발생이 없다거나 손해액이 예정액보다 적다는 것을 입증하더라도 채무자는 그 예정액의 지급을 면할 수 없다. 판례[6]는 법원이 예정액을 감액할 수 있는 부당히 과다한 경우에 대하여 "손해가 없다든가 손해액이 예정액보다 적다는 것만으로는 부족하고,

---

4) 대법원 1986. 2. 25. 선고 85다카2025, 2026 판결.
5) 대법원 2002. 9. 4. 선고 2001다1386 판결 등.
6) 대법원 1991. 3. 27. 선고 90다14478 판결; 대법원 2008. 11. 13. 선고 2008다46906 판결.

계약자의 경제적 지위, 계약의 목적 및 내용, 손해배상액 예정의 경위 및 거래관행 기타 여러 사정을 고려하여 그와 같은 예정액의 지급이 경제적 약자의 지위에 있는 채무자에게 부당한 압박을 가하여 공정성을 잃는 결과를 초래한다고 인정되는 경우"를 뜻한다고 보고 있다.

Ⅳ. 지체상금의 발생요건

1. 청구의 상대방

지체상금은 계약대상자가 정당한 이유 없이 계약상 의무, 즉 공사계약의 경우 계약서에 정한 준공기한 내에 공사를 완성하지 아니한 때 부과하는 것이므로 그 대상은 계약상대자가 된다. 다만, 국가계약법 시행령은 명시적으로 국가기관과 지방자치단체를 제외한다고 규정하고 있어(국가계약법 시행령 제74조 제1항), 계약상대자가 국가기관 및 지방자치단체인 경우에는 지체상금을 부과할 수 없다. 당초 계약상대자의 부도 등의 사유로 계약을 이행할 수 없어 연대보증인이나 보증기관이 선정한 보증시공자가 잔여 계약을 이행하는 과정에서 이행지체가 발생한 경우 연대보증인이나 보증기관 역시 지체상금 부과의 상대방이 된다.

2. 지체상금의 발생

가) 계약이행의 지체

이행지체는 계약상대자가 계약상 이행해야 할 의무를 약정기한 내에 이행하지 않는 것을 말한다. 공사계약의 경우 준공기한 내에 공사를 완성하지 아니한 때를, 물품구매계약의 경우 납품기한까지 소정의 물품을 납품하지 아니한 때를, 용역계약의 경우 납품기한까지 성과물을 납품하지 아니한 때를 의미한다.

나) 정부계약의 준공시기 및 준공검사기간의 포함 여부

일반적인 공사계약의 준공일은 사실상 공사를 완성한 때를 기준으로 하며, 예정공정표에 비추어 최후의 공정까지 완료하고 주요 구조부분을 약정대로 시공했다면 공사를 완성한 것으로 본다.[7] 하지만 공사계약일반조건 제25조는 '계약상대자는 계약서에 정한 준공기한(계약서상 준공신고서 제출기일을 말한다. 이하 같다) 내에 공사를 완성하지 아니한 때에는 매 지체일수마다 계약서에 정한 지체상금율을 계약금액(장기계속공사계약의 경우에는 연차별 계약금액)에 곱하여 산출한 금액(이하 "지체상금"이라 한다)을 현금으로 납부하여야 한다.'고 규정하고 있어 차이가 있다. 판례[8]는 "당사자 사이에 건축공사의 완공 후 부실공사와 하자보수를 둘러싼 분쟁이 일어날 소지가 많음이 예상됨에 따라 그러한 분쟁을 사전에 방지할 의도로 통상의 건축공사 도급계약과는 달리 도급인의 준공검사 통과를 대금지급의 요건으로 삼음과 동시에 하자보수 공사 후 다시 합격을 받을 때까지 지체상금까지 부담하게 함으로써 공사의 완전한 이행을 담보하기 위해 지체상금의 종기를 도급인의 준공검사 통과일로 정하였다고 볼 만한 특별한 사정이 있다면 그에 따라야 할 것이다."라고 하여 당사자 간 특약으로 준공시기에 대하여 별도의 약정을 할 수 있다는 입장이다. 행정해석[9]은, 계약상대자가 계약서상 준공기한 내에 준공신고서를 제출했다면 준공검사에 소요되는 기간은 지체상금 부과기간에 포함되지 않으나, 준공기한을 경과하여 준공검사를 신청했다면 그 검사에 소요되는 기간은 지체일수에 포함된다는 입장이다.

다) 계약이 중도에 해지된 경우

중도에 공사계약이 해지된 경우 지체상금 산정에 있어서 지체상금 발생시점을 어떻게 산정해야 되는지가 문제된다. 이에 대하여 판례[10]는 "수급인이 완공기한 내에 공사를 완성하지 못한 채 완공기한을 넘겨 도급계약이 해제된 경우에 있어서 그 지체상금 발생의 시기(시기)는 완공기한 다음날이고, 종기는 수급인이 공사를 중단하거나 기타 해제사유가 있어 도급인이 이를 해제할 수 있었을 때(현실로 도급계약을 해제한 때가 아님)를 기준으로 하여 도급인이 다른 업자에게 의뢰하여 같은 건물을 완공할 수 있었던 시점이다."라는 입장이다. 현실적으로 준공이 이루어 질 때까지 수급인의 책임이 무한하다고 볼 수 없고, 도급인 역시 신의칙상 자신의 손해가 확대되는 것을 방지할 의무가 있다.[11]

---

7) 대법원 1997. 10. 10. 선고 97다23150 판결.
8) 대법원 2010. 1. 14. 선고 2009다7212, 7229 판결.
9) 회계 41301−1240, 1997. 5. 16.
10) 대법원 1999. 10. 12. 선고 99다14846 판결.
11) 김성근, 앞의 책, 65면.

V. 지체상금이 발생하지 않는 경우

1. 정당한 이유가 존재한 경우

국가계약법 제26조 제1항은 '정당한 이유 없이 계약이행을 지체한'이라고 표현하고 있고, 시행령 제74조 제1항 후문도 "계약상대자의 책임 없는 사유로 계약이행이 지체되었다고 인정될 때에는 그 해당일수를 지체일수에 산입하지 아니한다." 고 규정하고 있다. 그렇다면 국가계약법에서 정당한 이유는 계약상대자에게 이행지체에 대한 고의 또는 과실이 없는 경우, 즉 책임이 없는 경우를 의미한다.12)

지체일수에 산입할 수 없는 사유들은 이른바 면제사유로서 채무자가 항변해야 할 성질의 것이므로, 발주기관은 계약이행의 지체사실만 입증하면 되고, 계약상대자가 지체일수에 산입할 수 없는 사유를 입증하여야 지체상금을 면제받는다고 보는 견해가 타당하다.13)

2. 불가항력

천재지변이나 이에 준하는 경제사정의 급격한 변동 등 불가항력으로 인하여 목적물의 준공이 지연된 경우에는 수급인은 지체상금을 지급할 의무가 없다. 여기서 불가항력이라 함은 태풍·홍수 기타 악천후, 전쟁 또는 사변, 지진, 화재, 전염병, 폭동 기타 계약상대자의 통제범위를 벗어난 사태의 발생 등으로 인하여 계약당사자 누구의 책임에도 속하지 아니하는 경우로서 대한민국 국내에서 발생하여 계약수행에 직접적인 영향을 미쳐야 한다(공사계약일반조건 제32조 제1항).

행정해석에 의하면, 하도급업체의 부도로 인한 관계자의 농성 및 폭우로 인하여 공사이행이 지연된 경우 계약상대자의 책임 없는 사유로 보고,14) 우천의 경우도 계약당사자의 통제범위를 초월하는 경우에는 계약당사자 누구의 책임에도 속하지 아니하는 불가항력 사유로 볼 수 있으나, 불가항력에 해당하는지 여부는 계약의 특성과 우천의 정도, 예측가능성 등을 종합적으로 검토하여 발주기관이 판단해야 하며,15) 원인불명의 화재가 발생하여 공사가 지연된 경우 일정한 요건하

---

12) 김성근, 앞의 책, 66면.
13) 강성용 외 5인, 국가계약의 주요 쟁점, 세창출판사, 2011, 188면.
14) 회계 45107-1924, 1995.10.12.
15) 회계제도과 - 1725, 2009.10.14.

에 불가항력 사유가 되어 지체상금을 부과할 수 없다고 한다.[16]

3. 발주기관의 무리한 공기단축 및 공사대금 미지급

도급인의 지위에 있는 발주기관이 당초의 입찰이나 계약체결 당시에 약정한 공사기간을 그 후 행정상의 이유로 "일방적으로, 수급인이 당초 전혀 예상하지 못했을 정도로 상당한 기간의 단축을 요구"하여 수급인으로 하여금 이에 부득이 응하게 한 경우, 소위 절대공기 이전에 공사를 완성하는 것은 현실적으로 불가능하다고 할 것이어서 약정한 기한 내에 공사를 완성하지 못했다 하더라도 절대공기까지 완성하지 못했다고 하여 그 기간에 대한 지체상금을 계약상대자에게 부과하는 것은 사회질서 위반으로 무효라 본 판례[17]가 있다. 단, 절대공기를 초과하여 공사를 완성한 경우 발주기관은 절대공기 다음날부터 계약상대자에게 지체상금을 부과할 수 있다.

발주기관이 약정대로 기성금을 지급하지 아니하여 계약상대자가 공사를 중단하였고, 그 결과 공사를 준공기한 내에 완성하지 못한 경우 지체상금을 부과해야 하는지 여부에 대하여, 법원은 일반적으로 건축공사도급계약에서 공사대급의 지급의무와 공사의 완공의무가 반드시 동시이행관계에 있는 것은 아니지만, 도급인이 계약상 의무를 부담하는 공사 기성부분에 대한 공사대금 지급의무를 지체하고 있고, 수급인이 공사를 완공하더라도 도급인이 공사대금의 지급채무를 이행하기 곤란한 현저한 사유가 있는 경우에는 수급인은 그러한 사유가 해소될 때까지 자신의 공사 완공의무를 거절할 수 있다는 취지의 판례[18]가 있다.

4. 계약이 해제·해지된 경우

공사계약이 계약상대자의 채무불이행으로 인하여 법정 해제·해지된 경우에도 지체상금 약정이 적용될 수 있는지가 문제되는바, 종래[19] 대법원은 이를 부정하는 입장에 있었으나 이후   대법원은 "지체상금 약정이 수급인이 약정한 기간 내에 공사를 완공하지 아니한 경우는 물론이고 수급인의 귀책사유로 인하여 이

---

16) 회계제도과 -1556, 2009. 9. 16.
17) 대법원 1997. 6. 24. 선고 97다2221 판결.
18) 대법원 2005. 11. 25. 선고 2003다60136 판결.
19) 대법원 1989. 9. 12. 선고 88다카15091, 15918 판결.

사건 도급계약이 해제되고 그에 따라 도급인인 원고가 수급인을 다시 선정하여 공사를 완공하느라 완공이 지체된 경우에도 적용된다."고 판시[20]하였다.

5. 현실적인 손해발생이 필요한지 여부

지체상금제도가 손해발생에 대한 입증책임을 완화하기 위하여 도입된 제도라는 점, 지체상금 약정이 계약이행을 강제하는 기능도 가지고 있다는 점 등을 고려하면 손해의 발생이 지체상금 청구의 요건사실이 아니라고 보는 것이 타당하다. 다만 손해가 발생하지 않았다거나 지체상금액에 미치지 못한다는 사정은 감액판단에 있어서 고려요소가 될 수 있다.

VI. 지체상금의 산정

1. 산정방식 및 지체상금률

계약상대자는 계약서에 정한 준공기한 내에 공사를 완성하지 아니한 때에는 매 지체일수마다 계약서에 정한 지체상금률을 계약금액(장기계속공사계약의 경우에는 연차별 계약금액)에 곱하여 산출한 금액, 즉 지체상금을 현금으로 납부하여야 한다(국가계약법 시행령 제74조 제1항). 계약금액은 당초 계약체결 시의 계약서상의 계약금액은 물론, 설계변경이나 물가변동으로 인하여 계약금액이 변경된 경우에는 변경된 계약금액을 말한다. 또한 기성부분 또는 기납부분에 대하여 검사를 거쳐 이를 인수한 경우에는 그 부분에 상당하는 금액을 계약금액에서 공제한 금액을 기준으로 지체상금을 계산하여야 한다.

지체상금률(국가계약법 시행규칙 제75조)은 공사 1000분의 1, 물품의 제조·구매 1000분의 15, 소프트웨어 사업 시 일괄 입찰 외 기타 1000분의 2.5, 물품의 수리·가공·대여·용역 및 기타 1000분의 2.5, 군용 음·식료품 제조·구매 1000분의 3, 운송·보관 및 양곡가공 1000분의 5이다.

2. 지체상금의 공제

정부계약법상 기성부분 또는 기납부분에 대하여 검사를 거쳐 이를 인수한 경

---

20) 대법원 2002. 9. 4. 선고 2001다1386 판결.

우(인수하지 아니하고 관리·사용하는 경우를 포함한다)에는 그 부분에 상당하는 금액을 계약금액에서 공제한 금액을 기준으로 지체상금을 계산하여야 하는데, 이 경우 기성부분 또는 기납부분의 인수는 성질상 분할할 수 있는 공사·물품 또는 용역 등에 대한 완성부분으로서 인수하는 것에 한한다(국가계약법 시행령 제74조 제1항).

3. 기산일

일반적으로 지체일수는 공사계약의 경우 준공기한 다음날부터 기산하여 실제로 공사를 완성한 때로 볼 것인데, 정부계약의 경우 발주기관은 계약상대자가 준공기한 내에 준공신고서를 제출한 때에는 준공검사에 필요한 기간은 지체일수에 산입하지 아니함으로써 명시적으로 준공검사에 소요된 기간을 지체일수에서 제외하고 있다. 즉, 공사계약에서 준공절차는 공사의 완성, 준공검사의 신청, 준공검사의 실시, 준공승인 등의 순서로 진행되는데, 정부계약은 공사의 완성 시점이나 준공승인 시점이 아니라, 준공신공서의 제출시점을 준공시점으로 보는 중간적인 입장에 있는 것이다. 그런데 준공신고 이후 준공검사절차에서 준공으로 보기 어려운 사실이 나타난 경우에는 준공신고서를 제출한 때를 준공으로 보기 어렵다. 따라서 계약상대자가 준공기한 이후에 시정조치를 한 때에는 시정조치를 한 날부터 최종 준공검사에 합격한 날까지의 기간을 지체일수에 산입한다. 결국 정부계약에서 지체상금 산정의 기준이 되는 준공시점은 준공신고서 제출 이후 시정조치가 없을 것을 조건으로 하는 준공신고서 제출시점이다(공사계약일반조건 제25조 제6항).[21]

4. 지체일수 산입 제한

발주기관은 불가항력의 사유에 의한 경우, 계약상대자가 대체 사용할 수 없는 중요 관급자재 등의 공급이 지연되어 공사의 진행이 불가능하였을 경우, 발주기관의 책임으로 착공이 지연되거나 시공이 중단되었을 경우, 계약상대자의 부도 등으로 보증기관이 보증이행업체를 지정하여 보증시공할 경우, 설계변경으로 인하여 준공기한 내에 계약을 이행할 수 없을 경우, 원자재의 수급 불균형으로 인

---

21) 김성근, 앞의 책, 81면 이하.

하여 해당 관급자재의 조달지연 또는 사급자재의 구입곤란 등 기타 계약상대자의 책임에 속하지 아니하는 사유로 인하여 지체된 경우로 공사가 지체되었다고 인정할 때에는 그 해당일수를 지체일수에 산입하지 아니한다(공사계약일반조건 제25조 제3항).

5. 계약기간의 연장

가) 의의

계약상대자는 지체일수에 산입할 수 없는 사유가 계약기간 내에 발생한 경우에는 계약기간 종료 전에 지체 없이 수정공정표를 첨부하여 계약담당자와 공사감독관에게 서면으로 계약기간의 연장신청과 계약금액 조정신청을 함께 하여야 한다(공사계약일반조건 제26조 제1항).

나) 연장요건

계약기간 연장사유는 지체일수에 산입할 수 없는 사유와 거의 동일하다. 발주기관이 지체상금을 청구할 수 없다면 계약상대자에게 계약기간을 연장해 줄 의무가 있다고 볼 것이기 때문이다. 또한 위와 같은 사유는 계약기간 내에 발생해야 하므로 계약기간이 종료된 이후에 발생된 경우에는 계약기간의 연장을 신청할 수 없다. 계약기간 종료 전에 신청해야 하므로 계약기간이 종료한 이후에 계약기간의 연장을 신청하면 절차적 요건을 구비하지 못한 것으로 볼 것이다.

다) 계약금액 조정신청 및 계약금액의 조정

연장사유가 계약기간 내에 발생하여 계약기간 경과 후 종료된 경우 그 사유가 종료된 후 즉시 계약기간의 연장신청과 계약금액 조정신청을 함께 하여야 한다. 연장사유가 계약기간 내에 발생한 이상 계약기간 경과 이후에 종료되었다고 하더라도 계약기간 연장신청을 허용하지 않는 것은 부당하기 때문이다. 계약담당자는 위 계약기간 연장신청이 접수된 때에는 즉시 그 사실을 조사·확인하고 공사가 적절히 이행될 수 있도록 계약기간의 연장 등 필요한 조치를 하여야 하며, 연장청구를 승인하였을 경우 그 연장기간에 대하여는 지체상금을 부과하여서는 아니 된다(공사계약일반조건 제26조 제2항, 제3항).

위와 같이 계약기간을 연장한 경우에는 그 변경된 내용에 따라 실비를 초과하지 아니하는 범위 안에서 계약금액을 조정한다. 계약기간이 연장된 이상 직접공사비에는 변경이 없다 할지라도 연장된 공사기간 동안 현장관리 등에 따른 간접비는 증가는 명백하기 때문이다.

6. 지체상금의 감액

가) 의의

지체상금을 손해배상액의 예정으로 보는 이상 법원은 지체상금이 과다한 경우 민법 제398조 제2항에 의하여 이를 감액할 수 있다. 물론 특별한 약정에 의하여 지체상금이 위약벌로 해석될 경우에는 과다하더라도 감액할 수 없다. 즉, 위약벌의 약정은 채무의 이행을 확보하기 위해서 정해지는 것으로 손해배상액의 예정과는 그 내용이 다르므로 손해배상액의 예정에 관한 민법 제398조 제2항을 유추 적용하여 그 액을 감액할 수는 없으며, 다만 그 의무의 강제에 의하여 얻어지는 채권자의 이익에 비하여 약정된 벌이 과도하게 무거울 때에는 그 일부 또는 전부가 공서양속에 반하여 무효로 되는 것에 불과하다.[22]

나) 감액의 고려요소 및 판단시기

대법원[23]은 "손해배상 예정액이 부당하게 과다한 경우에 법원은 당사자의 주장이 없더라도 직권으로 이를 감액할 수 있으며, 손해배상액의 예정이 부당하게 과다한지의 여부는 계약당사자의 지위, 계약의 목적과 내용, 손해배상액을 예정한 동기, 실제의 손해와 그 예정액의 대비, 그 당시의 거래관행 및 경제상태 등 제반 사정을 참작하여 일반사회인이 납득할 수 있는 범위를 넘는지의 여부에 따라 결정하여야 한다."고 보고 있다.

위 규정의 적용에 따라 손해배상액의 예정액이 부당하게 과다한지 및 그에 대한 적당한 감액의 범위를 판단하는 데 있어서는 법원이 구체적으로 그 판단을 하는 때, 즉 사실심의 변론종결 당시를 기준으로 하여 그 사이에 발생한 위와 같은 모든 사정을 종합적으로 고려하여야 한다.[24]

---

22) 대법원 2002. 4. 23. 선고 2000다56976 판결.
23) 대법원 1995. 12. 12. 선고 95다28526 판결.

다) 감액의 방법 및 효과

지체상금을 계약 총액에서 지체상금률을 곱하여 산출하기로 정한 경우, 민법 제398조 제2항에 의하면, 손해배상액의 예정액이 부당히 과다한 경우에는 법원은 적당히 감액할 수 있다고 규정되어 있고 여기에서 손해배상액의 예정액이란 문언상 그 예정한 손해배상액의 총액을 의미한다고 해석되므로, 손해배상의 예정에 해당하는 지체상금의 과다 여부는 지체상금 총액을 기준으로 하여 판단하여야 한다.[25] 즉, 지체상금률을 기준으로 하는 것이 아니므로 지체상금률이 0.3~0.5%가 된다고 하더라도 지체상금 총액이 과다한 것으로 인정되지 아니할 경우에는 감액되지 않을 수 있다.[26] 법원이 손해배상액의 예정액이 부당히 과다하다고 하여 감액을 한 경우에는 손해배상액의 예정에 관한 약정 중 감액 부분에 해당하는 부분은 처음부터 무효가 된다.

7. 지체상금과 계약보증금

정부계약에서는 계약상대자가 계약을 이행하지 않는 경우를 대비하여 두 가지를 준비하고 있다. 지체상금과 계약보증금이 그것이다. 우리 법원은 두 제도 모두 손해배상액의 예정으로 보고 있다. 이 두 조건이 모두 충족된 경우에 발주기관은 두 제도 모두를 활용할 수 있을까 하는 의문이 들 수 있다.

예를 들어 공사계약일반조건 제25조에서는 지체상금에 관해서 다음과 같이 규정하고 있다.

> 제25조(지체상금) ① 계약상대자는 계약서에 정한 준공기한(계약서상 준공신고서 제출기일을 말한다. 이하 같다)내에 공사를 완성하지 아니한 때에는 매 지체일수마다 계약서에 정한 지체상금율을 계약금액(장기계속공사계약의 경우에는 연차별 계약금액)에 곱하여 산출한 금액(이하 "지체상금"이라 한다)을 현금으로 납부하여야 한다.

---

24) 대법원 2002. 12. 24. 선고 2000다54536 판결.
25) 대법원 1996. 4. 26. 선고 95다11436 판결.
26) 김성근, 앞의 책, 93면.

또한, 제44조에서는 계약상대자의 책임 있는 사유로 인한 계약의 해제 및 해지에 관해서 규정하면서 제1항 제3호에서,

> 3. 제25조제1항에 의한 지체상금이 시행령 제50조제1항에 의한 해당 계약
> (장기계속공사계약인 경우에는 차수별 계약)의 계약보증금상당액에 달한 경우

에 계약의 해지 가능성을 열어 두고 있다. 이러한 경우 지체상금이 계약보증금 상당액에 이른 경우에는 계약의 이행을 보증할 수 없기 때문이다. 이러한 지체상금이 계약보증금의 보증대상에 포함된 것이라고 보아 이를 이중으로 청구하지 않는 것이 적절하다고 판단된다. 계약보증금의 몰취로 발주기관의 손해가 보전되었다고 할 수 있기 때문이다. 그렇다고 하더라도 하도급계약에서 하수급인의 귀책사유로 계약이 해제 또는 해지되면 그가 지급한 계약보증금을 하도급인에게 귀속시키고 또한 하도급인의 손해액이 계약보증금을 초과하는 때에는 하도급인이 하수급인에게 그 초과분의 손해배상을 청구할 수 있도록 약정한 경우에는,[27]

> 하도급계약을 체결하면서 하수급인이 하도급인에게 계약금액의 10%에 해당하는 계약보증금을 납부하고, 하수급인이 정당한 이유 없이 약정한 착공기일을 경과하고도 공사에 착수하지 아니하거나 그 귀책사유로 실공사기간(실공사기간) 내에 실공사(실공사)를 완성할 수 없음이 명백히 인정될 때 및 하수급인의 계약조건 위반으로 계약의 목적을 달성할 수 없다고 인정될 때에는 하도급인이 계약의 전부 또는 일부를 해제 또는 해지할 수 있고, 이러한 경우에 계약보증금은 하도급인에게 귀속하고, 수급인의 귀책사유로 인하여 도급인이 계약을 해제, 해지함에 따라 발생한 손해액이 계약보증금을 초과하는 경우에는 그 초과분에 대한 손해의 배상을 청구할 수 있으며, 그 손해액이 계약보증금의 상당액에 달할 때에는 도급인에게 계약보증금을 귀속시킬 수 있다는 내용의 약정을 한 경우, 위와 같은 내용의 계약보증금에 관한 약정을 한 목적은 하수급인에게 심리적인 압박을 가하여 간접적으로 채무이행을 강제하는 것 외에, 하수급인의 계약불이행으로 인하여 도급계약 관계를 청산하게 될 때를 대비하여 하수급인이 하도급인에게 배상하여야 할 최소한의 손해액을 계약보증금액으로 예정하여 하도급인으로 하여금 손

---

27) 대법원 1999. 8. 20. 선고 98다28886 판결.

해 발생 및 그 수액을 증명하지 않고서 위 계약보증금을 자신에게 귀속시킬 수 있도록 하는 한편, 만약 하도급인이 손해액이 계약보증금을 초과하는 것을 증명하여 이를 청구한 경우에는 그 손해배상액의 일부에 충당하기 위하여 계약 체결시에 계약보증금을 미리 하도급인에게 교부하게 한 데 있다고 볼 수 있으므로, 그 계약보증금은 손해배상의 예정으로서의 성질을 가지되, 다만 하수급인이 배상할 손해액이 이를 초과하는 경우에는 단순한 손해담보로서의 성질을 갖는다.

라고 판시하여 계약보증금의 몰취 외에도 지체상금도 청구할 수 있다고 판단하고 있다.

8. 손해배상청구 여부

공사계약에 있어서 완공 지체가 아니라 공사를 부실하게 하여 손해가 발생한 경우에 지체상금으로 처리하여야 할지 여부에 관하여,

공사도급계약을 체결하면서 건설교통부 고시 '민간건설공사 표준도급계약 일반조건'을 계약의 일부로 편입하기로 합의하였고, 위 일반조건에서 지체상금에 관한 규정과 별도로 계약의 해제·해지로 인한 손해배상청구에 관한 규정을 두고 있는 경우, 채무불이행에 관한 손해배상액의 예정은 당사자의 합의로 행하여지는 것으로서, 그 내용이 어떠한가, 특히 어떠한 유형의 채무불이행에 관한 손해배상을 예정한 것인가는 무엇보다도 당해 약정의 해석에 의하여 정하여지는바, 위 일반조건의 지체상금약정은 수급인이 공사 완성의 기한 내에 공사를 완성하지 못한 경우에 완공의 지체로 인한 손해배상책임에 관하여 손해배상액을 예정하였다고 해석할 것이고, 수급인이 완공의 지체가 아니라 그 공사를 부실하게 한 것과 같은 불완전급부 등으로 인하여 발생한 손해는 그것이 그 부실공사 등과 상당인과관계가 있는 완공의 지체로 인하여 발생한 것이 아닌 한 위 지체상금약정에 의하여 처리되지 아니하고 도급인은 위 일반조건의 손해배상약정에 기하여 별도로 그 배상을 청구할 수 있다. 이 경우 손해배상의 범위는 민법 제393조 등과 같은 그 범위획정에 관한 일반법리에 의하여 정하여지고, 그것이 위 지체상금약정에 기하여 산정되는 지체상금액에 제한되어 이를 넘지 못한다고 볼 것이 아니다.[28]

지체상금이 아니라, 일반손해에 관한 약정을 맺었다면 그에 따를 수 있다고
판시하고 있다.

---

28) 대법원 2010. 1. 28. 선고 2009다41137, 41144 판결.

제20강

대가지급

제20강

대가지급

Ⅰ. 의의

발주기관은 공사계약 등 정부계약을 시행한 경우에 검사 또는 검사조서를 작성한 후 그 대가를 지급하여야 한다.

> 제15조(대가의 지급) ① 각 중앙관서의 장 또는 계약담당공무원은 공사, 제조, 구매, 용역, 그 밖에 국고의 부담이 되는 계약의 경우 검사를 하거나 검사조서를 작성한 후에 그 대가(代價)를 지급하여야 한다. 다만, 국제관례 등 부득이한 사유가 있다고 인정되는 경우에는 그러하지 아니하다.
> ③ 동일한 계약에서 제2항에 따른 이자와 제26조에 따른 지체상금은 상계(相計)할 수 있다.

그리고 발주기관이 재산을 매각한 경우에는,

> 제16조(대가의 선납) 각 중앙관서의 장 또는 계약담당공무원은 재산의 매각 ·

> 대부, 용역의 제공, 그 밖에 세입의 원인이 되는 계약에서는 다른 법령에 특
> 별한 규정이 없으면 계약상대자에게 그 대가를 미리 내도록 하여야 한다.

라고 규정하고 있다.

공사계약인 경우에는 준공에 따른 대가를 지급하여야 한다. 계약상대자는 공사를 완성한 후 제27조에 의한 검사에 합격한 때에는 대가지급청구서(하수급인, 자재·장비업자 및 하수급인의 자재·장비업자에 대한 대금지급계획을 첨부하여야 한다)를 제출하는 등 정해진 절차에 따라 대가지급을 청구할 수 있다. 계약담당공무원은 계약상대자의 청구를 받은 때에는 그 청구를 받은 날로부터 5일(공휴일 및 토요일은 제외한다. 이하 이조에서 같다) 이내에 그 대가를 지급하여야 하며, 같은 대가지급기한에도 불구하고 자금사정 등 불가피한 사유가 없는 한 최대한 신속히 대가를 지급하여야 한다. 다만, 계약당사자와의 합의에 의하여 5일을 초과하지 아니하는 범위 안에서 대가의 지급기간을 연장할 수 있는 특약을 정할 수 있다(공사계약일반조건 제40조 제1항, 제2항).

공사의 완성 여부는 기본적으로 공사공정예정표에 의하여 판단한다. 준공대가의 지급은 청구를 받은 날로부터 5일 이내에 하여야 한다. 그리고 목적물에 하자가 있는 경우에 도급인이 하자의 보수에 갈음하여 손해배상을 청구한 경우에 완성된 목적물에 하자가 있어 도급인이 하자의 보수에 갈음하여 손해배상을 청구한 경우에, 도급인은 수급인이 그 손해배상청구에 관하여 채무이행을 제공할 때까지 그 손해배상액에 상응하는 보수액에 관하여만 자기의 채무이행을 거절할 수 있을 뿐이고 그 나머지 보수액은 지급을 거절할 수 없다고 할 것이므로, 도급인의 손해배상 채권과 동시이행관계에 있는 수급인의 공사대금 채권은 공사잔대금 채권 중 위 손해배상 채권액과 동액의 채권에 한하고, 그 나머지 공사잔대금 채권은 위 손해배상 채권과 동시이행관계에 있다고 할 수 없다.[1] 따라서 발주기관은 계약상대자가 준공대가를 청구한 경우에 하자가 있다면 하자보수에 갈음하는 손해배상채권 상당액에 관해서는 동시이행의 항변을 할 수 있다. 동시이행항변의 범위는 하자보수액 상당이다.

---

[1] 대법원 1996. 6. 11. 선고 95다12798 판결.

Ⅱ. 대가지급 지연이자

제15조 제2항에서는 대가지급에 따른 지연이자 지급에 관한 규정을 두고 있다.

> 제1항에 따른 대가는 계약상대자로부터 대가 지급의 청구를 받은 날부터 대통령령으로 정하는 기한까지 지급하여야 하며, 그 기한까지 대가를 지급할 수 없는 경우에는 대통령령으로 정하는 바에 따라 그 지연일수(遲延日數)에 따른 이자를 지급하여야 한다.

그리고 이와 관련하여 시행령 제59조에서는,

> 제59조(대가지급지연에 대한 이자) 법 제15조제2항의 규정에 의하여 각 중앙관서의 장 또는 계약담당공무원이 대금지급청구를 받은 경우에 제58조의 규정에 의한 대가지급기한(국고채무부담행위에 의한 계약의 경우에는 다음 회계연도 개시후 「국가재정법」에 의하여 당해 예산이 배정된 날부터 20일)까지 대가를 지급하지 못하는 경우에는 지급기한의 다음날부터 지급하는 날까지의 일수(이하 "대가지급지연일수"라 한다)에 당해 미지급금액 및 지연발생 시점의 금융기관 대출평균금리(한국은행 통계월보상의 대출평균금리를 말한다)를 곱하여 산출한 금액을 이자로 지급하여야 한다.

라고 규정하고 있다. 이는 정부계약도 기본적으로 유상, 쌍무계약이기 때문에 발주기관과 계약상대자에게 서로 균형 있는 제도가 필요하다. 그리고 은행의 일반자금 대출 시 적용되는 연체이자율에 의한 지연손해금의 지급을 규정한 공사계약일반조건 제21조 제1항, 제2항, 제21조의2 제1항 등의 규정은, 공사계약일반조건의 전체적인 규정내용과 위 지연손해금 지급규정의 취지를 고려할 때, 공사가 완성되어 목적물이 인도되었음에도 피고가 지급하기로 확정된 기성대가나 준공대가의 지급을 지체할 경우 특히 고율의 지연손해금을 지급한다는 취지에 지나지 아니하고, 원고가 피고와의 사이에 처음에 약정한 계약상의 공사대금 이외에 그 지급의무의 존부 자체가 불명확하여 다툼이 있는 사안에서는 추가비용에 대하여서까지도 일률적으로 적용한다는 취지는 아니다.[2]

Ⅲ. 소멸시효

국가계약법에는 소멸시효에 관한 규정을 두지 않아 소멸시효기간이 명확하지 않는 면이 있다. 이에 관하여 국가재정법 제96조에서는,

제96조(금전채권·채무의 소멸시효) ① 금전의 급부를 목적으로 하는 국가의 권리로서 시효에 관하여 다른 법률에 규정이 없는 것은 5년 동안 행사하지 아니하면 시효로 인하여 소멸한다.
② 국가에 대한 권리로서 금전의 급부를 목적으로 하는 것도 또한 제1항과 같다.
③ 금전의 급부를 목적으로 하는 국가의 권리에 있어서는 소멸시효의 중단·정지 그 밖의 사항에 관하여 다른 법률의 규정이 없는 때에는 「민법」의 규정을 적용한다. 국가에 대한 권리로서 금전의 급부를 목적으로 하는 것도 또한 같다.
④ 법령의 규정에 따라 국가가 행하는 납입의 고지는 시효중단의 효력이 있다.

라고 규정하여 국가가 가지고 있는 채권과 채무에 관한 기본적인 소멸시효기간을 5년이라고 밝히고 있다.

그런데 민법 제163조에는 다음과 같이 규정하고 있다.

제163조(3년의 단기소멸시효) 다음 각호의 채권은 3년간 행사하지 아니하면 소멸시효가 완성한다.
3. 도급받은 자, 기사 기타 공사의 설계 또는 감독에 종사하는 자의 공사에 관한 채권

민법 제163조에는 공사대금의 경우 3년의 소멸시효라고 규정하고 있어 민법의 규정과 국가재정법의 규정이 서로 충돌하는 것처럼 보일 수 있다. 그런데 국가재정법이 국가채권, 채무와 관련해서는 특별법에 해당되고, 국가재정법이 민법에 우선하여 적용되도록 하고 있는 것을 보면 5년이 타당하다. 다만, 공공기관과

---

2) 대법원 2009. 11. 12. 선고 2008다41451 판결.

지방공기업의 경우에는 3년의 소멸시효에 걸린다고 보아야 한다.

또한, 국가채무를 5년의 단기시효로 규정한 것이 위헌인지 여부에 관하여 헌법재판소[3]는,

> 국가채무에 대하여 단기소멸시효를 두는 것은 국가의 채권, 채무관계를 조기에 확정하고 예산 수립의 불안정성을 제거하여 국가재정을 합리적으로 운용하기 위한 것으로서 그 입법목적은 정당하며, 국가의 채무는 법률에 의하여 엄격하게 관리되므로 채무이행에 대한 신용도가 매우 높아 채무의 상환이 보장되고 채권자는 안정적인 지위에 있는데 반해 채무자인 국가는 기한에 채권자의 청구가 있으리라는 예상을 하여 이를 예산에 반영하여야 하므로 법률상태가 조속히 확정되지 않음으로써 받는 불안정성이 상당하고 특히 불법행위로 인한 손해배상이나 구상금 채권과 같이 우연한 사고로 말미암아 발생하는 채권의 경우 그 발생을 예상하기 어려우므로 불안정성이 매우 크다. 게다가 국가에 대한 채권의 경우 민법상 단기시효기간이 적용되는 채권과 같이 일상적으로 빈번하게 발생하는 것이라 할 수 없고 일반사항에 관한 예산·회계관련 기록물들의 보존기간이 5년으로 되어 있는 점에 비추어 이 사건 법률조항에서 정한 5년의 단기시효기간이 채권자의 재산권을 본질적으로 침해할 정도로 지나치게 짧고 불합리하다고 볼 수 없다.

라고 결정하여 헌법에 위배되지 않는다고 판시하였다.

그리고 본계약에 부수된 채권의 소멸시효에 관한 사안인 원고가 피고로부터 하도급받은 공사를 시행하던 도중에 폭우로 인하여 침수된 지하 공사장과 붕괴된 토류벽을 복구하는 데 필요한 복구공사대금채권을 약정금으로 청구한 데 대해서, 민법 제163조 제3호는 3년의 단기소멸시효에 걸리는 채권으로서 "도급을 받은 자의 공사에 관한 채권"을 들고 있는바, 여기에서 "채권"이라 함은 도급받은 공사의 공사대금채권뿐만 아니라 그 공사에 부수되는 채권도 포함하는 것이라고 할 것이고, 또한 당사자가 공사에 관한 채권을 약정에 기한 채권이라고 주장한다고 하더라도 그 채권의 성질이 변경되지 아니한 이상 단기소멸시효에 관한 민법 제163조 제3호의 적용을 배제할 수는 없다.[4]

---

3) 헌법재판소 2001. 4. 26. 선고 99헌바37 전원재판부 [합헌] 예산회계법 제96조 위헌소원.
4) 대법원 1994. 10. 14. 선고 94다17185 판결; 대법원 2010. 11. 25. 선고 2010다56685 판결; 대법원 2009. 11. 12. 선고 2008다41451 판결.

또한, 개별 홍수피해 복구공사비 청구채권에 대한 소멸시효의 기산점과 관련해서는

원고는 위 제1차 홍수피해의 복구공사를 1995. 7. 29.경에, 위 제3차 홍수피해의 복구공사를 1995. 9. 16.경에 완료하였음을 알 수 있는바, 그에 관련하여 원고가 피고에 대하여 가지는 복구공사비 청구채권은 이 사건 공사도급계약에 부수되는 채권이고, 그 채권의 행사에 법률상의 장애가 있었다고는 보이지 아니하므로 그 복구공사가 완료한 때부터 그 채권을 행사할 수 있었다고 할 것이고, 소멸시효 또한 그 때부터 진행한다고 할 것이다.

그럼에도 불구하고 원심은 이와 달리, 위 각 홍수피해 복구공사비 청구채권에 대한 소멸시효의 기산점을 그 각 복구공사가 완료된 시점이 아니라 이 사건 도급공사가 모두 완료된 다음날인 1999. 1. 1.이라고 보아 그 소멸시효가 완성되지 아니하였다고 판단하고 말았으니, 원심판결에는 소멸시효의 기산점에 관한 법리를 오해하여 판결에 영향을 미친 위법이 있다.

라고 한 사안[5]도 있다. 그리고 계속적 물품공급계약에 대해서는,

계속적 물품공급계약에 기하여 발생한 외상대금채권은 특별한 사정이 없는 한 개별 거래로 인한 각 외상대금채권이 발생한 때로부터 개별적으로 소멸시효가 진행하는 것이지 거래종료일부터 외상대금채권 총액에 대하여 한꺼번에 소멸시효가 기산한다고 할 수 없는 것이고,[6] 각 개별 거래시마다 서로 기왕의 미변제 외상대금에 대하여 확인하거나 확인된 대금의 일부를 변제하는 등의 행위가 없었다면, 새로이 동종 물품을 주문하고 공급받았다는 사실만으로는 기왕의 미변제 채무를 승인한 것으로 볼 수 없다.[7]

라고 판시[8]하고 있다.

---

5) 대법원 2009. 11. 12. 선고 2008다41451 판결.
6) 대법원 1978. 3. 28. 선고 77다2463 판결; 대법원 1992. 1. 21. 선고 91다10152 판결 등 참조.
7) 대법원 2005. 2. 17. 선고 2004다59959 판결 등 참조.
8) 대법원 2007. 1. 25. 선고 2006다68940 판결.

제21강

채권양도

제21강

채권양도

Ⅰ. 의의

채권양도는 채권을 그 동일성을 유지하면서 이전하는 계약을 말한다.[1] 채권 양도는 양도인과 양수인 사이에 합의에 의하여 발생하는 것이므로 채무자의 의 사는 그렇게 중요하지 않다. 그리고 민법 제449조 제2항에 의하면 지명채권은 채무자의 의사에 반하여 양도될 수 있다. 지명채권 양도의 경우에는 양도인과 양 수인의 합의에 의해서만, 증권적 채권의 경우에는 합의에 의하는 외에 배서, 교 부 등이 있어야 한다.

국가계약에 있어서도 기본적으로 법령에서 채권양도가 금지되지 않으므로 채 권양도가 가능하다. 국가계약은 기본적으로 사법상의 계약으로 파악하고 있기 때 문에 사적 자치의 원칙에 따라 채권양도는 채권의 성격에 반하지 않는 한 허용된 다. 국가계약법상의 채권 역시 사법상의 채권이므로 민법상의 채권양도에 관한 조항이 적용된다(민법 제449조부터 제452조까지).

그러나 정부계약의 공공적인 성격 내지 이행확보를 위하여 채권양도를 무한

---

[1] 곽윤직, 채권총론(제6판), 박영사, 2002, 205면.

정 허용하는 것은 타당하지 않기 때문에, 공사계약일반조건 제6조에서는 채권양도와 관련하여 특약을 정할 수 있도록 하고 있다.

> 제6조(채권양도) ① 계약상대자는 이 계약에 의하여 발생한 채권(공사대금 청구권)을 제3자(공동수급체 구성원 포함)에게 양도할 수 있다.
> ② 계약담당공무원은 제1항에 의한 채권양도와 관련하여 적정한 공사이행목적 등 필요한 경우에는 채권양도를 제한하는 특약을 정하여 운용할 수 있다.

채권양도금지특약에 반하여 채권양도가 이루어진 경우, 그 양수인이 양도금지특약이 있음을 알았거나 중대한 과실로 알지 못하였던 경우에는 채권양도는 효력이 없게 되고, 반대로 양수인이 중대한 과실 없이 양도금지특약의 존재를 알지 못하였다면 채권양도는 유효하게 되어 채무자로서는 양수인에게 양도금지특약을 가지고 그 채무이행을 거절할 수 없게 되어 양수인의 선의, 악의 등에 따라 양수채권의 채권자가 결정되는바, 이와 같이 양도금지의 특약이 붙은 채권이 양도된 경우에 양수인의 악의 또는 중과실에 관한 입증책임은 채무자가 부담하지만, 그러한 경우에도 채무자로서는 양수인의 선의 등의 여부를 알 수 없어 과연 채권이 적법하게 양도된 것인지에 관하여 의문이 제기될 여지가 충분히 있으므로 특별한 사정이 없는 한 민법 제487조 후단의 채권자 불확지를 원인으로 하여 변제공탁을 할 수 있다.[2]

Ⅱ. 요건

1. 민법상의 요건

계약상대자가 발주기관에 대한 공사대금채권을 양도하려면 기본적으로 양도인인 계약상대자가 채무자인 발주기관에게 채권양도를 통지하거나, 발주기관으로부터 채권양도에 관한 승낙을 받아야 한다. 그리고 이러한 통지나 승낙은 확정일자 있는 증서에 의하여야만 제3자에게 대항할 수 있다. 여기서 확정일자 있는 증서의 의미에 관해서는,[3]

지명채권의 양도는 이를 채무자에게 통지하거나 채무자의 승낙이 없으면

---

2) 대법원 2000. 12. 22. 선고 2000다55904 판결.
3) 대법원 2010. 5. 13. 선고 2010다8310 판결.

채무자 기타 제3자에 대항하지 못하고, 이 통지와 승낙은 확정일자 있는 증서에 의하지 아니하면 채무자 이외의 제3자에게 대항할 수 없다(민법 제450조). 여기서 '확정일자'란 증서에 대하여 그 작성한 일자에 관한 완전한 증거가 될 수 있는 것으로 법률상 인정되는 일자를 말하며 당사자가 나중에 변경하는 것이 불가능한 확정된 일자를 가리키고, '확정일자 있는 증서'란 위와 같은 일자가 있는 증서로서 민법 부칙(1958. 2. 22.) 제3조에 정한 증서를 말하며, 지명채권의 양도통지가 확정일자 없는 증서에 의하여 이루어짐으로써 제3자에 대한 대항력을 갖추지 못하였으나 그 후 그 증서에 확정일자를 얻은 경우에는 그 일자 이후에는 제3자에 대한 대항력을 취득한다.

라고 판시하고 있고, 양도통지가 확정일자 없는 증서에 의하여 이루어짐으로써 제3자에 대한 대항력을 갖추지 못하였더라도 확정일자 없는 증서에 의한 양도통지나 승낙 후에 그 증서에 확정일자를 얻은 경우 그 일자 이후에는 제3자에 대한 대항력을 취득하는 것인바, 확정일자 제도의 취지에 비추어 볼 때 원본이 아닌 사본에 확정일자를 갖추었다 하더라도 대항력의 판단에 있어서는 아무런 차이가 없다.[4]

갑이 한국토지공사와 분양계약을 체결한 을에게 분양중도금을 대출하면서 대출금채권의 담보를 위하여 장차 분양계약이 해제되는 경우 을이 한국토지공사에게서 돌려받게 될 분양대금반환채권 중 일부를 을한테서 양수하는 내용의 채권양도계약을 체결하였고, 분양대금반환채권의 채무자인 한국토지공사 지사장이 위 채권양도계약으로 양도된 채권 중 일부에 관하여 채권양도를 승낙하는 취지의 승낙서를 작성하였는데, 승낙서의 승낙일자란에 연월의 기재만 있고 구체적인 날짜는 공란인 채 "2004년 8월 일"로 기재되어 있는 사안에서, 한국토지공사 지사장의 명의로 작성한 위 승낙서에 기재된 승낙일자는 민법 부칙(1958. 2. 22.) 제3조 제4항에서 정한 '공정증서에 기입한 일자 또는 공무소에서 사문서에 어느 사항을 증명하고 기입한 일자'에 해당하므로 이를 확정일자로 보아야 하고, 구체적인 날짜가 공란이라 하더라도 당사자가 그 일자를 당해 연월 이전으로 임의로 소급시키는 것이 원칙적으로 불가능하므로 그와 같은 승낙일자의 기재만으로도 채무자 등의 통모에 의한 승낙일자 소급을 방지하고자 하는 취지를 상당 부분 달성할 수

---

4) 대법원 2006. 9. 14. 선고 2005다45537 판결.

있는 점, 한국토지공사의 문서작성대장에 의하여 구체적인 날짜를 특정할 수 있는 경우에는 통상의 확정일자 일반과 마찬가지로 취급할 수 있는 점, 구체적인 날짜를 특정할 수 없는 경우에도 늦어도 당해 연월의 말일에는 확정일자가 구비된 것으로 볼 수 있어 법률관계가 불확실해질 우려는 없는 점 등의 사정을 종합하면, 위 승낙일자는 확정일자로서 효력이 있다고 보아야 하므로, 위 승낙서는 민법 제450조 제2항에서 정한 '확정일자 있는 증서'에 해당한다.5)

그리고 채권양도의 사전통지가 허용되는지 문제된 사안과 채권양도인의 확정일자부 채권양도통지와 채무자의 확정일자부 채권양도승낙이 모두 있은 후에 채권양도계약이 체결된 사안에서 대법원은,6)

채권양도가 있기 전에 미리 하는 채권양도통지는 채무자로 하여금 양도의 시기를 확정할 수 없는 불안한 상태에 있게 하는 결과가 되어 원칙으로 허용될 수 없다 할 것이지만 이는 채무자를 보호하기 위하여 요구되는 것이므로 사전통지가 있더라도 채무자에게 법적으로 아무런 불안정한 상황이 발생하지 않는 경우에까지 그 효력을 부인할 것은 아니라 할 것이다.

원심은 채택 증거를 종합하여 그 판시와 같은 사실을 인정한 다음, 채권양도인인 (주)삼영기공의 2003. 4. 22.자 확정일자부 채권양도통지와 채무자인 롯데건설(주)의 2003. 4. 22.자 확정일자부 채권양도승낙이 모두 있었고 그 직후인 2003. 5. 6. (주)삼영기공이 피고에게 이 사건 공사대금채권을 양도하였으므로, 채무자인 롯데건설(주)로 하여금 양도의 시기를 확정할 수 없는 불안한 상태에 있게 하는 결과가 발생할 우려가 없었고, 따라서 실제로 채권양도계약이 체결된 2003. 5. 6. 이 사건 공사대금채권 양도의 제3자에 대한 대항력이 발생하였다.

라고 판단하였다.

2. 정부계약법령상의 요건

예를 들면 공사계약특수조건 제20조에서,

---

5) 대법원 2011. 7. 14. 선고 2009다49469 판결.
6) 대법원 2010. 2. 11. 선고 2009다90740 판결.

제20조(채권양도) 계약상대자는 이 계약에 의하여 발생한 채권(공사대금청구
권)을 제3자에게 양도하고자 하는 경우에는 미리 연대보증인 또는 공사이행
보증서 발급기관의 동의를 얻어 계약담당공무원의 서면승인을 받아야 한다.

라고 규정하고 있으므로 연대보증인 또는 공사이행보증서 발급기관의 동의를
얻어 계약담당공무원의 서면승인을 받아야 한다. 그런데 대법원[7]은,

공사도급계약에서 "이 계약으로부터 발생하는 권리 또는 의무는 제3자에
게 양도하거나 승계할 수 없다. 다만, 상대방의 서면승낙과 보증인의 동의
를 얻었을 때에는 그러하지 아니하다."고 규정하고 있다 할지라도, 원칙적
으로 의무의 승계에 있어서는 의무이행자가 누구인가 하는 것이 보증에 있
어서 중대한 요소이므로 보증인의 동의를 요한다고 봄이 상당할 것이나, 권
리의 양도로 인하여 보증인에게 어떠한 책임이 가중되거나 하는 일은 없으
므로, 권리의 양도에 보증인의 동의를 요한다고 보기는 어렵다 할 것이어
서, 도급인과 수급인이 수급인의 기성금청구채권을 하수급인들에게 양도함
에 있어 위 도급계약조항에 의하여 수급인의 보증인의 동의를 요한다고 할
수는 없다.

라고 판시하였고,

하도급인 을이, 도급인 갑이 을에게 지급할 의무가 있는 공사대금 중 일
부를 하수급인 병에게 직접 지급하는 것에 동의한다는 내용의 '하도급대금
직불동의서'를 작성하여 병에게 교부하고 병이 이를 갑에게 내용증명우편으
로 발송하여 갑이 수령한 사안에서, 그 서면에 "갑 귀하"라고 기재된 것은
적어도 일차적으로는 '하도급거래의 공정화에 관한 법률' 제14조 제1항 제2
호에 정한 하도급대금 직접 지급의 요건을 갖추기 위하여 서면을 갑에게 보
내어 갑의 동의를 얻으려는 취지이므로 그 문서가 채권양도의 합의를 포함
하고 있다 하더라도 그와 같은 취지로 작성된 을 명의의 문서가 병에게 교
부되었다는 것만으로 을이 병에게 채권양도의 통지까지 대리할 권한을 수
여하였다고 볼 수 없고, 나아가 그 문서를 갑에게 우송하는 것이 채권양도

---

7) 대법원 2001. 10. 26. 선고 2000다61435 판결.

의 통지에 해당한다고 하더라도, 그 서면 하단에 컴퓨터로 작성된 "하수급인 병"이라는 기재 바로 앞에 "발신"이라는 수기(수기)가 있는 점은 그 문서의 작성 목적 등에 비추어 보면 오히려 그 발신이 병을 당사자로 하여 행하여지는 것임을 추단하게 하고 그것이 을을 대리하여 하는 의사로 행하여진 것으로 보기 어려우므로 대리인이 대리행위를 할 의사를 가지고 행위한 경우에만 적용되는 민법 제115조 단서는 그 발신에 관하여 적용될 여지가 없음에도, 위 문서 발송과 수령으로 공사대금 중 일부에 관한 유효한 채권양도의 통지가 행하여졌다고 본 원심의 판단에는 채권양도 통지의 대리에 관한 법리오해 등 위법이 있다.

라고 판시한 사례[8])도 있다.

3. 효과

가) 새로운 채권관계

계약상대자가 보증기관의 동의, 발주기관의 동의 또는 승낙이 있는 경우에 발주기관은 계약상대자에게 공사대금을 지급하여서는 아니 되며, 양수인에게 지급하여야 한다. 채권양도가 적법하게 이루어지고 난 다음에 행해진 공사대금채권압류나 체납처분은 그 효력이 없다.

채권압류 및 전부명령 송달 당시에 피전부채권이 이미 제3자에 대한 대항요건을 갖추어 양도되었다가, 위 전부명령 송달 후에 위 채권양도계약이 해제되어, 동 채권이 원채권자에게 복귀하였다고 하여도 동 채권은 위 압류채권자에게 전부되지 아니한다.
공사금채권에 대한 압류 및 전부명령은 그 송달 후 체결된 추가공사계약으로 인한 추가공사금채권에는 미치지 아니한다.[9])
채권에 대한 압류명령은 압류목적채권이 현실로 존재하는 경우에 그 한도에서 효력을 발생할 수 있는 것이고 그 효력이 발생된 후 새로 발생한 채권에 대하여는 압류의 효력이 미치지 아니하고, 따라서 공사금채권에 대한 압류 및 전부명령은 그 송달 후 체결된 추가공사계약으로 인한 추가공사금

8) 대법원 2011. 2. 24. 선고 2010다96911 판결.
9) 대법원 1981. 9. 22. 선고 80누484 판결.

채권에는 미치지 아니한다.[10)]

그 이유는 채권양도가 적법하게 이루어지고 난 다음에 행해진 전부명령은 존재하지 않는 채권을 대상으로 한 것이기 때문에 무효이고, 그 이후에 다시 채권양도계약이 해제되었다고 하더라도 전무명령의 효력이 다시 부활하는 것은 아니기 때문이다.[11)] 그리고 계약금액조정과 관련해서는,

> 국가를당사자로하는계약에관한법률에 의한 계약금액조정에 있어서 조정기준일 이후에 채권자가 공사대금에 대하여 압류 및 전부명령을 받은 후 회사의 공사대금조정신청에 따라 공사대금이 증액된 경우, 그 증액된 부분은 채권자가 전부받은 공사대금에 포함되므로 그 일부를 수령하였더라도 양도할 수 있다.
> 당사자 사이에 양도금지의 특약이 있는 채권이더라도 전부명령에 의하여 전부되는 데에는 지장이 없고, 양도금지의 특약이 있는 사실에 관하여 집행채권자가 선의인가 악의인가는 전부명령의 효력에 영향을 미치지 못하는 것인바, 이와 같이 양도금지특약부 채권에 대한 전부명령이 유효한 이상, 그 전부채권자로부터 다시 그 채권을 양수한 자가 그 특약의 존재를 알았거나 중대한 과실로 알지 못하였다고 하더라도 채무자는 위 특약을 근거로 삼아 채권양도의 무효를 주장할 수 없다.[12)]

라고 판시하였다. 그리고 채권양도의 유효, 무효에 따라 발주기관은 지급 상대방이 달라진다. 그런데 대법원[13)]은,

> 당사자의 의사표시에 의한 채권의 양도금지는 제3자가 악의인 경우는 물론 제3자가 채권양도 금지를 알지 못한 데에 중대한 과실이 있는 경우에도 그 채권양도 금지로써 대항할 수 있다.[14)]
> 그러나 기록에 비추어 보면, 원고가 이 사건 공사대금채권에 대한 양도제한 특약을 알고 있었다고 볼 증거가 없을 뿐만 아니라, 원고가 그 양도제한

10) 대법원 2001. 12. 24. 선고 2001다62640 판결.
11) 김성근, 앞의 책, 757면.
12) 대법원 2003. 12. 11. 선고 2001다3771 판결.
13) 대법원 1999. 2. 12. 선고 98다49937 판결.
14) 대법원 1996. 6. 28. 선고 96다18281 판결 참조.

특약을 알지 못한 데에 중대한 과실이 있다고 볼 자료도 없다.

그렇다면 이 사건 공사대금채권에 대하여 양도 목적이나 혹은 그 절차에 제한을 가하는 양도제한의 특약이 있었다고 하더라도 이를 이 사건 공사대금채권의 양수인인 원고에게 대항할 수가 없다고 할 것이므로, 원심이 이 사건 공사대금채권에 관한 양도금지 특약을 가지고 원고에게 대항할 수 없다고 판단한 것은 정당하다.

라고 판시하였다. 즉, 제3자가 채권양도 금지가 있었다는 사실을 알고 있는 경우뿐만 아니라 중대한 과실이 있는 경우에도 채권양도금지로써 대항할 수 있다.

민법 제449조 제2항이 채권양도 금지의 특약은 선의의 제3자에게 대항할 수 없다고만 규정하고 있어서 그 문언상 제3자의 과실의 유무를 문제삼고 있지는 아니하지만, 제3자의 중대한 과실은 악의와 같이 취급되어야 하므로, 양도금지 특약의 존재를 알지 못하고 채권을 양수한 경우에 있어서 그 알지 못함에 중대한 과실이 있는 때에는 악의의 양수인과 같이 양도에 의한 채권을 취득할 수 없다고 해석하는 것이 상당하다.15)

여기서 말하는 중과실의 의미에 관해서는,

채무자는 제3자가 채권자로부터 채권을 양수한 경우 채권양도금지 특약의 존재를 알고 있는 양수인이나 그 특약의 존재를 알지 못함에 중대한 과실이 있는 양수인에게 그 특약으로써 대항할 수 있다. 여기서 말하는 중과실이란 통상인에게 요구되는 정도의 상당한 주의를 하지 않더라도 약간의 주의를 한다면 손쉽게 그 특약의 존재를 알 수 있는데도 그러한 주의조차 기울이지 아니하여 특약의 존재를 알지 못한 것을 말한다. 제3자의 악의 내지 중과실은 채권양도금지의 특약으로 양수인에게 대항하려는 자가 주장·입증하여야 한다.16)

라고 설시17)하고 있다.

15) 대법원 1996. 6. 28. 선고 96다18281 판결.
16) 대법원 2010. 5. 13. 선고 2010다8310 판결; 대법원 2014. 1. 23. 선고 2011다102066 판결 참조.
17) 대법원 2014. 1. 23. 선고 2011다102066 판결.

나) 채권양도와 공탁

민법 제487조 후단의 '변제자가 과실 없이 채권자를 알 수 없는 경우'라 함은 객관적으로 채권자 또는 변제수령권자가 존재하고 있으나 채무자가 선량한 관리자의 주의를 다하여도 채권자가 누구인지 알 수 없는 경우를 말하므로, 양도금지 또는 제한의 특약이 있는 채권에 관하여 채권양도통지가 있었으나 그 후 양도통지의 철회 내지 무효의 주장이 있는 경우 제3채무자로서는 그 채권양도의 효력에 관하여 의문이 있어 민법 제487조 후단의 채권자 불확지를 원인으로 한 변제공탁사유가 생긴다고 할 것이고, 그 채권양도 후에 그 채권에 관하여 다수의 채권가압류 또는 압류결정이 순차 내려짐으로써 그 채권양도의 대항력이 발생하지 아니한다면 압류경합으로 인하여 민사소송법 제581조 제1항 소정의 집행공탁의 사유가 생기는 경우에 채무자는 민법 제487조 후단 및 민사소송법 제581조 제1항을 근거로 채권자 불확지를 원인으로 하는 변제공탁과 압류경합 등을 이유로 하는 집행공탁을 아울러 할 수 있고, 이러한 공탁은 변제공탁에 관련된 채권양수인에 대하여는 변제공탁으로서의 효력이 있고 집행공탁에 관련된 압류채권자 등에 대하여는 집행공탁으로서의 효력이 있다고 할 것인바, 이와 같은 경우에 채무자가 선행의 채권양도의 효력에 의문이 있고, 그 후 압류의 경합이 발생하였다는 것을 공탁원인사실로 하여 채무액을 공탁하면서 공탁서에 민사소송법 제581조 제1항만을 근거법령으로 기재하였다 하더라도, 변제공탁으로서의 효력이 발생하지 않음이 확정되지 아니하는 이상 이로써 바로 민사소송법 제581조 제1항에 의한 집행공탁으로서의 효력이 발생한다고 할 수 없으므로, 집행법원은 집행공탁으로서의 공탁사유신고를 각하하거나 채무자로 하여금 민법 제487조 후단을 근거법령으로 추가하도록 공탁서를 정정하게 하고, 채권양도인과 양수인 사이에 채권양도의 효력에 관한 다툼이 확정된 후 공탁금을 출급하도록 하거나 배당절차를 실시할 수 있을 뿐, 바로 배당절차를 실시할 수는 없다.[18]

특정 채권에 대하여 채권양도의 통지가 있었으나 그 후 통지가 철회되는 등으로 채권이 적법하게 양도되었는지 여부에 관하여 의문이 있어 민법 제487조 후단의 채권자불확지를 원인으로 하는 변제공탁 사유가 생기고, 그 채권양도 통

---

18) 대법원 2001. 2. 9. 선고 2000다10079 판결.

지 후에 그 채권에 대하여 채권가압류 또는 채권압류 결정이 내려짐으로써 민사집행법 제248조 제1항의 집행공탁의 사유가 생긴 경우에, 채무자는 민법 제487조 후단 및 민사집행법 제248조 제1항을 근거로 하여 채권자불확지를 원인으로 하는 변제공탁과 압류 등을 이유로 하는 집행공탁을 아울러 할 수 있고, 이러한 공탁은 변제공탁에 관련된 채권양수인에 대하여는 변제공탁으로서의 효력이 있고, 집행공탁에 관련된 압류채권자 등에 대하여는 집행공탁으로서의 효력이 있다.

민법 제487조 후단의 채권자불확지 변제공탁 사유와 민사집행법 제248조 제1항의 집행공탁 사유가 함께 발생하여 채무자가 혼합공탁을 한 경우, 집행법원으로서는 채권자불확지의 변제공탁 사유, 예컨대 채권양도의 유·무효 등의 확정을 통하여 공탁된 금액을 수령할 본래의 채권자가 확정되지 않는 이상 배당절차를 진행할 수 없어 그 때까지는 사실상 절차를 정지하여야 하므로, 집행채권자가 위 공탁금에서 그 채권액을 배당받기 위하여는 압류의 대상이 된 채권이 집행채무자에게 귀속하는 것을 증명하는 문서, 예컨대 채무자에게 공탁금출급청구권이 있다는 것을 증명하는 확인판결의 정본과 그 판결의 확정증명서나 그와 동일한 내용의 화해조서등본, 양수인의 인감증명서를 붙인 동의서 등을 집행법원에 제출하여야 한다.19)

---

19) 대법원 2008. 1. 17. 선고 2006다56015 판결.

제22강

계약금액조정제도

제22강

계약금액조정제도

I. 확정계약 원칙

국가계약법 제5조에서 "계약은 상호 대등한 입장에서 당사자의 합의에 따라 체결되어야 하며, 당사자는 계약의 내용을 신의성실의 원칙에 따라 이를 이행하여야 한다."라고 하여 국가가 당사자가 되는 계약의 대원칙을 천명하고 있다. 이 조항의 의미는 근대 민사법의 기본원리인 사적 자치의 원칙, 개인이 자기의 법률관계를 자유로운 의사에 기하여 형성할 수 있도록 하는 사상이 밑바탕에 있다. 즉, 계약당사자는 서로 대등하며, 계약은 합의에 따라 체결되어야 하고, 계약의 내용을 성실히 이행하여야 하는 것이다. 또한 계약의 방법은 입찰에 의한 일반경쟁을 원칙(제7조)으로 하고, 중앙관서의 장이나 계약담당공무원이 계약을 체결하고자 할 때에는 계약의 목적, 계약금액, 이행기간, 계약보증금, 위험부담, 지체상금 등 필요한 사항을 명백히 기재한 계약서를 작성하여야 하고(제11조 제1항), 계약서를 작성하는 경우에는 담당공무원과 계약상대자가 계약서에 기명·날인 또는 서명함으로써 계약이 확정되도록 하고 있다(제11조 제2항).[1] 국가가 당사자가

---

1) 정부계약의 법적 성질에 관해서는 박정훈, "행정조달계약의 법적 성격", 행정법의 체계와

되는 계약에 있어서는 구두계약은 성립될 수 없으며, 반드시 서면계약으로 체결하여야 하며 그 계약서에는 계약의 중요 사항인 계약의 목적물, 이행기간, 계약금액 등에 관해서 명백히 정하도록 하고 있다. 이를 다른 말로 표현하면 계약의 내용을 확정하라는 것이다. 국가계약은 또 하나의 원칙을 가지고 있는데 이는 확정계약 원칙이라고 말할 수 있다. 한번 체결된 계약의 내용은 이를 변경할 수 없도록 하는 것이다. 이는 당사자 사이에 있어서는 계약의 확실성을 담보하고 이행을 예측하게 하는 역할도 하며 거래질서에 있어서는 안정성을 가져다준다. 다른 면으로는 계약담당공무원이 자의적으로 계약내용을 변경시키는 것을 방지하는 기능을 담당한다.[2]

그러나 이러한 안정성과 불변경으로 인한 예측가능성에도 불구하고 계약이 장기간에 걸쳐 이행되는 경우 계약기간 중 물가변동이나 설계변경, 기타 경제상황의 변화가 생겨서 원래의 계약내용대로 이행이 된다면, 오히려 일방 당사자에게, 대부분은 계약상대자에게 불공정하게 되는 경우도 생각할 수 있다. 이러한 불합리를 제거하기 위하여 국가계약법 제19조에서는 공사·제조·용역 기타 국고의 부담이 되는 계약을 체결한 다음 물가의 변동·설계변경·기타 계약내용의 변경으로 인하여 계약금액을 조정할 필요가 있을 때에는 대통령령이 정하는 바에 의하여 계약금액을 조정할 수 있는 제도를 마련하고 있다. 이를 '계약금액조정제도'라고 한다.[3] 계약금액은 계약내용 중 중요한 사항일 뿐만 아니라, 계약당사자 사이의 이해에 밀접한 관련이 있는 부분이다. 따라서 계약을 체결하는 행정기관의 장이나 계약담당공무원이 임의로 계약금액을 조정하지 못하도록 하기 위하여 계약금액조정의 대상을 3가지로 한정하고 있고, 그 구체적 내용에 대해서는 대통령령과 시행규칙에 금액조정의 기준 등을 상세히 규정하고 있다.

방법론, 박영사, 2005, 217면 이하 참조; 김대인, "행정계약에 관한 연구", 서울대학교 법학박사학위논문, 2006, 290-330면에 외국 법제를 비교·분석한 내용이 상세히 기재되어 있다. 미국의 정부계약에 관한 입문서로서는 Keyes W. Noel, Government Contracts (3rd. Ed.), West St. Paul, Minn. 2000 참조.

2) 김선관, 정부계약실무해설, 제일가제법령출판사, 1986, 533-534면.

3) 국가계약법 제23조에는 미리 가액을 정할 수 없을 때에는 개산계약제도(概算契約制度)를 두고 있다. 중앙관서의 장이나 계약담당공무원은 개발시제품의 제조계약, 시험, 조사, 연구용역 계약, 정부투자기관, 정부출연기관과의 법령의 규정에 의한 위탁, 대행계약에 있어서 미리 가격을 정할 수 없을 때에는 대통령령이 정하는 바에 의하여 개산계약을 체결할 수 있도록 하고 있다.

Ⅱ. 계약금액조정제도

1. 물가변동으로 인한 계약금액조정

가) 의의

계약체결 후 일정기간이 경과된 시점에서 계약금액을 구성하는 각종 품목 또는 비목의 가격이 급격하게 상승 또는 하락한 경우, 계약금액을 증감 조정하여 줌으로써 계약당사자 일방의 예기치 못한 부담을 경감시켜 계약이행을 원활하게 할 수 있도록 하는 것이 물가변동[4]으로 인한 계약금액조정제도이다.[5] 이때 계약금액을 조정하는 내용의 계약조항을 Escalator Clause 또는 Escalation Clause, Rise and Fall Clause라고 한다.[6] 국가계약에 있어서도 다른 계약에 있어서와 마찬가지로 계약이 유효하게 성립하면 서로 계약의 내용에 따라 성실하게 이행하는 것이 원칙이며, 계약금액도 정해진 대로 지불하는 것이 원칙이다.

---

4) 물가가 변동되었다는 의미는 채권과 채무의 실질가치를 변동시키는 동시에 명목화폐량의 실질가치를 변동시켰다는 의미이다. 물가변동의 의미를 정확히 알기 위해서는 물가변동의 유형을 파악하여야 하고, 물가변동의 유형을 파악하기 위해서는 물가지수와 물가수준의 의미를 알아야 한다. 물가수준이라고 하는 것은 수요와 공급에 의해 결정되거나 변동되는 주요 재화의 개별 가격을 하나로 종합하여 평균한 것을 말한다. 일반적인 재화의 평균을 일반물가수준이라 한다. 이와 같은 물가수준을 기간별로 비교하기 위하여 기준이 되는 연도의 물가수준을 100으로 하고 현재의 물가수준을 지수의 형태로 표시한 것을 일반물가지수라고 한다. 일반물가지수는 재화일반의 평균가격과 그 변동을 기준연도와 비교연도에 있어서 지수로서 나타내주는 것이기 때문에 이것은 곧 화폐의 일반구매력의 변화를 나타내주는 것이다. 그런데 일반물가수준과 그 지수는 전술한 바와 같이 재화 일반의 평균가격을 나타낸 것이므로, 일반물가수준 또는 일반물가지수는 개별상품의 가격 변동을 나타내는 개별가격수준과 개별물가지수와는 반드시 일치하는 것은 아니다. 개별가격은 일반물가와는 다르게 변동할 수 있다. 그런데 현행 기업회계원칙은 역사적 원가인 취득원가로 모든 회계현상을 측정 및 기록·보고하도록 하고 있다. 따라서 물가변동이 발생하면 과거정보인 역사적 원가를 기초로 하는 현재의 의사결정은 부적절할 수 있다. 따라서 측정시스템을 개선하기 위하여 역사적 원가 이외에 대체적인 평균방법이 필요한데 이를 위하여 도입된 것이 물가변동회계제도이고, 이를 계약금액조정제도에 반영하고 있다. 원정연, "물가변동으로 인한 계약금액조정제도의 개선방안에 관한 연구", 경제연구 제13권 제1호, 1992, 227－229면 참조.

5) 장훈기, 정부계약제도해설(전정판), 범신사, 1998, 904면; 정원, 공공조달계약법(상), 법률문화원, 2010, 285면.

6) 원정연, 앞의 논문, 227면 이하 참조; 미국 정부계약의 중요한 법령인 FAR(Federal Acqusition Regulation) § 16.203에서는 우리의 계약금액조정제도와 유사한 제도인 Fixed－Price－Contract with Economic Price Adjustment에 관해서 규정하고 있다. 이에 관한 상세한 해설은 John Cibinic, Jr./Ralph C. Nash, Jr., Administration of Government Contracts (3rd. Ed.), The George Washington University, 1995, p. 669.

계약 이행 과정에서 계약체결 당시에 '예측하지 못하였던' 물가 상승으로 계약이행이 어려울 정도가 되었다든지, 또한 물가가 하락하여 발주를 한 기관에서 예산을 과잉 집행해야 하는 경우가 발생할 수 있다. 전자의 경우에는 사업자의 불이익을 감내하면서까지 계약을 이행하라고 한다면 이는 곧 부실공사 내지 부실납품을 사실상 조장하는 결과가 될 것이고, 물가가 급락한 경우에는 부당하게 계약대금을 과다하게 지불하게 될 수도 있다. 이러한 불합리성을 제거하기 위하여 국가계약법에서는 강학상 '사정변경의 원칙'을 원용하여 일정한 요건을 정하고[7] 이를 충족하면 계약금액을 조정할 것을 의무화하도록 하고 있다. 이에 관해서는 우리 국가계약법에 제19조, 시행령 제64조, 시행규칙 제74조에 비교적 상세하게 규정되어 있다.[8]

나) 요건

(1) 계약금액조정의 주체

계약금액조정의 주체는 법문에 따르면 계약금액조정의 주체는 각 중앙관서의 장 또는 계약담당공무원이다(법 제19조). 비록 공공계약이 사법상의 계약이라고 하더라도 계약금액조정의 주체를 법문에서 정해 놓고 있다.

여기서 계약금액조정을 배제하는 특약을 발주기관과 계약상대자가 체결할 수 있을까 하는 점과 만약 체결하였을 경우에 배제특약을 유효하다고 인정할 것인가 하는 점이다.

국가계약법 시행령 제4조에는 계약의 원칙에 관해 규정하고 있다. 각 중앙관서의 장과 중앙관서의 장으로부터 그 위임을 받은 공무원이 계약을 체결함에 있어서, 국가계약법, 시행령 등에서 계약상대자의 계약상의 이익을 부당하게 제한

---

7) 조달청, 국가를당사자로하는계약에관한법규의 조달청유권해석사례집, 2004, 337면.
8) 그리고 계약체결을 한 후의 사정변경을 반영하는 방법은 그 반영폭에 따라 2가지 방식으로 대별되는데, 계약금액을 기준으로 이를 구성하는 모든 품목의 가격변동을 반영하는 이른바 전체금액조정방법이 있고, 주요 건설자재 등 일부 특정품목의 가격변동만을 반영하는 개별품목조정방법이 있다. 전자는 장기간에 걸친 통상적인 물가변동을 반영하는 보편적 조정방법이고, 후자는 유가인상과 같이 급격한 인플레로 자재가격 등이 폭등한 경우 이를 반영하는 예외적인 조정방식이다. 우리나라는 1983. 3.까지는 전체금액조정방식과 개별품목조정방법 2가지 모두를 병행 시행해 왔으나 현재는 전체금액 조정방법만 시행하고 있다. 원정연, 앞의 논문, 246면 참조.

하는 특약 또는 조건을 정하여서는 아니 된다고 하고 있고, 시행규칙 제49조 제2
항에서 각 중앙관서의 장 또는 계약담당공무원은 표준계약서에 기재된 계약일반
사항 외에 해당 계약에 필요한 특약사항을 명시하여 계약을 체결할 수 있다고 하
여 계약은 형식적으로는 서면으로 작성하고, 그 내용에 있어서는 부당하게 계약
상대방의 이익을 침해하는 내용의 계약을 하지 못하도록 하고 있다.

　　이러한 특약제도를 둔 이유는 국가계약법령이나 회계예규로 정하고 있는 일
반조건들로써는 계약의 모든 사항을 충족시키기는 부족하기 때문이다. 따라서 계
약의 특질, 발주시기, 계약의 목적물 등에 대해서 특약을 정할 수 있다. 그러나
특약을 정할 경우에는 그 내용이나 성질상 국가계약법령에 위배되어서는 안 된
다. 즉, 계약당사자에게 불리한 내용을 정하여서는 안 되며, 계약법령이 정하고
있는 물가변동에 따른 계약금액조정의 취지를 몰각시키는 특약은 정할 수 없다.

　　그렇다면 특약으로 물가변동에 따른 계약금액조정을 배제할 수 있는가 하는
의문을 제기할 수 있다. 사적자치의 영역으로 보아 특약으로 이를 배제할 수 있
다고도 생각될 수 있다. 이 점에 관해서는 대법원은 긍정하고 있다.[9] 공공계약의
성격, 국가계약법령상 물가변동으로 인한 계약금액 조정 규정의 내용과 입법 취
지 등을 고려할 때, 위 규정은 국가 등이 사인과의 계약관계를 공정하고 합리
적·효율적으로 처리할 수 있도록 계약담당자 등이 지켜야 할 사항을 규정한 데
에 그칠 뿐이고, 국가 등이 계약상대자와의 합의에 기초하여 계약당사자 사이에
만 효력이 있는 특수조건 등을 부가하는 것을 금지하거나 제한하는 것이라고 할
수 없으며, 사적 자치와 계약자유의 원칙상 그러한 계약 내용이나 조치의 효력을
함부로 부인할 것이 아니라는 이유에서이다. 이러한 입장을 관철하면 계약금액조
정조항은 강행규정은 아니라는 입장이다.[10]

　　그러나 국가기관이 체결하는 공사계약이나 조달계약과 관련하여 국가계약법
제19조나 시행령 제64조에서 규정하고 있는 물가변동에 의한 계약금액조정제도
는 강행적이고 의무사항으로써 정부가 체결하는 계약에 있어서 공평성을 이루고
자 하는 것이기 때문에 계약당사자 간에 계약금액조정을 배제하는 특약은 국가

---

　9) 대법원 2017. 12. 21. 선고 2012다74076 전원합의체 판결.
10) 이에 대하여 공공계약은 기본적으로 공법상의 계약으로서 강행규정의 성격을 가진다는 의
　　견은 김대인, "공공건설계약의 법적 성질에 관한 판례 고찰", 건설정책저널 제29호, 2018,
　　12면.

계약법의 정신과 정면으로 배치되는 것이라고 보인다.11) 또한, 실무적으로 발주기관이나 계약담당공무원이 우월한 지위에서 물가변동으로 인한 계약금액조정을 배제하자는 특약을 사실상 강요할 수도 있기 때문이다.

(2) 계약금액 증액 신청

물가변동으로 인하여 계약금액이 증액될 경우에는 계약상대자의 신청에 의거하여 조정하여야 한다. 따라서 계약상대방의 신청이 있어야 조정요건이 성립된다고 할 수 있다(시행규칙 제74조 제9항). 증액청구를 받은 경우 예산배정의 지연 등 불가피한 사유가 있는 때에는 계약상대자와 협의하여 조정기한을 연장할 수 있으며, 계약금액을 증액할 수 있는 예산이 없는 때에는 공사량 또는 제조량 등을 조정하여 그 대가를 지급할 수 있다. 이와 유사한 내용을 공사계약일반조건 제22조에는 계약금액을 증액하는 경우에는 상대자의 청구에 의하도록 하고 있고, 계약금액 증액조정을 신청할 경우에는 계약금액조정 내역서를 첨부하여야 한다고 규정하고 있다. 또한 발주기관은 계약금액을 증액조정 신청을 받은 경우에는 30일 이내에 계약금액을 조정하여야 한다. 그런데 예산이 부족하다거나 예산배정이 늦는 등 불가피한 사정이 있는 경우에는 계약상대자와 협의하여 그 조정기한을 연기할 수 있으며, 계약금액을 증액할 수 있는 예산이 없을 시에는 공사량을 조정하여 그 대가를 지급하도록 하고 있다(공사일반조건 제22조 참조).12)

---

11) 국방부 조달본부, 국방조달관계법령해석질의응답집 제4집, 2003, 113면; 동지, 조달청, 앞의 책, 346면-347면.

12) 2005. 9. 8.에 공표된 국가계약법시행령의 일부 개정에 따르면 물가변동으로 인한 계약금액 조정기준의 합리화를 꾀하고 있다(제64조 제1항·제2항 및 제5항). 5퍼센트로 되어 있는 현행 물가변동에 따른 계약금액 조정기준이 너무 높아 일부 원자재의 가격이 급등해도 계약금액이 조정되지 못하는 사례가 발생하고 있었다. 따라서 예를 들면 2004년도 철강의 원자재 가격이 급등하여도 이는 전체 계약금에서 차지하는 비중이 작아 계약상대자의 부담이 증가하는 폐단이 있었다. 따라서 물가조정기준을 현행 5퍼센트에서 3퍼센트로 조정하고 기간 요건을 현행 60일에서 90일로 상향조정하였다. 또한 경쟁입찰의 경우 입찰자는 입찰시의 물가수준으로 입찰금액을 결정하고 낙찰자의 입찰금액이 계약금액으로 확정되어 입찰 후 계약체결일까지 상당한 기간이 소요되는 공사의 경우에는 예를 들면 턴키공사의 경우 입찰일부터 계약체결일까지의 물가변동분이 반영되지 아니하여 계약상대방의 부담이 증가하므로, 이를 개선할 필요가 있었다. 따라서 물가변동률 산정의 기준시점을 현행 계약체결일에서 입찰일로 조정하였다. 물가변동률 기준 및 산정시점을 합리적으로 조정함으로써 물가변동에 따른 계약상대방의 부담을 완화할 것으로 기대된다. 이 개정령은 2005. 9. 8.에 개정되어 2006. 1. 1.부터 적용된다.

(3) 조정 기간

여기서 90일이라는 기간요건을 설정한 것은 계약체결 후 90일 정도의 기간 동안은 물가변동을 어느 정도 예측하여 입찰금액을 산정할 수 있다고 보기 때문이다. 여기서 90일의 기산점은 계약체결일 다음날부터이다. 법문에 90일이 경과하여야 한다고 하고 있기 때문에 기산일인 계약체결일 다음날부터 기산하여 91일째가 되는 날이다.

장기계속계약의 경우에는 총공사금액을 부기하고 해당 연도의 예산범위 내에서 수차에 걸쳐서 연차별로 계약을 체결하게 되지만 기간요건의 기산일은 1차계약체결일을 기준으로 한다. 물가변동으로 인한 계약금액 조정이 있기 전에 설계변경으로 인한 계약금액 조정이 이루어졌다 하더라도 기간 산정시점은 계약체결일이다.[13]

계약상대자의 책임 없는 사유로 계약이행이 중지된 기간도 포함된다. 즉, 발주기관에게 귀책사유가 있거나, 천재지변, 불가항력의 사유 등 계약상대자의 책임이 없는 사유로 공사나 제조가 중지된 경우에 그 중지된 기간을 90일 기간을 산정할 때 포함시키고 있다. 이는 계약 공평의 원칙상 당연한 것으로 보인다.

(4) 조정 사유

품목조정율이나 지수조정율이 100분의 3 이상 증감이 되어야 한다. 계약을 체결한 후에 물가변동으로 인해 증감된 금액을 조정함에 있어 품목조정율 또는 지수조정율이 최소한 100분의 3 이상 증감되어야 한다.[14] 한 계약에서 품목조정율이나 지수조정율을 동시에 적용할 수 없으며 계약체결 시에 조정의 방법을 정하고 이를 계약서에 명시하도록 하고 있다(국가계약법 시행령 제64조 제2항). 여기서 품목조정방법과 지수조정방법을 비교하여 보면 다음과 같다.

우선 품목조정방법이라 함은 해당 계약금액을 구성하는 품목 또는 비목의 가격 등락폭을 직접 계산하여 조정률을 산출하는 방법이다. 여기서 조정률산출방법이라는 것은 계약금액을 구성하는 모든 비목에 대하여 각각 등락률을 산출, 등락률을 계산단가에 곱하여 등락폭을 산출하고, 각 비목의 등락폭을 합한 등락폭의

13) 장훈기, 앞의 책, 910면.
14) 대법원 2003. 1. 10. 선고 2001다21113 판결.

합계액을 계산금액으로 나누어 조정률을 산출한다.15) 이 방법의 적용대상은 거래실례가격 또는 원가계산에 의한 예정가격을 기준으로 체결한 계약이다. 이 제도의 장점은 실제 물가변동 내용대로 조정이 가능하다는 것이며, 단점은 조정율 산출이 복잡하여 많은 시간과 노력이 필요하다는 것이다. 이 조정방법의 용도는 계약금액 구성품목이 적고 조정회수가 많지 않을 경우에 적합하다. 따라서 계약기간이 단기간이며, 소규모의 단순한 종류의 공사에 적합하다.

지수조정방법은 해당 계약금액의 산출내역을 구성하는 비목군별로 물가지수의 변동을 파악, 간접적 계산으로 조정률을 산출하는 방법이다. 조정률 산출방법은 계약금액 중 순공사금액을 유사비목군별로 구분하여 비목군을 편성하고, 각 비목군별로 순공사금액에 대한 가중치, 즉 계수를 산정한 후, 비목군별로 지수의 변동률에 가중치를 곱하여 합산한 수치에서 1을 뺀 수치가 조정률이 된다. 이 조정방법의 대상이 될 수 있는 것은 원가계산에 의한 예정가격을 기준으로 체결한 계약이다.16) 지수조정방법의 장점은 조정률 산출이 간편하여 업무를 간소화시키는 점이다. 단점은 평균가격개념인 지수를 이용하므로 물가변동 내용대로 조정이 곤란하다는 점이다. 지수조정방법은 계약금액의 구성품목의 수가 많고 조정회수가 많을 경우라든지, 장기간, 대규모의 복합공종의 공사에 적합하다.17)

그런데 계약을 체결할 때에 구체적인 조정방법을 명시하지 아니하는 경우에 계약당사자 간의 합의에 의하여 하나의 조정방법을 선택할 수 있다. 또한 계약서에 명시된 조정방법을 이행 도중에 당사자 간의 합의로 변경할 수 있는지에 대하여는 명문의 규정이 없으나, 변경을 허용할 경우 조정의 일관성이 없어질 뿐만 아니라, 당사자 일방에게 유리한 방법으로 운용될 소지가 있기 때문에 이는 허용되지 않는다는 것이 유력한 학설이다.18)

조정사유에 해당하기 위해서는 계약 체결 후 90일 이상이 지나야 하고, 입찰일을 기준으로 조정률이 100분의 3 이상이 증감되는 것이 동시에 충족되어야 한다.19) 위의 두 요건이 동시에 충족된 날을 조정기준일이라고 하고 조정기준일은 조정사유가 발생한 날을 의미한다. 조정기준일로부터 90일 이내에는 다시 조정

---

15) 국가계약법 시행규칙 제74조 제1항 참조.
16) 국가계약법 시행규칙 제74조 제4항 참조.
17) 원정연, 앞의 논문, 248면.
18) 원정연, 앞의 논문, 247면.
19) 서울고등법원 2004. 5. 12. 선고 2003나72988 판결; 조달청, 앞의 책, 339면.

을 하지 못하도록 하고 있다. 이는 물가변동으로 인한 계약금액조정제도가 악용되는 것을 방지하기 위한 시간적 제한조치라고 할 수 있다.[20]

2. 설계변경으로 인한 계약금액조정

가) 의의

설계변경은 공사를 시행하던 중, 계약을 체결할 때에 미처 예상하지 못하였던 사정이 발생하거나, 공사량이 증가하거나 감소하거나, 계획이 변경된 경우에 애초에 설계한 내용을 변경시키는 것을 말한다. 이와 같이 설계변경이 이루어져 계약대금의 증감요인이 발생한 경우에 계약금액 조정이 이루어지게 되는데 이를 설계변경으로 인한 계약금액조정이다(시행령 제64조). 설계변경이 이루어진다고 하더라고 애초에 체결된 계약내용의 동일성이 유지되는 가운데 변경이 이루어져야 한다. 그렇지 않고 계약의 목적이나 본질이 변경될 정도의 설계변경은 새로운 계약으로 보아야 한다.[21]

설계변경은 대형공사의 경우에는 원칙적으로 허용되지 않는다. 설계, 시공 일괄입찰 방식에 의한 대형공사의 경우에는 설계도면의 작성, 이에 따른 시공이 모두 계약상대자의 책임으로 이루어지기 때문이다. 따라서 설계변경으로 인한 계약금액 조정은 발주기관에게 책임을 지울 사유가 있거나 천재지변 등의 사유가 있는 경우에만 하게 된다.

실무적으로 중요한 것의 하나로 추가공사에 따른 설계변경으로 인한 계약금액 조정 신청이 있다. 공사과정에서 공사의 양이 증가하거나 공사내용의 일부를 변경하여야 할 경우 이를 설계변경으로 볼 것인지 아니면 별개의 추가공사로 볼 것인지가 문제가 된다. 이것은 계약의 목적이나 특성, 주위 환경 등을 종합적으로 검토하여 설계변경인지 추가공사인지를 구별하여야 한다. 설계변경이 되려면 계약체결을 할 때에 예상하지 못하였던 사정이 발생하여 계약내용의 변경, 즉 설계변경을 하는 것이고, 설계의 일부만 변경시키는 것이기 때문에 계약의 본질을 변경시키지 않는 것을 말한다.

---

20) 장훈기, 앞의 책, 912면.
21) 장훈기, 앞의 책, 1040면.

나) 설계변경 사유

설계변경은 주로 공사계약에서 많이 발생하므로 공사계약을 중심으로 설명한다. 설계변경의 사유는 공사계약일반조건 제19조 이하에서 열거되어 있다.

> 1) 설계서의 내용이 불분명하거나, 누락, 오류 또는 상호 모순되는 점이 있을 경우(제19조의2 참조).
> 2) 지질, 용수 등 공사현장상태가 설계서와 다를 경우(제19조의3 참조)
> 3) 신공법 및 신기술에 의한 설계변경(제19조의4 참조)
> 4) 발주기관의 요청에 의한 설계변경(제19조의5 참조)
> 5) 관급자재에서 사급자재로의 변경(제19조의6 참조)

다) 설계변경으로 인한 계약금액조정의 요건

(1) 설계변경을 함에 따라 공사량의 증감이 있어야 한다(시행령 제65조 제1항)

설계변경을 함에 따라 시공방법이 달라졌다든지, 시공해야 할 양이 증가한 경우이다. 각 중앙관서의 장 또는 계약담당공무원은 공사계약에 있어서 설계변경으로 인하여 공사량의 증감이 발생한 때에는 법 제19조의 규정에 의하여 해당 계약금액을 조정한다. 다만, 시행령 제14조 제7항 각 호 외의 부분 단서에 따라 입찰에 참가하려는 자가 물량내역서를 직접 작성하고 단가를 적은 산출내역서를 제출하는 경우로서 그 물량내역서의 누락 사항이나 오류 등으로 설계변경이 있는 경우에는 그 계약금액을 변경할 수 없도록 하고 있다.

(2) 일정기준 이상은 중앙관서의 장의 승인을 받아야 한다(시행령 제65조 제2항)

계약담당공무원은 예정가격의 100분의 86 미만으로 낙찰된 공사계약의 계약금액을 제1항에 따라 증액조정하려는 경우로서 해당 증액조정금액(2차 이후의 계약금액 조정에 있어서는 그전에 설계변경으로 인하여 감액 또는 증액 조정된 금액과 증액조정하려는 금액을 모두 합한 금액을 말한다)이 당초 계약서의 계약금액(장기계속공사의 경우에는 제69조 제2항에 따라 부기된 총공사금액을 말한다)의 100분의 10 이상인 경우에는 제94조 제1항에 따른 계약심의위원회,「국가재정법 시행령」제49조에 따른 예산집행심의회 또는「건설기술 진흥법 시행령」제19조에 따른 기술자문위원회(이하 "기술자문위원회"라 한다)의 심의를 거쳐 소속중앙관서의 장의 승인을 얻어야 한다. 이는 낮은 금액으로 낙찰을 받은 후 시공과정에서 부당하게 설계변경을 하여 공사비를 사실상 보전받으려는 것을 미리 예방하기 위한 것이다.[22]

대형공사의 계약금액조정은 원칙적으로 금지된다. 국가계약법 시행령 제91조 제1항에서는 대안입찰 또는 일괄입찰, 즉 턴키방식에 의한 설계변경으로 대형공사의 계약내용을 변경하는 경우에는 원칙적으로 계약금액조정을 허용하지 않는다. 대안입찰이나 일괄입찰의 경우에 설계변경에 대한 책임은 계약상대자에게 있다고 보기 때문이다. 다만 정부에 귀책사유가 있거나 천재·지변 등 불가항력의 사유로 인한 경우에는 계약금액 조정을 허용하고 있다(공사계약일반조건 제21조 제1항).

제조·용역 등의 계약에 있어서 공사계약의 계약금액조정을 준용할 수 있다(시행령 제65조 제7항).

3. 기타 계약내용의 변경으로 인한 계약금액조정

기타 계약내용의 변경이란 공사·제조 등의 계약에 있어 물가변동과 설계변경의 경우 외에 공사기간 및 운반거리의 변경 등 계약내용의 변경을 의미한다. 계약내용의 변경으로 인해 계약금액을 조정할 필요가 있는 경우 그 변경된 내용에 따라 계약금액을 조정하는 제도를 말한다(국가계약법 시행령 제66조).[23] 다만 그 변경된 내용에 따라 실비를 초과하지 않는 범위 안에서 이를 조정하여야 한다. 여기서 말하는 계약내용의 변경은 공사량의 증감이 없는 설계서 등의 변경을 의미한다. 문헌[24]에서 들고 있는 예를 보면 ① 토사장의 위치변경에 따른 토사운반거리 또는 운반방법의 변경, ② 발주자의 귀책사유로 인한 공사기간의 연장, ③ 우천으로 인한 공기연장, ④ 관급자재의 규격변경 등이다. 그리고 각 중앙관서의 장 또는 계약담당공무원은 단순한 노무에 의한 용역으로서 기획재정부령으로 정하는 용역에 대해서는「최저임금법」에 따른 최저임금액이 변동되어 당초의 계약금액(제64조 제8항에 따라 계약금액 조정을 하는 경우를 포함한다)으로는 최저임금

22) 장훈기, 앞의 책, 1051면.
23) 김선관, 앞의 책, 350면.
24) 조달청, 앞의 책, 445, 470면.

지급이 곤란하다고 인정하는 경우로서 기획재정부장관이 정하는 요건에 해당하는 경우 계약금액을 조정한다(제66조 제2항).

계약금액 조정기준은 변경된 계약내용에 따라 실비를 초과하지 않아야 한다. 여기서 말하는 실비란 실제로 소요되는 금액을 의미하는 것이나 실제 사용개념인 실비는 시공 후에나 산정이 가능한 것이므로 사전원가개념인 "실비로 예상되는 금액"으로 보는 것이 타당하다.[25] 실비산정에 관한 구체적인 산정방법은 회계예규 "실비산정기준"에 규정되어 있다.

기타 계약내용변경으로 인한 계약금액조정을 하고자 하는 경우에 그 계약의 이행을 착수하기 전에 완료하여야 한다. 다만 중앙관서의 장 또는 계약담당공무원은 계약이행의 지연으로 품질저하가 우려되는 등 긴급하게 계약을 이행하게 할 필요가 있는 때에는 계약상대자와 협의하여 계약내용 변경의 시기 등을 명확히 정하고, 계약내용을 변경하기 전에 우선 이행하게 할 수 있다(시행규칙 제74조의3 참조).

Ⅲ. 계약금액조정제도

1. 사정변경원칙의 의미

계약금액조정제도, 특히 물가변동으로 인한 계약금액조정제도의 이론적 배경이 되는 사정변경의 원칙에 대해서 개략적으로 살펴보고자 한다.[26] 근대 민법의 이념은 개인의사를 존중하여 당사자 간의 법률관계를 원하는 대로 형성할 수 있도록 하고 있고, 이에 대해서 당사자들은 구속을 받는데 이를 계약의 측면에서는 계약의 구속력이라고 한다. 민법 제105조의 임의규정이 이를 간접적으로 선언하고 있고, 채권계약의 규정들도 구속력을 전제로 하고 있다. 그런데 이러한 구속력을 인정하기 위해서는 당사자들이 계약의 구체적 상황을 인식하고 이를 바탕으로 한 구체적인 의사가 형성되었다는 것을 전제로 한다. 그러나 상황의 근본적 변화가 있을 경우에는 그 구속력을 고집하는 것이 오히려 사적자치의 이념을 방

---

25) 장훈기, 앞의 책, 1113면.
26) 서울고등법원 2001. 3. 21. 선고 99나24838 판결에서도 계약금액조정제도 특히 물가변동을 원인으로 하는 계약금액조정제도에 대해서 이른바 사정변경원칙을 도입한 것이라고 설시하고 있다.

해하는 것이 된다. 이러한 상반된 논의를 둘러싼 이론이 사정변경의 원칙이다. 즉, 계약의 중요한 사정이 변경된 경우에는 당사자가 계약 내용을 변경시키거나 해소할 수 있도록 하자는 것이다. 우리나라의 경우에는 사정변경원칙에 관한 일반규정은 두고 있지 않다. 그러나 민법이나 개별법에는 이 취지를 인정하는 규정들을 두고 있다.27)

이하에서는 이러한 사정변경의 원칙이 국가계약법에 도입이 되었지만 그 본래의 의미가 무엇인지를 먼저 살펴보고자 한다.

2. 사정변경원칙

학설은 대체적으로 사정변경의 원칙을 긍정하고 있다. 사정변경의 원칙은 법률행위가 성립할 때에 그 환경 내지 기초가 된 사정이 그 후에 당사자 쌍방이 예견하지 못하였거나 예견할 수 없었던 변경이 발생한 결과 본래의 급부를 하는 것이 신의형평상 당사자 일방에게 현저하게 부당하게 된 경우에 당사자가 신의형평의 요구에 따라 그 급부의 내용을 적당히 변경하거나 계약을 해제할 수 있는 법규범을 말한다.28) 또한 사정변경의 원칙을 신의성실의 원칙에서 파생되는 원칙으로 보는 것이 통설이다.

학설29)은 일반적으로 사정변경의 원칙을 인정하고 있다.30) 그러나 우리의 판

---

27) 민법 제218조, 286조, 제557조, 제627조, 제628조, 제661조, 제689조, 제978조, 주택임대차보호법 제7조, 신원보증법 제4조, 제5조 등을 참조.

28) 정조근, 사정변경의 비교법적 연구, 제일문화사, 1982, 111면.

29) 곽윤직, 채권각론, 박영사, 2003, 92면; 백태승, 민법총칙, 법문사, 2004, 102면; 정조근, 앞의 책, 111면.

30) 우리의 학설은 사정변경의 원칙과 관련하여 논의를 할 때에 독일법상의 행위기초론과 염미법상의 목적부도달이론을 원용한다. 행위기초론은 중세의 캐논법(교회법)에 있던 clau‒sula rebus sic stantibus에 기원을 두고 있다. 이 말은 직역하면 '사물이 그대로 있었더라면'이라는 조항이다. 다른 말로 표현하면 계약이 체결될 때의 사정이 변하지 않고 존속하고 있는 한도에서 그 계약은 유효하다는 조항이 모든 계약에 포함되어 있다고 보는 것이다. 이 원칙에 따르면 모든 계약은 그 기초가 되는 사정이 변하지 않는 한, 그 효력을 지속한다는 조항이 있는 것으로 해석되며, 사정의 변경이 발생한다면 그 계약의 구속력은 없어진다는 것이다. 이 원칙은 독일 보통법 시대에 많이 논의가 되었다고 한다. 그러나 19세기에 들어서면서 사적 자치의 원칙, 즉 계약자유의 원칙이 존중되면서, pacta sunt servanda의 원칙, 계약은 지켜져야 한다는 원칙에 밀려 잊어버리게 되었다. 제1차 세계대전이 일어나면서, 유럽의 각국은 경제적으로 혼란을 겪게 되었다. 즉, 제1차 세계대전 이후에 극심한 물가상승을 경험하게 되었다. 그런 가운데서 유럽의 각국은 망각하고 있었던 clausula 법리를 생각하게 되었다. 이 원칙의 기초이론에는 여러 가지 있으나 가장 유명한 것은 Oertmann이 제창한 행위기초론(die Lehre von der Geschäftsgrundlage)이다. Oertmann에 의하면 행위기초란 "계약체결 시 나타나고 상대방에게도 그 중요성이 인정되어 이의가

레는 계속적 계약의 경우에는 사정변경 시 해지할 수 있다고 하여 일부분만 인정하고, 그 외에는 이를 인정하고 있지 않다. 우리의 학설31)은 법률행위 특히, 쌍무계약에서의 성립 당시에 있었던 환경 또는 그 기초가 되는 사정이 그 후 현저하게 변경되어, 당초에 정하였던 행위의 효과 내지 계약의 내용을 유지하고 강제하는 것이 신의칙과 공평의 원리에 반하는 부당한 결과를 가져오는 경우에는 당사자가 그 법률행위의 효과를 신의 공평에 맞게 변경하거나 소멸시킬 수 있는 경우를 사정변경원칙이라고 한다. 그리고 판례32)도 학설과 동일한 내용으로 다음과 같이 정의하고 있다. 즉,

  "채권을 발생시키는 법률행위 성립 후 당시 환경이 된 사정에 당사자 쌍방이 예견 못하고 또 예견할 수 없었던 변경이 발생한 결과 본래의 급부가 신의형평의 원칙상 당사자에게 현저히 부당하게 된 경우, 당사자가 그 급부의 내용을 적당히 변경할 것을 상대방에게 제의할 수 있고, 상대방이 이를 거절하는 때에는 해당 계약을 해제할 수 있는 규범"

이라고 한다. 다수설은 사정변경의 원칙을 적용함에 있어 법률행위 성립 당시 계약의 환경이 되었던 사정이 변경되어야 하고, 사정변경이 법률행위의 성립 후에 그리고 그 소멸 이전에 발생되어야 한다고 보고 있다. 그리고 이러한 사정의 변경이 당사자에 의하여 예견할 수 없었거나, 예견할 수 없는 현저한 것이어야 한다. 또한 사정변경이 계약당사자의 귀책사유로 인한 것이 아니어야 한다. 애초

주장되지 않는 일방당사자의 표상 또는 행위의사가 그 기초위에 세워지는 어떤 사정의 존재 또는 발생에 관한 양당사자의 공통된 표상이다."라고 정의하고 있다. Oertmann의 이와 같은 행위기초론의 정의는 1922년 비고그네 방적사건(Vigogne-Spinnerei-Fall)에서 독일제국재판소가 바로 채용하였다. 또한 영미법상의 목적부도달이론은 사후에 생긴 사정의 변경이 계약에 미치는 영향에 관한 영국의 이론이 계약목적좌절의 원칙이다. 영미법에 있어서는 근세기에 대륙법에서 발달한 clausula rebus sic stantibus(사정존속관)이론은 인정되지 않는다고 하고 있다. 그러나 실제에 있어서는 예외적으로 이행불능으로 인한 책임의 면제를 인정하기 위하여 발생한 계약목적좌절의 원칙의 발달에 의해 사정변경을 이유로 하는 계약의 해제가 판례에 의하여 인정되고 있다. 하영욱, "사정변경의 원칙", 법학연구(부산대학교), 제45권 제1호, 2004. 12, 283면 이하; 백태승, "사정변경원칙의 문제점", 사법행정(93. 10.), 9-12면; 이영준, "사정변경의 원칙에 관한 연구", 사법논집 제5집, 1974, 73면 이하; 김대정, "사정변경의 원칙을 명문화한 민법개정시안 제544조의4에 관한 검토", 법학연구(전북대학교) 제22집, 2001, 245면 이하 참조; 성위석, "사정변경의 원칙", 경북대법학 제2집, 1998, 35면 이하.
31) 곽윤직, 앞의 책, 92면.
32) 대법원 1955. 4. 14. 선고 4286민상231 판결.

의 계약내용대로 구속력을 인정하여 이행하게 하면 신의칙 내지 공평에 반하는 결과가 되어야 한다.[33] 그런데 우리의 학설은 앞서 언급한 대로 모두 사정변경의 원칙을 적용할 것을 주장하나 그 법적효과 면에서 계약해소에 중점을 두는 견해와 계약유지에 중점을 두는 견해가 있다.

계약해소를 강조하는 견해는 계약체결 당시에 예상하지 않았고 또한 예상할 수 없었던 사정이 발생한 경우에 당사자를 그대로 그 계약에 구속받게 하는 것은 가혹하기 때문에 계약을 해제 내지 해지할 수 있게 하는 것이 타당하다고 한다. 즉, 사정변경의 원칙을 해제권 내지 해지권 발생 문제와 결부시켜 이해하는 견해이다. 또한 사정변경으로 인한 계약의 해소시에는 민법 제551조의 적용을 배제하여 손해배상의무를 부정한다.[34] 그러나 독일의 행위기초론을 근거로 사정변경에 따른 법적 효과에 있어서 계약해소보다는 계약관계를 가급적 존속시킬 것을 강조하는 견해도 있다. 즉, 사정변경으로 인하여 손해를 입게 된 당사자는 상대방으로부터 그 이행을 청구당한 경우에 즉시 이행을 거부할 수 없지만 상대방에 대하여 자기가 부담하는 반대급부의 내용의 정도를 변경할 것을 청구할 수 있다는 의견이다. 극단적으로 물가가 상승한 경우에 매도인이 매매대금의 증액을 청구할 수 있는 경우가 그 전형적인 예이다. 그리고 계약의 해소는 양당사자를 만족시킬 수 없을 경우에만 행사할 수 있다.[35]

3. 계약금조정제도에 관한 소견

위에서 논의한 계약금액조정제도는 우리 국가계약법이 명문으로 인정하고 있다. 그 법률적 의미가 민법 제2조의 신의칙에서 파생된 사정변경원칙을 의식하고 이를 국가계약법에 도입하였는지는 불분명하다. 물가변동으로 인한 계약금액조정제도는 외관상 사정변경의 원칙의 원래 의미를 지니고 있다고 보이지만, 설계변경으로 인한 것이거나, 기타 계약내용의 변경으로 인한 것은 계약목적물에 있어서 계약의 동일성을 해하지 않을 정도의 계약의 내용의 변경이 이루어진 경우에 대금의 일부를 증액 내지 감액하는 제도를 의미하기 때문에, 즉 당사자의 의

---

33) 곽윤직, 채권각론, 박영사, 2001, 145면; 백태승, 사정변경의 원칙, 한국민법이론의 발전(I), 박영사, 2001, 43면.
34) 곽윤직, 앞의 책, 156면.
35) 백태승, 앞의 논문, 44면.

사의 합치로 행하는 것이기 때문에, 본래 의미의 사정변경이 발생하여 계약금액 조정을 하였다고 보기 힘든 면이 있다.

또한 물가변동에 의한 계약금액조정제도도 엄밀하게 따지면 사정변경원칙의 요건에 정확하게 부합되지 않는 면이 있다. 사정변경의 원칙이 정부계약에 있어서 적용되기 위해서는 입찰이나 낙찰 시 또는 계약체결 시에 성립되었던 사정이 변경되어야 하고, 이러한 사정의 변경을 계약당사자가 예상하지 못하였거나 예견할 수 없어야 한다. 이러한 예견의 불가능성도 현저한 것이어야 한다. 그런데 특히 물가변동과 관련하여서는 계약상대방은 아마도 원가계산 시 그동안 거래관행이나 상거래의 현상, 앞으로의 물가 변동 등을 계산하여 입찰 시 가격을 작성할 것이다. 즉, 적절한 가격변동을 예상한다는 것이다. 물론 우리 국가계약법이 경쟁계약을 원칙으로 삼으면서 경쟁의 기준을 가격으로 보아 최저가격을 제시한 자와 계약을 체결하는 것이 원칙이라고 하더라도, 최저가격을 제시한 자조차 가격변동이나 회사의 수익 등을 모두 고려할 것이기 때문이다. 그렇다고 한다면 사정변경의 원칙에서 제시하고 있는 당사자가 사정의 변경, 즉 물가의 변동을 예견할 수 없거나, 현저하게 예견할 수 없어야 하는데 정부계약에서는 다소 이 점에 부합하지 않는 면이 있다.

더 나아가서 국가계약에 있어서는 계약당사자의 계약목적, 계약취지 등 주관적 사정은 제외하고 오로지 객관적 사정만을 강조하고 있다. 국가계약법에 규정된 객관적 사정의 변화만을 계약금액조정의 사유로 삼고 있다. 이것이 국가계약의 한 특색이다.

그리고 당초의 계약 내용대로 구속력을 인정한다면 신의칙 내지 공평에 반하는 결과가 발생해야 하는데, 신의칙과 공평의 원칙에 반할 정도의 물가가 폭등하거나 객관적으로 보아 계약의 구속력을 인정해야 할 사정이 얼마나 자주 발생하겠느냐는 것이다. 물론 1997 – 1998 사이의 IMF 사태가 발생할 당시 원자재 가격의 폭등이 있었으나, 이를 일반적인 현상으로 보아 법이론을 구성하기에는 다소 무리가 있다. 대부분의 경우에 물가는 완만하게 상승하거나 물가상승이 예견되는 경우가 많은데, 이러한 경우에도 계약금액의 조정을 해야 한다면 원래 의미의 사정변경의 원칙과도 맞지 않는 면이 있다.

따라서 물가변동으로 인한 계약금액조정은 계약법상의 원칙인 형평성 내지 계약의 일방이 정부 내지 공공기관이기 때문에 특히 강조되어야 할 공정성을 구현하기 위하여 우리 국가계약법이 정책적으로 도입한 제도라고 여겨진다.

계약상대자의 입장에서 보면 물가변동으로 인한 계약금액의 증액에 대해서는 불만이 있을 수 없겠지만, 물가변동으로 인한 계약금액의 감액과 관련하여서는 계약의 공평성과 관련하여 의문이 제기될 수 있다.[36] 그러나 국가계약법 제19조와 시행령 제64조, 시행규칙 제74조 등을 종합적으로 해석하여 보면 조정의 의미에는 증액과 감액이 모두 포함되며, 계약상대자의 신청에 의하여 계약금액증액 신청이 있을 경우 서로 협의하여 계약금액의 증액을 논하고 있으므로 감액의 경우에도 이와 달리 취급할 필요는 없다. 또한 물가변동 시 법에 규정된 요건이 충족되더라도 자동적으로 계약금액의 조정이 행해지는 것은 아니기 때문에 감액의 청구도 가능하다고 보인다. 따라서 일반적인 사정변경의 원칙에 꼭 부합하지는 않는다.

앞서 살펴본 바와 같이 국가계약법상 계약금액 조정제도는 방대할 뿐만 아니라 법률적으로도 의미가 있다. 실무상으로 분쟁의 소지가 많다. 제도의 본래의 취지가 계약의 공평성을 이룩하고자 하는 것인데, 오히려 악용의 소지를 다분히 가지고 있다. 특히 물가변동으로 인한 계약금액조정제도는 조정금액의 산출방식이나 기준과 관련하여 계약상대자와 끊임없는 분쟁의 소재가 된다.

또한 설계변경으로 인한 계약금액조정은 사실상 사후에 계약대금을 상향시키는 역할을 한다. 일부터 초기에는 낮은 가격으로 입찰을 한 후에 낙찰이 된 이후에 설계변경을 통해서 공사도 지연시키고 사업비가 늘어나도록 하여 계약대금을 보충하는 것이다. 예를 들면 1985년에 시작된 공사가 올해 종료되면서 그동안 설계가 30번 정도 바뀌면서 착공 초에 예정되었던 공사비 495억 원이 1,725억 원으로 늘어나는 경우이다. 설계가 너무 잦아 결국은 사업의 규모가 커지고 예산의 낭비를 초래한다.[37] 실무상 설계변경이라는 제도를 악용하여 일단 계약을 체결한 후에 설계변경을 통하여 계약금액을 조정하여 사후에 계약대금을 올리는 대체수단의 역할을 하고 있다. 기타 계약내용의 변경으로 인한 계약금액조정 역시 그 내용의 일반성 때문에 마치 일반조항인 것처럼 여겨지고 요건도 불분명하다. 이러한 측면 때문에 계약금액조정은 계약이행 전에 계약내용의 변경이 이루어져야 함에도 불구하고 계약 이행 중에 계약내용을 변경시켜 계약금을 조정하

---

36) 서울고등법원 2004. 5. 12. 선고 2003나72988 판결.
37) 조선일보 2005. 10. 16.자 사설.

는 사례들을 종종 볼 수 있다.

계약금액조정제도는 사정변경의 원칙을 도입한 것이든 아니든, 법적 안정성
보다 구체적 타당성에 더 무게를 둔 것으로 보인다. 국가계약제도에 있어서 법적
안정성을 강조한다면 계약금액조정제도를 인정할 필요는 없을 것이고, 계약이 체
결된 대로 이행하라고 하면 될 것이다. 그러나 국가계약제도는 한편으로는 사적
계약의 형태를 띠고 있지만, 다른 한편으로는 국가의 공권력이 개인과 동등한 자
격으로 경제활동에 참여하는 것이기 때문에 경제주체로서의 성격도 강조된다. 하
지만, 경제 부양자로서의 성격도 가지고 있으므로 계약내용의 구체적 타당성의
구현에도 이바지하여야 한다. 이러한 양자의 적절한 조정점이 현행 계약금액조정
제도라고 판단되며, 계약 내용의 급격한 변화를 피하면서 계약의 적정성을 유지
하려는 제도로서 그 역할을 수행하고 있다.

제23강

부정당업자의 입찰참가자격제한

제23강

부정당업자의 입찰참가자격제한

Ⅰ. 의의

계약상대자가 이미 체결한 계약을 불이행하거나 계약을 체결하지 않는 등 발주기관이 행하는 장래의 계약에 참여시키는 것이 부적절하다고 판단되는 경우에 다음의 정부계약에 참여하지 못하게 하는 제도가 있다. 이를 흔히 부정당업자제재라고 부른다. 일반 계약법상의 원칙에 따르면 계약당사자가 다음 계약과정이나 체결에 진입하는 것을 막지 못하는 것이 원칙이나 정부계약법에서는 계약목적을 달성하기 위하여 불성실하거나 불공정한 행위를 한 경우에 계약진입에 제한을 가하는 제도를 마련해 두고 있다. 이 제도를 부정당업자의 입찰참가자격제한이라고 부른다.

부정당업자의 입찰참가자격제한과 관련하여 국가계약법 제27조 제1항에 규정되어 있다.

국가계약법에 따르면 계약상대자의 계약이행에 하자가 있다거나 또는 입찰참가와 관련하여 공정한 계약의 집행 내지 이행을 하지 않았거나 해칠 우려가 있는 경우에 일정 기간 입찰참가자격을 제한하거나 계약체결을 제한할 수 있다. 이러한 제한이 되는 경우에는 중앙기관, 지방자치단체뿐만 아니라, 공공기관, 지방의 공기업 등도 모두 포함된다.

그런데 국가계약법 제27조의2에 과징금 제도를 도입하였다. 각 중앙관서의 장은 제27조 제1항에 따라 부정당업자에게 입찰 참가자격을 제한하여야 하는 경우로서 다음 각 호의 어느 하나에 해당하는 경우에는 입찰 참가자격 제한을 갈음하여 사유에 따라 일정 금액 이하의 과징금을 부과할 수 있다. 부정당업자의 위반행위가 예견할 수 없음이 명백한 경제여건 변화에 기인하는 등 부정당업자의 책임이 경미한 경우로서 대통령령으로 정하는 경우로서 위반행위와 관련된 계약의 계약금액(계약을 체결하지 아니한 경우에는 추정가격을 말한다)의 100분의 10에 해당하는 금액, 또는 입찰 참가자격 제한으로 유효한 경쟁입찰이 명백히 성립되지 아니하는 경우로서 대통령령으로 정하는 경우로서 위반행위와 관련된 계약의 계약금액(계약을 체결하지 아니한 경우에는 추정가격을 말한다)의 100분의 30에 해당하는 금액을 부과할 수 있도록 하고 있다(국가계약법 제27조의2 제1항).

과징금 부과의 법적 성격을 행정처분으로 보는 것이 올바르다고 판단된다. 입찰참가자격제한에 대신하여 부과하고, 과징금을 부과 받은 자가 납부기한까지 납부하지 않으면, 국세 체납처분의 예에 따라 징수하는 점에 비추어 보면 행정처분의 성격을 가지기 때문이다.

행정처분인 부정당업자제재처분과 함께 형사벌은 병과될 수 있다.

II. 제도의 취지

부정당업자제재제도의 입법 취지에 관해 헌법재판소와 대법원은 다음과 같이 해석하고 있다.

이 사건 자격제한조항 및 위임조항은 계약을 체결함에 있어 공정한 경쟁 또는 계약의 적정한 이행을 해칠 것이 명백하다고 판단되는 자, 즉 부정당업자에 대하여 정부투자기관이 일정기간 입찰참가자격을 제한하는 처분을 할 수 있도록 하면서 입찰참가자격이 제한되는 부정당업자의 유형과 제한기간을 재정경제부령인 정부투자기관회계규칙에 위임하고 있다. 이에 따라 정부투자기관회계규칙 제23조 제1항은 제한기간을 1월 이상 2년 이하로 정함과 아울러 입찰참자자격이 제한되는 부정당업자의 유형을 앞서 본 관련 규정의 내용과 같이 14가지로 나누어 정하고 있다.

이러한 입찰참가자격제한제도는 부정당업자가 정부투자기관의 계약에 관여함에 따라 여러 가지 공적 폐해가 발생할 우려가 있는 경우를 방지하고 계약의 공정성을 확보함과 동시에 정부투자기관이 추구하는 공적 목표를 달성하기 위하여 계약의 충실한 이행을 확보하는 것을 그 목적으로 한다.[1]

국계법 제27조 제1항에서 부정당업자의 입찰참가자격을 제한하는 제도를 둔 취지는 국가를 당사자로 하는 계약에서 공정한 입찰 및 계약질서를 어지럽히는 행위를 하는 자에 대하여 일정기간 동안 입찰참가를 배제함으로써 국가가 체결하는 계약의 성실한 이행을 확보함과 동시에 국가가 입게 될 불이익을 미연에 방지하기 위함이다.

우리 재판소는 국계법 제27조 제1항과 유사하게 부정당업자에 대한 입찰참가자격제한을 규정하고 있는 정부투자기관관리기본법 제20조 제2항 등의 위헌여부가 문제된 사건에서 "이러한 입찰참가자격 제한제도는 부정당업자가 정부투자기관의 계약에 관여함에 따라 여러 가지 공적 폐해가 발생할 우려가 있는 경우를 방지하고 계약의 공정성을 확보함과 동시에 정부투자기관이 추구하는 공적 목표를 달성하기 위하여 계약의 충실한 이행을 확보하는 것을 그 목적으로 한다."고 판시하였다(헌재 2005. 4. 28. 2003헌바40, 공보 104, 581, 585).[2]

국가를당사자로하는계약에관한법률 제27조 제1항의 입법취지가 경쟁의 공정한 집행 또는 계약의 적정한 이행을 확보하기 위하여 이를 해하는 행위를 한 자에 대하여 일정기간 동안 입찰참가자격을 제한하려는 데에 있고 이를 구체화한 것이 구 같은법시행령(1999. 9. 9. 대통령령 제16548호로 개정되기 전의 것) 제76조 제1항 각 호의 규정이므로 같은 항 제8호가 정하는 서류위조의 의미를 해석함에 있어서도 가능한 한 이러한 입법취지를 존중하여 그에 부합되도록 새기는 것이 타당하다 할 것인바, 입찰이나 그에 따른 계약시 입찰참가자격에 관한 서류 기타 계약에 관한 서류를 작성함에 있어서 타인의 명의를 도용하는 방법으로 위조하여 제출하는 행위는 물론 자신의 명의로 작성하더라도 허위의 내용을 기재한 서류를 작성하여 제출하는 행위 역시 같은 법에서 규정한 경쟁의 공정한 집행 또는 계약의 적정한 이행을 해칠 염려가 있는 행위에 해당함은 분명하다 할 것이고, 한편 강학상 넓은 의미의 위조의 개념에는 유형위조뿐만 아니라 무형위조도 포함되므로 위 시행령에서 말하는 위조의 의미를 반드시 형법상 가장 좁은 의미의

---

1) 헌법재판소 2005. 4. 28. 선고 2003헌바40 전원재판부.
2) 헌법재판소 2005. 6. 30. 2005헌가1.

위조의 개념인 유형위조로만 한정하여 해석하여야 할 근거는 없다 할 것이 니, 위 시행령의 해석에 있어서는 위와 같은 서류를 허위로 작성한 행위도 서류를 위조한 경우에 해당하는 것으로 해석함이 상당하다 할 것이고, 이와 같이 새긴다고 하여 이를 유추해석이나 확장해석이라고 할 것은 아니다.[3]

Ⅲ. 제재의 주체

입찰참가자격 제한의 주체는 국가인 경우에는 중앙관서의 장이다(법 제27조 제 1항). 지방자치단체인 경우에는 지방자치단체의 장(지방계약법 제31조), 공기업·준 정부기관인 경우에는 각 공기업·준정부기관의 장(공기업·준정부기관 계약사무규칙 제15조), 지방공기업인 경우에는 지방공기업의 장이 된다. 따라서 계약담당공무원 이 부정당업자제재를 가하는 것은 위법이다.

> 지방자치단체를 당사자로 하는 계약에 관한 법률(이하 '지자체계약법'이 라 한다) 제7조 제1항, 제2항, 제31조 제1항 및 조달사업에 관한 법률(이하 '조달사업법'이라 한다) 제5조의2 제1항, 제2항 등 관련 규정들을 모두 종합 하여 보면, 지방자치단체의 장이 조달청장에게 수요물자 구매에 관한 계약 체결을 요청한 경우 그 계약사무의 처리에 관하여는 지자체계약법이 적용 되고 그 계약의 이행 등과 관련한 입찰 참가자격 제한에 관한 권한은 지자 체계약법 제31조 제1항에 따라 지방자치단체의 장에게 있다고 할 것이다.[4]

부정당업자제재를 가하는 권한을 위임할 수 있는지에 관해서는 법령상 위임 규정이 없고, 그 성질상으로도 제재권한을 위임할 수 없다고 보아야 한다.

> 행정처분의 효력정지나 집행정지를 구하는 신청사건에서는 행정처분 자 체의 적법 여부는 원칙적으로 판단의 대상이 아니고, 그 행정처분의 효력이 나 집행을 정지할 것인가에 관한 행정소송법 제23조 제2항에서 정한 요건 의 존부만이 판단의 대상이 되는 것이다. 다만, 집행정지는 행정처분의 집 행부정지원칙의 예외로서 인정되는 것이고, 또 본안에서 원고가 승소할 수 있는 가능성을 전제로 한 권리보호수단이라는 점에 비추어 보면, 집행정지

---

3) 대법원 2000. 10. 13. 선고 99두3201 판결.
4) 대법원 2012. 11. 15. 선고 2011두31635 판결.

사건 자체에 의하여도 신청인의 본안청구가 적법한 것이어야 한다는 것을 집행정지의 요건에 포함시키는 것이 옳다.

행정소송의 대상이 되는 행정처분은, 행정청 또는 그 소속기관이나 법령에 의하여 행정권한의 위임 또는 위탁을 받은 공공기관이 국민의 권리의무에 관계되는 사항에 관하여 공권력을 발동하여 행하는 공법상의 행위를 말하며, 그것이 상대방의 권리를 제한하는 행위라 하더라도 행정청 또는 그 소속기관이나 권한을 위임받은 공공기관의 행위가 아닌 한 이를 행정처분이라고 할 수 없다.

수도권매립지관리공사가 갑에게 입찰참가자격을 제한하는 내용의 부정당업자제재처분을 하자, 갑이 제재처분의 무효확인 또는 취소를 구하는 행정소송을 제기하면서 제재처분의 효력정지신청을 한 사안에서, 수도권매립지관리공사는 행정소송법에서 정한 행정청 또는 그 소속기관이거나 그로부터 제재처분의 권한을 위임받은 공공기관에 해당하지 않으므로, 수도권매립지관리공사가 한 위 제재처분은 행정소송의 대상이 되는 행정처분이 아니라 단지 갑을 자신이 시행하는 입찰에 참가시키지 않겠다는 뜻의 사법상의 효력을 가지는 통지에 불과하므로, 갑이 수도권매립지관리공사를 상대로 하여 제기한 위 효력정지신청은 부적법함에도 그 신청을 받아들인 원심결정은 집행정지의 요건에 관한 법리를 오해한 위법이 있다.[5]

그리고 중앙관서의 장으로부터 구 국가계약법 제6조 제3항에 따라 요청조달계약의 형식으로 계약에 관한 사무를 위탁받은 조달청장이 같은 법 제27조 제1항에 따라 입찰참가자격제한 처분을 할 수 있는 권한이 있는지에 관해서는 적극적으로 해석하고 있다. 다만, 조달청장이 「조달사업에 관한 법률」 제5조의2 제1항 또는 제2항에 따라 수요기관으로부터 계약 체결을 요청받은 요청조달계약에 따라 체결하는 경우, 조달청장은 수요기관으로부터 요청받은 계약 업무를 이행하는 것에 불과하므로, 조달청장이 수요기관을 대신하여 국가계약법 제27조 제1항에 규정된 입찰참가자격제한 처분을 할 수 있기 위해서는 그에 관한 수권의 근거 또는 수권의 취지가 포함된 업무 위탁에 관한 근거가 법률에 별도로 마련되어 있어야 한다.[6]

---

5) 대법원 2010. 11. 26.자 2010무137 결정.
6) 대법원 2017. 6. 29. 선고 2014두14389 판결.

국가계약법 제6조 제3항은 "각 중앙관서의 장은 대통령령으로 정하는 바에 따라 그 소관의 계약에 관한 사무를 다른 관서에 위탁할 수 있다."라고 규정하고 있다. ① 국가계약법에 계약 사무 위탁에 관하여 법률 규정을 별도로 두고 있는 취지는 조달청에서 운영하고 있는 전문적이고 체계적인 조달시스템을 완전하게 이용하도록 하기 위한 것인 점, ② 이 사건 요청조달계약의 수요기관은 중앙관서의 장(국토교통부장관)에게 속한 지방행정청으로서 계약 사무 위탁 전에 국토교통부장관이 독자적인 입찰참가자격제한 처분 권한을 보유하고 있었던 점, ③ 중앙관서의 장으로부터 조달청장에게 계약 사무가 전적으로 위탁된 이상, 조달청장은 국가계약법에서 정한 제반 절차에 따라 위탁기관의 계약과 관련한 사무를 처리하여야만 하는 점 등을 종합하여 보면, 국가계약법 제6조 제3항의 '계약에 관한 사무 위탁'에는 국가계약법에서 정한 중앙관서의 장의 입찰참가자격제한 처분 권한에 관한 수권도 당연히 포함되는 것으로 볼 수 있다.[7]

이러한 법리와 관련 규정의 내용 및 취지에 비추어 보면, 중앙관서의 장인 국토교통부장관으로부터 국가계약법 제6조 제3항에 따라 요청조달계약의 형식으로 계약에 관한 사무를 위탁받은 피고는 국가계약법 제27조 제1항에 따라 입찰참가자격제한 처분을 할 수 있는 권한이 있다고 봄이 타당하다.

Ⅳ. 제제의 사유

국가계약법 제27조 제1항 각 호에서 부정당업자의 입찰참가자격 제한사유에 관하여 규정하고 있다.

1. 계약을 이행할 때에 부실·조잡 또는 부당하게 하거나 부정한 행위를 한 자(제1호)
2. 경쟁입찰, 계약 체결 또는 이행 과정에서 입찰자 또는 계약상대자 간에 서로 상의하여 미리 입찰가격, 수주 물량 또는 계약의 내용 등을 협정하였거나 특정인의 낙찰 또는 납품대상자 선정을 위하여 담합한 자(제2호)

건설산업기본법 제95조는, 건설공사의 입찰에 있어 다음 각 호의 1에 해당하는 행위를 한 자는 5년 이하의 징역 또는 5천만 원 이하의 벌금에 처한

[7] 대법원 2017. 10. 12. 선고 2016두40993 판결 참조.

다고 규정하고, 제3호에서 "위계 또는 위력 기타의 방법으로 다른 건설업자의 입찰행위를 방해한 자"를 들고 있는바, 이는 같은 호의 '다른 건설업자'라는 법문이나 이와 병렬관계에 있는 같은 조 제1호 및 제2호의 규정 내용에서도 알 수 있듯이 건설공사의 입찰에 있어 입찰의 공정을 해치는 행위를 하는 건설업자들을 특별히 가중 처벌하기 위한 것으로서 입찰방해죄를 규정한 형법 제315조의 특별규정이다.

건설산업기본법 제95조 제3호에서 규정하고 있는 입찰방해 행위가 있다고 인정하기 위하여는 그 방해의 대상인 입찰이 현실적으로 존재하여야 한다고 볼 것이므로, 실제로 실시된 입찰절차에서 실질적으로는 단독입찰을 하면서 마치 경쟁입찰을 한 것처럼 가장하는 경우와는 달리, 실제로는 수의계약을 체결하면서 입찰절차를 거쳤다는 증빙을 남기기 위하여 입찰을 전혀 시행하지 아니한 채 형식적인 입찰서류만을 작성하여 입찰이 있었던 것처럼 조작한 행위는 위 규정에서 말하는 입찰방해 행위에 해당한다고 할 수 없다.[8]

침익적 행정처분의 근거가 되는 행정법규는 엄격하게 해석·적용하여야 하고 행정처분의 상대방에게 불리한 방향으로 지나치게 확장해석하거나 유추해석하여서는 안 되며, 그 입법 취지와 목적 등을 고려한 목적론적 해석이 전적으로 배제되는 것은 아니라 하더라도 그 해석이 문언의 통상적인 의미를 벗어나서는 안 될 것인바, 국가를 당사자로 하는 계약에 관한 법률 시행령 제76조 제1항 본문이 입찰참가자격 제한의 대상을 '계약상대자 또는 입찰자'로 정하고 있는 점 등에 비추어 보면, 같은 항 제7호에 규정된 '특정인의 낙찰을 위하여 담합한 자'는 '당해 경쟁입찰에 참가한 사람'으로서 그 입찰에서 특정인이 낙찰되도록 하기 위한 목적으로 담합한 사람을 의미한다고 보아야 하고, 당해 경쟁입찰에 참가하지 아니함으로써 경쟁입찰의 성립 자체를 방해하는 담합행위자는 설사 그 경쟁입찰을 유찰시켜 수의계약이 체결되도록 하기 위한 목적에서 비롯된 것이라 하더라도 위 '계약상대자 또는 입찰자'에 해당한다고 할 수 없다.[9]

계약사무처리규칙 제25조 제9호와 이에 근거하여 재무부장관이 정한 입찰유의서(1993.5.20. 회계예규 2200.04－102－12) 제10조 제8호에서 입찰무효의 사유로 규정한 담합이라 함은, 입찰자가 입찰을 함에 즈음하여 실질적으로는 단독입찰인 것을 그로 인한 유찰을 방지하기 위하여 경쟁자가 있

---

8) 대법원 2001. 2. 9. 선고 2000도4700 판결.
9) 대법원 2008. 2. 28. 선고 2007두13791, 13807 판결.

는 것처럼 제3자를 시켜 형식상 입찰을 하게 하는 소위 들러리를 세운다거나 입찰자들끼리 특정한 입찰자로 하여금 낙찰받게 하거나 당해 입찰에 있어서 입찰자들 상호 간에 가격경쟁을 하는 경우 당연히 예상되는 적정한 가격을 저지하고 특정입찰자에게 부당한 이익을 주고 입찰실시자에게 그 상당의 손해를 입히는 결과를 가져올 정도로 싼 값으로 낙찰되도록 하기 위한 사전협정으로서 그 어느 경우이건 최저가입찰자가 된 입찰자에게 책임을 돌릴 수 있는 경우를 말하고, 단지 기업리윤을 고려한 적정선에서 무모한 출혈경쟁을 방지하기 위하여 일반거래 통념상 인정되는 범위 내에서 입찰자 상호 간에 의사의 타진과 절충을 한 것에 불과한 경우는 위의 담합에 포함되지 않는다.10)

건설회사 임직원과 관계 공무원 간의 공모로 최종 낙찰 예정가를 사전에 알아내어 그에 근접한 금액으로 낙찰을 받은 경우, 그 입찰은 구 예산회계법시행령(1995. 7. 6. 대통령령 제14710호로 개정되기 전의 것) 제97조 제3항, 구 계약사무처리규칙(1995. 7. 6. 폐지) 제25조 제9호에 의하여 적용되는 입찰유의서(회계예규) 제10조 제8호 소정의 '담합하거나 타인의 경쟁참가를 방해 또는 관계 공무원의 공무집행을 방해한 자의 입찰'에 해당하여 무효이고, 이에 터잡아 이루어진 공사도급계약 역시 무효이다.11)

3. 「건설산업기본법」, 「전기공사업법」, 「정보통신공사업법」, 「소프트웨어 진흥법」 및 그 밖의 다른 법률에 따른 하도급에 관한 제한규정을 위반(하도급통지의무위반의 경우는 제외한다)하여 하도급한 자 및 발주관서의 승인 없이 하도급을 하거나 발주관서의 승인을 얻은 하도급조건을 변경한 자

원고 회사가 피고(부산직할시장) 산하 구청장으로부터 수급한 공사의 일부를 건설업면허가 없는 소외인에게 하도급하여 시공케 한 것은 예산회계법시행령 제89조 제1항 제8호에 해당하므로 원고의 일반경쟁입찰참가자격을 6개월간 제한한 피고의 처분은 정당하다.12)

원고가 공사를 도급받은 후 임의로 그 공사를 (갑)에게 일괄하도급을 주었고 동인은 다시 (을)에게 하도급을 주어 예산회계법시행령 제89조 제1항

---

10) 대법원 1994. 12. 2. 선고 94다41454 판결.
11) 대법원 1997. 7. 25. 선고 97다15852 판결.
12) 대법원 1983. 7. 12. 선고 83누127 판결.

제8호에 위반하였으나 원고 회사는 종합건설면허를 받아 5년 이상이나 군 시설공사에 적극참여한 성실업체로서 불리한 지리적 조건과 공사에 필요한 인부, 자재등의 조달에 어려움이 있어 그 시설공사를 하도급 주었던 것이며 그후 공사가 순조롭게 진척되지 아니하자 원고가 다시 직접시공하여 계약 내용대로 그 공사를 완료한 것이라면 원고에 대한 1년간의 입찰참가자격 제한처분은 재량권행사의 범위를 벗어난 위법한 것이다.[13)]

4. 사기, 그 밖의 부정한 행위로 입찰·낙찰 또는 계약의 체결·이행 과정에서 국가에 손해를 끼친 자(제4호)

부정한 행위의 의미에 관해서,

구 조세범 처벌법(2010. 1. 1. 법률 제9919호로 전부 개정되기 전의 것, 이하 같다) 제9조 제1항에 규정된 조세포탈죄에서 '사기 기타 부정한 행위' 라 함은, 조세의 포탈을 가능하게 하는 행위로서 사회통념상 부정이라고 인정되는 행위, 즉 조세의 부과와 징수를 불가능하게 하거나 현저히 곤란하게 하는 위계 기타 부정한 적극적 행위를 말한다. 따라서 다른 행위를 수반함이 없이 단순히 세법상의 신고를 하지 아니하거나 허위의 신고를 함에 그치는 것은 이에 해당하지 않지만, 과세대상의 미신고나 과소신고와 아울러 수입이나 매출 등을 고의로 장부에 기재하지 않는 행위 등 적극적 은닉의도가 나타나는 사정이 덧붙여진 경우에는 조세의 부과와 징수를 불능 또는 현저히 곤란하게 만든 것으로 인정할 수 있다 할 것이다.[14)]

그리고 계약상대자, 입찰자 또는 제30조 제2항에 따라 전자조달시스템을 이용하여 견적서를 제출하는 자, 계약상대자 등의 대리인, 지배인 또는 그 밖의 사용인이 부정당업자제재 사유에 해당하는 행위를 한 경우에도 이 제재를 받을 수 있다.

5. 「독점규제 및 공정거래에 관한 법률」 또는 「하도급거래 공정화에 관한 법률」을 위반하여 공정거래위원회로부터 입찰참가자격 제한의 요청이 있는 자(제5호)

---

13) 대법원 1985. 12. 24. 선고 85누461 판결.
14) 대법원 2012. 6. 14. 선고 2010도9871 판결.

6. 「대·중소기업 상생협력 촉진에 관한 법률」 제27조제7항에 따라 중소벤처기업부장관으로부터 입찰참가자격 제한의 요청이 있는 자(제6호)

7. 입찰·낙찰 또는 계약의 체결·이행과 관련하여 관계 공무원(제27조의3 제1항에 따른 과징금부과심의위원회, 제29조제1항에 따른 국가계약분쟁조정위원회, 「건설기술 진흥법」에 따른 중앙건설기술심의위원회·특별건설기술심의위원회 및 기술자문위원회, 그 밖에 대통령령으로 정하는 위원회의 위원을 포함한다)에게 뇌물을 준 자(제7호)

건설회사의 현장감독이 수급한 공사와 관련하여 편의를 보아 달라는 명목에서 관계공무원에게 금원을 제공하였다면 이는 위 회사를 위한 것으로 보여지므로 그 증뢰가 회사의 자금 또는 회사 대표이사의 지시에 의하여 이루어진 것이 아니라 하더라도 위와 같은 증뢰행위는 지방재정법시행령 제58조의2, 예산회계법시행령 제89조 제1항 제9호 소정의 공사계약의 상대자인 위 회사의 사용인이 그 계약의 이행에 관련하여 관계공무원에게 증뢰한 경우에 해당한다.[15]

원고회사의 현장소장이 하도급업자와 공모하여 그 수급한 공사에 관련하여 편의를 보아 달라는 명목에서, 관계공무원(공사감독관)에게 금원을 제공하였다면 이는 하도급업자뿐 아니라 원고회사를 위한 것으로도 보여지고 그 증뢰가 원고회사의 자금 또는 동 회사대표이사의 지시에 의하여 이루어진 것이 아니라 하더라도 위 증뢰행위는 공사계약 상대자인 원고회사의 사용인이 그 계약이행에 관련하여 관계공무원에게 증뢰한 경우에 해당한다고 봄이 상당하다.[16]

8. 계약을 이행할 때에 「산업안전보건법」에 따른 안전·보건 조치 규정을 위반하여 근로자에게 대통령령으로 정하는 기준에 따른 사망 등 중대한 위해를 가한 자(제8호)

9. 그 밖에 다음 각 목의 어느 하나에 해당하는 자로서 대통령령으로 정하는 자(제9호)

가. 입찰·계약 관련 서류를 위조 또는 변조하거나 입찰·계약을 방해하는

---

15) 대법원 1985. 7. 23. 선고 85누136 판결.
16) 대법원 1984. 4. 24. 선고 83누574 판결.

등 경쟁의 공정한 집행을 저해할 염려가 있는 자

이와 관련된 사례들을 살펴보면 다음과 같다.

  침구제조 및 납품업을 하는 중소기업이 중소기업제품구매촉진법에 위반하
여 중소기업자가 생산한 제품이 아닌 대기업제품을 납품하고 공장등록증변
조 등의 행위를 한 것은 입찰참가자격제한사유인 지방재정법 제62조, 구 지
방재정법시행령(1993.9.23. 대통령령 제13981호로 개정되기 전의 것) 제71
조, 구 예산회계법시행령(1993.9.23. 대통령령 제13980호로 개정되기 전의
것) 제130조 제1항 제1호, 제10호, 구 계약사무처리규칙(1993.10.20. 재무부
령 제1948호로 개정되기 전의 것) 제79조 제1항 및 별표 제1호 (가)목, (다)
목 소정의 "계약의 이행에 있어서 현저하게 조잡 또는 부당하게 하거나 부정
한 행위를 한 자" 및 "입찰참가자격에 관한 서류를 위조 또는 변조한 자"에
해당되고, 지방자치단체의 장이 그 중소기업에 대한 입찰참가자격제한의 처
분사유로 삼은 사유들 중 고가납품관계사유는 계약체결상의 문제일 뿐 계약
이행상의 문제가 아니고 공장등록증변조관계사유는 그 후 적법하게 공장등
록을 완결하여 그 변조행위가 치유될 수 있는 것이어서 이들 사유를 각 제외
한다 하더라도 위 대기업제품납품사유만으로도 입찰참가자격제한사유가 있
으며, 나아가 그 중소기업이 여러 번에 걸쳐 단체수의계약물량의 대부분을
납품하였고 그 가격 역시 고액인 점 등에 비추어 볼 때 영업상 지장 등 제반
사정을 고려한다 하더라도 입찰참가자격제한으로 인해 달성하려고 하는 공
익목적에 비해 해당 납품업체가 입은 불이익이 지나치게 무겁다고 할 수 없
어 재량권일탈·남용의 위법이 없다.[17]
  지방재정법 제62조, 같은법시행령 제71조에 의한 예산회계법시행령 제
130조 제1항 제1호 소정의 "계약에 관한 서류"라 함은 지방자치단체의 장
또는 중앙관서의 장과 체결하는 계약의 내용과 효력을 정하는 문서라 할 것
인데, 지방재정법 제63조, 같은법시행령 제70조에 의하여 지방자치단체에도
준용하는 예산회계법시행령 제86조 제3항, 제4항에 의하면 공사예정금액이
100,000,000원 이상인 토목공사에 있어서는 다른 공사와는 달리 입찰 전 현
장설명시 공종별 목적물 물량이 표시된 내역서 및 동 물량에 대한 단가의
산출을 위하여 세부적으로 정한 설명서를 입찰자들에게 배부하고, 입찰시
입찰자들로 하여금 위 배부받은 내역서에 단가를 기재한 산출내역서를 입

---

17) 대법원 1994. 8. 23. 선고 94누3568 판결.

찰서에 첨부하게 하여야 한다고 규정하고 있으며, 이에 따라 계약을 체결함에 있어서 시설공사도급표준계약서에 산출내역서를 첨부하여 이를 위 계약의 내용을 정하는 문서로 정하고 있음이 명백하므로, 이는 위 예산회계법시행령에서 말하는 "계약에 관한 서류"라 할 것이다.

나. 지방자치단체의 장과 공사예정금액이 1억 원 이상인 토목공사도급계약을 체결한 원고가 그 후 일위대가표를 작성제출하면서 당초 입찰시나 계약체결시에 첨부하였던 산출내역서와는 공종별 단가가 일부 달리 기재된 산출내역서를 제출하여 그 내역서가 마치 정당한 내역서인 것처럼 계약관계서류에 첨부되게 하였고, 이어 1차공사를 마치고 그 부분에 대한 공사금을 청구함에 있어서도 위 뒤에 첨부한 산출내역서에 따른 돈을 청구하여 지급받음으로써 원래의 산출내역서에 의할 때보다 1천여 만원을 초과지급받았다면, 원고는 계약에 관한 서류인 위 내역서를 임의로 변경하였다 할 것이므로, 이는 예산회계법시행령 제130조 제1항 제1호 소정의 "계약에 관한 서류를 위조 또는 변조한 자"에 해당한다고 한 사례.

다. 위 "나"항의 경우, 100,000,000원 이상의 토목공사에 있어서 입찰시 사전에 공종별로 단가가 기재된 산출내역서를 제출하게 한 취지는 토목공사의 경우에는 다른 공사와 달리 사후 설계변경이나 물량변경의 가능성이 많으므로 사전에 산출내역서를 제출케 하여 공종별 단가를 확정시켜 둠으로써 설계변경이나 물량변경시 이를 기준으로 하여 공사금액을 조정하고자 함에 있다 할 것이니, 토목공사에 있어서 총 계약금액은 예정된 대로의 공사가 있을 것을 전제로 한 예정금액 이상의 의미가 없는 데 대하여, 산출내역서상의 단가는 실제의 공사금액을 결정하는 중요한 요소라 할 것이어서, 계약체결 후 산출내역서의 단가를 고치는 것은 실제 수령공사금에 변동을 가져오는 매우 중대한 문제라 할 것이고, 여기에다가 원고가 산출내역서를 교체한 방법 및 그 후 그 내역서에 따라 1차 공사금을 1천여 만 원이나 더 많이 수령하여 간 점 등을 함께 고려하면, 원고 업체가 주로 관급공사를 맡아 수행하는 대규모의 업체로 여태까지 아무런 잘못이 없었고 공사도 하자없이 마쳤으며 이 사건 처분으로 1백여 명에 이르는 직원들이 실직하게 될 위험이 있다는 점 등을 참작하더라도, 1년 6월 동안의 입찰참가자격을 제한한 이 사건 처분이 적정하고 재량권 남용의 위법이 없다.[18]

국가를당사자로하는계약에관한법률 제27조 제1항의 입법취지가 경쟁의 공정한 집행 또는 계약의 적정한 이행을 확보하기 위하여 이를 해하는 행위

---

18) 대법원 1992. 4. 24. 선고 91누6993 판결.

를 한 자에 대하여 일정기간 동안 입찰참가자격을 제한하려는 데에 있고 이
를 구체화한 것이 구 같은법시행령(1999. 9. 9. 대통령령 제16548호로 개정
되기 전의 것) 제76조 제1항 각 호의 규정이므로 같은 항 제8호가 정하는
서류위조의 의미를 해석함에 있어서도 가능한 한 이러한 입법취지를 존중
하여 그에 부합되도록 새기는 것이 타당하다 할 것인바, 입찰이나 그에 따
른 계약시 입찰참가자격에 관한 서류 기타 계약에 관한 서류를 작성함에 있
어서 타인의 명의를 도용하는 방법으로 위조하여 제출하는 행위는 물론 자
신의 명의로 작성하더라도 허위의 내용을 기재한 서류를 작성하여 제출하
는 행위 역시 같은 법에서 규정한 경쟁의 공정한 집행 또는 계약의 적정한
이행을 해칠 염려가 있는 행위에 해당함은 분명하다 할 것이고, 한편 강학
상 넓은 의미의 위조의 개념에는 유형위조뿐만 아니라 무형위조도 포함되
므로 위 시행령에서 말하는 위조의 의미를 반드시 형법상 가장 좁은 의미의
위조의 개념인 유형위조로만 한정하여 해석하여야 할 근거는 없다 할 것이
니, 위 시행령의 해석에 있어서는 위와 같은 서류를 허위로 작성한 행위도
서류를 위조한 경우에 해당하는 것으로 해석함이 상당하다 할 것이고, 이와
같이 새긴다고 하여 이를 유추해석이나 확장해석이라고 할 것은 아니다.[19]

법 제27조 제1항 제9호 가목의 경쟁의 공정한 집행을 저해할 염려가 있는 자
의 행위에 대한 내용은 시행령 제76조 제1항 제1호에서 3개의 사유로 규정되어
있다.

    1. 경쟁의 공정한 집행을 저해할 염려가 있는 자로서 다음 각 목의 어느 하나
       에 해당하는 자
    가. 입찰 또는 계약에 관한 서류[제39조에 따라 전자조달시스템을 통해 입
        찰서를 제출하는 경우 「전자서명법」제2조제6호에 따른 인증서(서명자
        의 실지명의를 확인할 수 있는 것으로 한정한다)를 포함한다]를 위조·
        변조하거나 부정하게 행사한 자 또는 허위서류를 제출한 자

허위서류제출과 관련해서는,

    행정법규 위반에 대하여 가하는 제재조치는 행정목적의 달성을 위하여

---

19) 대법원 2000. 10. 13. 선고 99두3201 판결.

행정법규 위반이라는 객관적 사실에 착안하여 가하는 제재이므로 위반자의
의무 해태를 탓할 수 없는 정당한 사유가 있는 등의 특별한 사정이 없는 한
위반자에게 고의나 과실이 없다고 하더라도 부과될 수 있다.
　공사수주나 공사계약의 체결 등에 관한 포괄적 권한을 위임받은 건설회
사의 이사가 구 건설산업기본법(2000. 1. 12. 법률 제6112호로 개정되기 전
의 것) 제21조 소정의 건설업등록증 등의 대여금지에 관한 위반행위를 한
경우, 회사가 뒤늦게 그 위반행위를 알았다고 하더라도 그에 대한 행정책임
을 져야 한다.[20)

　나. 고의로 무효의 입찰을 한 자. 다만, 입찰서상 금액과 산출내역서상 금액
　　이 일치하지 않은 입찰 등 기획재정부령으로 정하는 입찰무효사유에 해당
　　하는 입찰의 경우는 제외한다.

'고의로 무효의 입찰을 한 자'의 의미에 관해서는 대법원은 예산회계법시행령
제89조 제1항 제1의 제2호 소정의 "고의"라 함은 입찰무효의 요건이 되는 구체
적인 의무위반사실을 인식하면서도 감히 그와 같은 의무위반행위를 하는 것을
말하고 입찰을 무효화시키려는 목적이 있어야 하는 것은 아니다[21)고 판시한 사
안이 있다. 우리가 일반적으로 이해하고 있는 고의와 크게 다르지 않다.

　라. 입찰참가를 방해하거나 낙찰자의 계약체결 또는 그 이행을 방해한 자

　피고인들이 한국전기공사협회 부산지부 소속 일부 회원으로 구성된 협력
회의회장과 총무로서 공모하여, 위 지부회원들만이 수주할 수 있는 한국전
력공사에서 발주하는 일정 공사금액 이하의 부산시내 전기공사를 자유경쟁
에 기하여 입찰할 경우 예정가에 훨씬 못미치는 가격으로 수주를 하게 되는
결과를 방지하고 이를 개개 회사의 이익으로 돌리고자, 각 회원사들의 동의
를 얻어 회원사들이 추첨에 기하여 순번제로 단독응찰하고 나머지 일부 회
원사는 이에 들러리를 서는 방식으로 사실상 단독으로 입찰하는 한편 락찰
한 회사는 도급액의 10%를 협력회기금으로 납부하여 연말에 분배하는 방법
으로 떡값을 주어 각 회원사들이 순번에 기하여 사실상 단독낙찰하게 하였

20) 대법원 2003. 9. 2. 선고 2002두5177 판결.
21) 대법원 1986. 10. 14. 선고 84누314 판결.

다면, 피고인들의 행위는 위계로써 입찰의 공정을 해한 경우에 해당한다.[22]

법 제27조 제1항 제9호 나목에 다음과 같이 규정하고 있다.

> 나. 정당한 이유 없이 계약의 체결 또는 이행 관련 행위를 하지 아니하거나
> 방해하는 등 계약의 적정한 이행을 해칠 염려가 있는 자

계약의 적정한 이행을 해칠 염려가 있는 자의 의미에 관해서는 시행령 제76
조 제1항 제2호에서 5개의 사유를 열거하고 있다.

> 가. 정당한 이유 없이 계약을 체결 또는 이행(제42조제5항에 따른 계약이
> 행능력심사를 위하여 제출한 하도급관리계획, 외주근로자 근로조건 이
> 행계획에 관한 사항의 이행과 제72조 및 제72조의2에 따른 공동계약
> 에 관한 사항의 이행을 포함한다)하지 아니하거나 입찰공고와 계약서에
> 명시된 계약의 주요조건(입찰공고와 계약서에 이행을 하지 아니하였을
> 경우 입찰참가자격 제한을 받을 수 있음을 명시한 경우에 한정한다)을
> 위반한 자
> 나. 조사설계용역계약 또는 원가계산용역계약에 있어서 고의 또는 중대한
> 과실로 조사설계금액이나 원가계산금액을 적정하게 산정하지 아니한 자
> 다. 「건설기술 진흥법」 제47조에 따른 타당성 조사 용역의 계약에서 고의
> 또는 중대한 과실로 수요예측 등 타당성 조사를 부실하게 수행하여 발
> 주기관에 손해를 끼친 자
> 라. 감독 또는 검사에 있어서 그 직무의 수행을 방해한 자
> 마. 시공 단계의 건설사업관리 용역계약 시 「건설기술 진흥법 시행령」 제
> 60조 및 계약서 등에 따른 건설사업관리기술인 교체 사유 및 절차에
> 따르지 아니하고 건설사업관리기술인을 교체한 자

이와 관련된 사례를 소개하면 다음과 같다.

---

22) 대법원 1991. 10. 22. 선고 91도1961 판결.

원고의 대리인이 입찰금액을 60,780,000원으로 기재한다는 것이 착오로
금 6,078,000원으로 잘못 기재한 것은 시설공사 입찰유의서(재무부회계예
규 1201, 04-101) 제10조 제10호 소정의 입찰서에 기재한 중요부분의 착
오가 있는 경우에 해당되어 이를 이유로 즉시 입찰취소의 의사표시를 한 이
상 피고(조달청장)는 본건 입찰을 무효로 선언함이 마땅하므로 원고가 이
사건 공사계약체결에 불응하였음에는 정당한 이유가 있다고 할 것이니 원
고를 부정당업자로서 6월간 입찰참가자격을 정지한 피고의 처분은 재량권
을 일탈하여 위법하다.23)

행정청이 시공연대보증업체에 대하여 보증시공을 하지 아니하였다는 이
유로 행한 입찰참가자격제한처분의 당부를 법원이 판단함에 있어서는 시공
연대보증업체가 보증시공의무를 이행하지 아니한 데 정당한 이유가 있는지
의 여부를 심리하여 처분의 위법 여부를 판단하고, 나아가 정당한 이유 없
이 계약을 이행하지 아니하였다고 인정되는 경우에도 행정청이 제반 사정
에 비추어 지나치게 과도한 제한기간을 정함으로써 재량권을 일탈 또는 남
용한 위법이 있는지를 가려 보아야 한다.
시공연대보증업체가 보증시공의 이행을 지체한 데 정당한 이유가 없으므
로 2개월의 입찰참가자격제한처분이 재량권을 일탈한 위법한 처분으로 볼
수 없다는 이유로 이와 달리 판단한 원심판결을 파기한 사례가 있다.24)

지방재정법 제62조 제1항, 같은법시행령(1990.11.6. 대통령령 제13156호
로 개정되기 전의 것) 제71조 제1항의 규정에 비추어 보면, 구 예산회계법
시행령(1989.1.29. 대통령령 제12866호로 개정되기 전의것) 제89조 제1항
각호에 열거하고 있는 자는 지방재정법 제62조 제1항 소정의 경쟁의 공정
한 집행 또는 계약의 적정한 이행을 해할 염려가 있거나 기타 입찰에 참가
시키는 것이 부적합하다고 인정되는 자에 해당함이 명백하다.
공사를 약정준공기일보다 1개월 또는 17일 지연한 경우가 구 예산회계법
시행령 제89조 제1항 제6호 소정의 "정당한 이유 없이 계약을 이행하지 아
니한 때"에 해당한다.25)

그런데, 시행규칙 제76조 제1항 [별표 2] 제8호 나목은 '공사계약의 연대

23) 대법원 1983. 12. 27. 선고 81누366 판결.
24) 대법원 1996. 2. 27. 선고 95누4360 판결.
25) 대법원 1991. 11. 22. 선고 91누551 판결.

보증인으로서 하자보수를 요구받고도 정당한 이유 없이 이에 불응한 자'를 시행령 제92조 제1항 제6호의 '계약을 체결한 이후 계약이행을 하지 아니한 자'에 해당하는 자로 규정하면서 그 제재기간은 공사계약의 주채무자에 비해 가볍게 정하고 있어, 하자보수요구에 불응한 공사계약의 주채무자도 위 시행령의 '계약이행을 하지 아니한 자'에 해당함을 당연한 전제로 하고 있다고 보이고, 이와 달리 주채무자의 경우 하자보수이행의무가 없다고 해석하는 것은 형평에 어긋나는 점, 계약의 이행보증에 관한 시행령 제51조 제1항 제1호에서는 계약상대자가 부담하는 계약의 이행보증은 당해 공사 계약상의 시공의무이행을 보증하는 것이고 위 시공의무이행에는 하자보수의무이행을 포함한다고 명시하고 있는 점, 국가를 당사자로 하는 계약에 관한 법률 및 그 시행령, 시행규칙 등은 지방자치단체를 당사자로 하는 계약에 관한 법률 및 그 시행령, 시행규칙 등과 비슷한 체계를 갖추고 있고 입법의 목적과 부정당업자 입찰참가자격 제한 규정의 내용도 실질적으로 같은데, 그 시행령은 제76조 제1항 제6호에서 계약상대자 등의 입찰참가자격 제한 대상자로 '계약을 이행하지 아니한 자'를 들고 있고 그 시행규칙은 제76조 제1항[별표 2] 제8호 가목에서 계약의 이행에 하자보수의무의 이행을 포함하고 있다고 규정하고 있는 점 등을 종합하면, 시행령 제92조 제1항 제6호, 시행규칙 제76조 제1항 [별표 2] 제8호 가목의 '계약을 체결한 후 계약이행을 하지 아니한 자'에는 공사계약자로서 하자보수의무를 이행하지 아니한 자도 포함된다고 봄이 상당하다.

이와 달리 원심이, 이 사건 인조잔디 구장의 하자가 원고의 시공상 잘못으로 발생하였다고 인정하면서도 그 하자보수의무의 이행요청에 응하지 아니한 원고가 시행령 제92조 제1항 제6호 및 시행규칙 제76조 제1항 [별표 2] 제8호의 '계약을 체결한 후 계약이행을 하지 아니한 자'에 해당하지 않는다고 판단한 데에는 관련 규정의 해석·적용을 그르쳐 판결에 영향을 미친 위법이 있고, 이를 지적하는 상고이유는 이유 있다.

그러므로 원심판결을 파기하고, 사건을 원심법원에 환송하기로 하여 관여 대법관의 일치된 의견으로 주문과 같이 판결한다.[26]

다. 다른 법령을 위반하는 등 입찰에 참가시키는 것이 적합하지 아니하다고 인정되는 자

---

26) 대법원 2012. 2. 23. 선고 2011두16117 판결.

이 조문의 의미에 관해서 시행령 제76조 제1항 제3호에서 그 범위를 설정하고 있다.

> 가. 계약의 이행에 있어서 안전대책을 소홀히 하여 공중에게 위해를 가한 자 또는 사업장에서 「산업안전보건법」에 따른 안전·보건 조치를 소홀히 하여 근로자 등에게 사망 등 중대한 위해를 가한 자
> 나. 「전자정부법」 제2조제13호에 따른 정보시스템의 구축 및 유지·보수 계약의 이행과정에서 알게 된 정보 중 각 중앙관서의 장 또는 계약담당공무원이 누출될 경우 국가에 피해가 발생할 것으로 판단하여 사전에 누출금지정보로 지정하고 계약서에 명시한 정보를 무단으로 누출한 자
> 다. 「전자정부법」 제2조제10호에 따른 정보통신망 또는 같은 조 제13호에 따른 정보시스템(이하 이 목에서 "정보시스템등"이라 한다)의 구축 및 유지·보수 등 해당 계약의 이행과정에서 정보시스템등에 허가 없이 접속하거나 무단으로 정보를 수집할 수 있는 비(非)인가 프로그램을 설치하거나 그러한 행위에 악용될 수 있는 정보시스템등의 약점을 고의로 생성 또는 방치한 자

Ⅴ. 제재시기

과거의 입법에는 부정당업자의 입찰참가자격 제한을 해당 사실이 있은 후 '지체 없이' 하여야 하도록 하고 있었으나 개정을 통해서 이 문구를 삭제하였다. 기간은 2년 이하의 범위 내에서 가능하도록 하고 있다(법 제27조 제1항, 시행령 제76조 제1항).

부정당업자제재는 해당 사실이 있은 후 '지체 없이' 하여야 하며, 그 기간은 1월 이상 2년 이하의 범위 내에서 정하여야 한다(법 제27조 제1항, 시행령 제76조 제1항). '지체 없이' 하여야 하나 절차상 해당 사실이 있은 후 수개월 후에 제재가 시작되는 것이 보통이다. 하급심판례 중에는 5년이 경과한 후 제재 사유 있음을 안 경우 인지 후 지체 없이 제재를 하였더라도 제재권한이 실권되지 않는다고 판단한 것이 있다.

그리고 제재시효에 관해서는 국가계약법에 아무런 규정이 없다. 그래서 제재

시효제도 도입 필요성이 제기되고 있다.

Ⅵ. 제재기간 및 가중 · 감경사유

부정당업자에 대한 입찰참가자격 제한의 세부기준은 기획재정부령인 규칙 [별표2]에서 정하고 있다(시행령 제76조 제2항, 시행규칙 76조 제1항).

1. 수개의 위반행위가 경합하는 경우(시행규칙 제76조 제3항)

부정당업자가 수개의 위반행위를 하여 규칙 [별표2] 각 호의 사유 중 2이상에 해당하는 경우에는 그 중 무거운 제한기준에 의한다.

2. 가중사유(규칙 제76조 제2항)

입찰참가자격의 제한을 받은 자에게 그 처분일부터 입찰참가자격제한기간 종료 후 6월이 경과하는 날까지의 기간 중 다시 부정당업자에 해당하는 사유가 발생할 경우에는 자격제한기간을 그 위반행위의 동기 · 내용 및 횟수 등을 고려하여 규칙 [별표2]의 해당 호에서 정한 기간의 2분의 1의 범위 안에서 가중하여 제한할 수 있다. 이 경우 가중한 기간을 합산한 기간은 2년을 초과할 수 없다.

3. 감경사유(규칙 제76조 제4항)

각 중앙관서의 장은 부정당업자에 대한 입찰참가자격을 제한하는 경우 자격제한기간을 그 위반행위의 동기 · 내용 및 횟수 등을 고려하여 규칙 [별표2]의 해당 호에서 정한 기간의 2분의 1의 범위 안에서 감경할 수 있다. 이 경우 감경 후의 제한기간은 1월 이상이어야 한다.

4. 시행규칙의 성격 및 위법성 판단

규정형식상 부령인 시행규칙 또는 지방자치단체의 규칙으로 정한 행정처분의 기준은 행정처분 등에 관한 사무처리기준과 처분절차 등 행정청 내의 사무처리준칙을 규정한 것에 불과하므로 행정조직 내부에 있어서의 행정명령의 성격을 지닐 뿐 대외적으로 국민이나 법원을 구속하는 힘이 없다. 따라서 시행규칙에서 정한 기준에 적합하다 하여 바로 그 처분이 적법한 것이라고도 할 수 없으며, 그 처분의 적법 여부는 위 규칙에 적합한지의 여부에 따라 판단할 것이 아니고 관계 법령의 규정 및 그 취지에 적합한 것인지 여부에 따라 개별적·구체적으로 판단 하여야 한다는 것이 법원의 입장이다.

가) 절 차

(1) 보 고

계약담당공무원은 영 제76조 제1항 내지 제5항에 해당된다고 인정하는 자가 있는 때에는 지체 없이 그 소속중앙관서의 장에게 보고하여야 한다(규칙 제77조 제1항).

(2) 의견제출 및 청문, 심의

행정절차법상의 제절차를 준수하여야 한다. 하급심 판결 중에는 행정절차법 에 정한 절차를 지키지 아니하였음을 이유로 해당 부정당업자제재처분을 취소한 것이 있다.

(3) 지정정보처리장치에의 게재(시행령 제76조 제6항, 제7항)

1) 각 중앙관서의 장은 입찰참가자격을 제한한 때에는 다음 각 사항을 명백 히 하여 기획재정부령이 정하는 바에 따라 지정정보처리장치에 게재하여야 한다.

① 업체(상호)명·주소·성명(법인인 경우 대표자성명, 법인등록번호 등)·주민 등록번호·사업자등록번호·관계법령상 면허 또는 등록번호
② 입찰참가자격 제한기간
③ 입찰참가자격을 제한하는 구체적인 사유

다른 중앙관서의 장으로부터 입찰참가자격제한 사실을 통보받거나 관보에 게 재된 자에 대하여 해당 제한기간 내에는 그 관서에서 집행하는 모든 입찰에 참가 할 수 없도록 하여야 한다(시행령 제76조 제7항).

2) 일반 사기업에서도 중앙관서의 장으로부터 입찰참가자격을 제한받은 업체

에 대해서 입찰자격을 제한하는 경우가 많아 정부조달계약에 있어서의 입찰참가
자격제한은 업체의 입장에서는 치명적인 부담이 된다.

나) 효 과

입찰참가자격을 제한받은 자에 대하여는 각 중앙관서의 장은 해당 제한기간
내에는 그 관서에서 집행하는 모든 입찰에 참가할 수 없도록 하여야 하며(시행령
제76조 제7항), 가령 제한기간 전의 경쟁입찰에서 낙찰된 자라 하여도 제한기간이
개시되어 진행 중인 경우에는 그 낙찰자와 계약을 체결하여서는 아니 된다. 다
만, 장기계속계약을 체결한 계약상대자가 계약이행 중 입찰참가자격 제한을 받은
경우에, 해당 장기계속계약을 이행하기 위하여 연차별계약을 체결하는 경우에는
해당 계약상대자와의 계약체결이 제한되지 않는다(시행령 제76조 제10항). 위와 같
이 장기계속계약에 대한 예외를 인정하는 것은 법제처 유권해석과 관련된다. 즉,
법제처가 낙찰된 자가 제1차 계약 이후 부정당업자로 지정되었다고 하더라도 낙
찰된 자가 본계약인 제2차 계약 체결 전 입찰참가자격을 제한받게 된 이상 영 제
76조 제10항에 따라 국가는 부정당업자와 본계약인 제2차 계약을 체결할 수 없
다는 유권해석을 하였는데, 그 결과 연차별 계약 간 연속성과 일관성을 가지고
있는 장기계속계약의 제도유지가 어려워지게 되자 기획재정부가 입법적 해결책
을 강구한 것이다.

(1) 기속행위

각 중앙관서의 장은 제재사유에 해당하는 경우 2년의 범위 내에서 대통령령
이 정하는 바에 의하여 의무적으로 입찰참가자격을 제한하여야 한다(법 제27조 제
1항). 제재사유에 해당하는 경우 입찰참가자격제한 여부는 기속행위에 해당한다.
다만, 처분의 범위에 관하여 영과 규칙에 정하는 세부적인 범위 내에서 재량이
인정될 뿐이다.

(2) 효력기간

1) 효력발생시기

부정당업자의 입찰참가자격제한처분은 처분 자체에 그 효력기간을 정하여(언
제부터 언제까지) 상대방에게 통보된다. 따라서 원칙적으로 처분에서 정한 개시일

부터 효력이 발생하지만, 통보가 처분에서 정한 개시일 이후 상대방에게 도달되는 경우에는 그 도착일부터 효력이 발생한다.

중앙관서의 장이 부정당업자의 입찰참가자격제한처분을 하게 되면, 제재사실을 처분의 상대방에게 송달하고 지정정보처리장치에 게재하므로 실제 다른 중앙관서의 경우 지정정보처리장체에 게재되기 전에는 입찰참가자격제한 여부를 모르는 경우가 있을 수 있다. 이때 제한처분사실을 모르고 입찰을 실시하여 제재처분을 받은 자가 낙찰자로 결정되는 경우 입찰 및 계약의 효력이 문제된다.

우선, 효력기간 중에 입찰이 실시된 경우라면 입찰참가자격이 없는 자가 한 입찰로서 해당 입찰은 무효가 된다(시행규칙 제44조 제1호).

2) 효력기간 종기(입찰참가자격 유·무 판단기준일)

입찰참가자격 유무 판단기준일은 입찰참가등록마감일 또는 현장설명일이다(「입찰참가자격 유무 판단기준일 관련 회계통첩」회제41301−793, 2002. 6. 18.)

(3) 입찰참가자격제한을 받은 업체와의 수의계약

각 중앙관서의 장 또는 계약담당공무원은 입찰참가자격제한을 받은 자와 수의계약을 체결하여서는 아니 된다. 다만, 입찰참가자격을 제한받은 자 외에는 적합한 시공자·제조자가 존재하지 아니하는 등 부득이한 사유가 있는 경우에는 그러하지 아니한다(법 제27조 제3항).

(4) 제재효과의 승계 여부

영 제76조 제9항은 입찰참가자격이 제한된 자가 상호·대표자 변경 등의 방법으로 제한기간 내에 입찰에 참가하는 것을 방지하기 위하여 입찰참가자의 주민등록번호, 법인등록번호, 관계법령상의 면허 또는 등록번호 등을 확인하도록 정하고 있다. 이와 관련하여 법인의 합병, 면허 및 영업양도 등과 같은 경우 제재효력이 승계되는지 여부가 문제된다. 이에 대한 기획재정부의 주요 질의회신 내용을 정리하면 다음과 같다.

1) 법인의 합병과 부정당업자제재의 승계 여부

국가기관으로부터 부정당업자 제재를 받은 법인을 합병하는 경우 합병된 후의 법인이 부정당업자 제재를 받은 법인의 면허번호, 등록번호 및 법인등록번호 등과 각각 동일한 사항이 있어 동질성이 인정된다고 판단될 경우에는 입찰참가

자격이 제한되는 것이다.27)

2) 면허 양수와 부정당업자제재처분효력의 승계 여부

국가기관으로부터 부정당업자제재조치를 받은 업체의 면허를 양수받은 경우 양수받은 자는 동 면호를 가지고 양도업체가 제재받은 기간 동안에는 입찰에 참가할 수 없는 것이며, 다만 양수받은 면허가 아닌 다른 면호로 입찰에 참가하는 것은 제한되지 않는 것이다.28)

3) 상호 등의 변경과 부정당업자제채처분효력의 승계 여부

국가기관이 체결한 공사계약에 있어 예산회계법 제95조 및 동법 시행령 제130조의 규정에 의하여 부정당업자 제재조치된 자가 주식회사인 경우 동 회사의 상호와 대표자 및 임원 등이 변경된 때 그 제재효력의 승계에 대해서는 동 법인과 동일성이 인정되는지의 여부에 따라 결정되어야 할 것인바, 그 동일성 여부는 발주관서의 장이 상호, 대표, 임원, 대주주, 정관, 면허수첩상의 면허번호, 법인등록번호 등의 변경사항을 종합적으로 고려하여 판단하여야 할 사항이다.29)

Ⅶ. 구제

1. 행정쟁송

국가계약법에 따른 입찰참가자격제한처분뿐만 아니라, 지방자치단체, 지방공기업, 앞서 언급한 「공공기관의 운영에 관한 법률」에 따른 공기업인 한국전력공사가 행한 입찰참가자격제한처분도 대법원30)은 행정처분으로 판단하고 있다. 따라서 행정법상의 쟁송수단을 통해서 구제를 받을 수 있다.

> 공공기관의 운영에 관한 법률 제39조 제2항, 제3항에 따라 입찰참가자격 제한기준을 정하고 있는 구 공기업·준정부기관 계약사무규칙(2013. 11. 18. 기획재정부령 제375호로 개정되기 전의 것) 제15조 제2항, 국가를 당사자로 하는 계약에 관한 법률 시행규칙 제76조 제1항 [별표 2], 제3항 등은 비록 부령의 형식으로 되어 있으나 규정의 성질과 내용이 공기업·준정부기

---

27) 회계 45101-1560, 1995. 8. 24.
28) 회계 45101-1558, 1995. 8. 24.
29) 회계 45107-783, 1995. 5. 27.
30) 대법원 2014. 11. 27. 선고 2013두18964 판결.

관(이하 '행정청'이라 한다)이 행하는 입찰참가자격 제한처분에 관한 행정청
내부의 재량준칙을 정한 것에 지나지 아니하여 대외적으로 국민이나 법원
을 기속하는 효력이 없으므로, 입찰참가자격 제한처분이 적법한지 여부는
이러한 규칙에서 정한 기준에 적합한지 여부만에 따라 판단할 것이 아니라
공공기관의 운영에 관한 법률상 입찰참가자격 제한처분에 관한 규정과 그
취지에 적합한지 여부에 따라 판단하여야 한다. 다만 그 재량준칙이 정한
바에 따라 되풀이 시행되어 행정관행이 이루어지게 되면 평등의 원칙이나
신뢰보호의 원칙에 따라 행정청은 상대방에 대한 관계에서 그 규칙에 따라
야 할 자기구속을 받게 되므로, 이러한 경우에는 특별한 사정이 없는 한 그
에 반하는 처분은 평등의 원칙이나 신뢰보호의 원칙에 어긋나 재량권을 일
탈·남용한 위법한 처분이 된다.

따라서 행정심판법상의 행정심판을 행정소송을 제기하기 전에 제기할 수도
있고, 행정소송과 함께 제기할 수도 있다. 그리고 입찰참가자격제한에 대한 행정
소송은 항고소송(행정소송법 제3조 제1호)으로서, 실무상으로는 입찰참가자격제한
처분의 취소를 구하는 소송이 대부분이다.

2. 당사자

가) 원고

대부분의 경우에는 입찰참가자격제한처분을 받은 자가 기본적으로 원고적격을
가진다. 취소소송의 경우에는 처분 등의 취소를 구할 법률상 이익이 있는 자가
제기할 수 있다. 처분 등의 효과가 기간의 경과, 처분 등의 집행 그 밖의 사유로
인하여 소멸된 뒤에도 그 처분 등의 취소로 인하여 회복되는 법률상 이익이 있는
자의 경우에는 또한 같다(행정소송법 제12조).

나) 피고

취소소송은 다른 법률에 특별한 규정이 없는 한 그 처분 등을 행한 행정청을
피고로 한다. 다만, 처분 등이 있은 뒤에 그 처분 등에 관계되는 권한이 다른 행
정청에 승계된 때에는 이를 승계한 행정청을 피고로 한다. 그리고 처분을 행한
행정청이 없게 된 때에는 그 처분 등에 관한 사무가 귀속되는 국가 또는 공공단

체를 피고가 되도록 하고 있다(행정소송법 제14조).

3. 관할법원

피고의 소재지를 관할하는 행정법원이 취소소송 제1심 관할법원이 된다. 입찰참가자격제한처분을 한 기관이 지방자치단체이거나 공공기관인 경우에는 이들 기관의 소재지를 관할하는 법원이 관할법원이다. 그리고 중앙행정기관, 중앙행정기관의 부속기관과 합의제행정기관 또는 그 장, 국가의 사무를 위임 또는 위탁받은 공공단체 또는 그 장에 해당하는 피고에 대하여 취소소송을 제기하는 경우에는 대법원소재지를 관할하는 행정법원에 소를 제기할 수 있다(행정소송법 제9조 제1항, 제2항).

4. 취소소송의 대상

취소소송의 대상은 입찰참가자격제한처분이다. 처분에 해당되는지 여부가 불분명한 경우에는 행정청의 행위가 항고소송의 대상이 될 수 있는지는 추상적·일반적으로 결정할 수 없고, 구체적인 경우에 관련 법령의 내용과 취지, 그 행위의 주체·내용·형식·절차, 그 행위와 상대방 등 이해관계인이 입는 불이익 사이의 실질적 견련성, 법치행정의 원리와 그 행위에 관련된 행정청이나 이해관계인의 태도 등을 고려하여 개별적으로 결정하여야 한다.[31] 어떠한 처분에 법령상 근거가 있는지, 행정절차법에서 정한 처분절차를 준수하였는지는 본안에서 당해 처분이 적법한가를 판단하는 단계에서 고려할 요소이지, 소송요건 심사단계에서 고려할 요소가 아니다.[32] 행정청의 행위가 '처분'에 해당하는지가 불분명한 경우에는 그에 대한 불복방법 선택에 중대한 이해관계를 가지는 상대방의 인식가능성과 예측가능성을 중요하게 고려하여 규범적으로 판단하여야 한다.[33]

5. 제소기간

취소소송은 처분 등이 있음을 안 날부터 90일 이내에 제기하여야 한다. 취소

---

[31] 대법원 2010. 11. 18. 선고 2008두167 전원합의체 판결 참조.
[32] 대법원 2016. 8. 30. 선고 2015두60617 판결 참조.
[33] 대법원 2020. 4. 9. 선고 2019두61137 판결; 대법원 2018. 10. 25. 선고 2016두33537 판결 참조

소송은 처분 등이 있은 날부터 1년을 경과하면 이를 제기하지 못한다. 다만, 정당한 사유가 있는 때에는 그러하지 아니하다(행정소송법 제20조 제1항, 제2항). 입찰참가자격제한이라는 처분에 대해서는 국가계약법 제27조, 대통령령 제76조, 기획재정부령 제77조에도 입찰참가자에게 통보하여야 한다는 규정을 두고 있지 않다. 하지만, 국가계약법 제27조 제1항에서 입찰참가자격제한 사실을 즉시 다른 중앙관서의 장에게 통보하도록 하고 있다. 그리고 대통령령 제76조 제9항에서도 각 중앙관서의 장은 입찰참가자격 제한 처분을 한 경우에는 1. 업체(상호)명·주소·성명(법인인 경우 대표자성명, 법인등록번호)·주민등록번호·사업자등록번호, 관계 법령상 면허 또는 등록번호, 2. 입찰참가자격 제한기간, 3. 입찰참가자격을 제한하는 구체적인 사유, 4. 입찰참가자격 제한처분이 집행정지된 경우 그 집행정지 또는 집행정지의 해제사실을 명백히 하여 입찰참가자격 제한기간의 개시일 전까지 다른 중앙관서의 장 또는 계약담당공무원이 알 수 있도록 기획재정부령으로 정하는 바에 따라 전자조달시스템에 게재하도록 하고 있다. 그리고 기획재정부령 제77조에서도 중앙관서의 장에게 계약담당공무원은 보고할 의무가 있고, 전자조달시스템에 게재하는 것과 공개하는 것 그리고 중앙관서의 장이 제한여부를 확인하도록 하고 있다. 이러한 법조문의 전체를 살펴보면 입찰참가자에게 제한의 통보가 이루어진다고 보아야 하며, 통보를 받은 경우엔 제한처분이 있음을 알았다고 보아야 한다.

6. 집행정지

행정심판에서는 행정처분에 대한 효과로서 집행불정지(행정심판법 제21조 제1항)가 원칙이다. 따라서 행정심판이 청구된 경우에는 해당 처분의 효력이나 집행 등에 영향을 미치지 아니한다.

그런데 입찰참가자격제한처분이 효력이 발생되는 순간 우리나라의 모든 중앙관서, 지방자치단체가 발주하는 계약, 공공기관이 발주하는 계약 등에 참가할 수 없는 강력한 불이익이 발생하게 된다. 입찰참가자격제한처분을 받은 자가 제한처분의 취소를 구하는 행정소송을 제기하는 경우에도 처분 등의 효력이나 그 집행 또는 절차의 속행에 영향을 주지 아니한다(행정소송법 제21조 제1항). 그러나 취소소송이 제기된 경우에 처분 등이나 그 집행 또는 절차의 속행으로 인하여 생길 회복하기 어려운 손해를 예방하기 위하여 긴급한 필요가 있다고 인정할 때에는 본안이 계속되고 있는 법원은 당사자의 신청 또는 직권에 의하여 처분 등의 효력이나 그 집행 또는 절차의 속행의 전부 또는 일부의 정지를 결정할 수 있다. 다만, 처분의 효력정지는 처분 등의 집행 또는 절차의 속행을 정지함으로써 목적을 달성할 수 있는 경우에는 허용되지 아니한다(제2항).

이러한 집행정지제도는 국민 권리의 실질적 보호와 행정청의 행정의 효율성 또는 원활한 집행을 위한 공익과 사익의 형량문제로서 서로의 조화를 이루고자 하는 제도라고 설명되고 있다.[34]

입찰참가자격제한처분에 대한 집행정지는 대법원[35]은 오래전부터 긍정하고 있다. 신청인과 피신청인 사이에 국유재산인 부동산을 매수하는 매매계약을 체결하고 그 계약금만 지급하고 그 약정한 잔대금 지급기일과 연기된 잔대금 지급기일까지도 잔대금을 지급하지 아니하자, 피신청인은 매매계약을 해제하여 위 지급받은 계약금을 국고에 귀속시키는 한편 예산회계법 제70조의18 제1항, 같은 법 시행령 제89조 제1항 제6호에 따라 신청인의 입찰참가자격을 1년간 정지시키는 내용의 이 사건 부정당업자제재처분을 한 사실 및 신청인은 철강재 및 철도용품 등의 제조 및 판매 등을 목적으로 설립되어 주로 국가기관 및 국영기업체 등에 납품을 하고 있는 주식회사로서 500여 명의 임직원을 채용하고 있는 사실을 알아 볼 수 있고, 신청인은 서울고등법원에 같은 법원 85구1177호로 위 부정당업자제재처분의 취소소송을 제기한 후 그 본안이 계속 중인 위 법원에 위 처분의 효력정지를 구하는 신청을 한 사건이 있다. 이에 대하여 원심이 위 처분의 집행으로 인하여 신청인에게 회복할 수 없는 손해가 생길 우려가 있고 또 긴급한 사유가 있다고 인정된다는 이유로 행정소송법 제23조 제2항에 의하여 위 본안사건의 판결선고 시까지 위 처분의 효력을 정지한다는 내용의 이 사건 정지결정에 대해서 긍정하고 있다. 즉, 부정당업자제재처분의 위법여부가 심리되어 있지 아니하여 상대방이 위 본안소송에서 승소할 것인지의 여부가 불분명하지만, 만일 위 처분의 효력이 정지되지 아니한 채 본안소송이 진행된다면 상대방은 그동안 국가기관 등의 입찰에 참가하지 못하게 되고 따라서 만일 본안소송에서 승소한다고 하더라도 그동안 위 입찰 등에 참가하지 못함으로 인하여 입은 손해는 쉽사리 금전으로 보상될 수 있는 성질의 것이 아니어서 사회관념상 회복하기 어려운 손

---

34) 석종형, 일반행정법(상)(제11판), 삼영사, 2005, 865면.
35) 대법원 1986. 3. 21.자 86두5 결정.

해에 해당된다 할 것이고, 상대방의 위 부정당제재처분취소의 본안청구가 이유 없음이 기록상 분명하지 아니한 이상, 위와 같은 손해를 예방하기 위하여 이 사건 처분의 효력을 정지시킬 긴급한 필요가 있다고 보았다.

저자 약력

계승균

- 부산대학교 법과대학 졸업
- 독일 뮌헨대학교 법과대학 LL.M
- 법학박사

부산대학교 법학전문대학원 교수
일본히토츠바시대학(一橋大學) 법과대학원 외국인객원연구원
일본홋카이도대학(北海道大學) 법과대학원 외국인객원연구원
독일 뮌헨 막스프랑크 지적재산연구소 객원연구원
제9회 군법무관임용시험 합격
변호사
사법시험, 변리사시험, 법학적성시험, 5급승진시험 등 시험 위원
국가지식재산위원회 보호전문위원회 위원
인권과 정의(대한변협) 편집위원 역임 등

저서
로스쿨 지적재산권법, 법문사, 2010 (5인 공저)
법정보조사, 법문사, 2009 (5인 공저)
저작권과 소유권, 부산대학교 출판부, 2015
인공지능과 지식재산권, 한국지식재산연구원, 2020

공공계약법의 기초이론–국가계약, 지방계약, 공공기관계약과 관련하여–

초판발행   2021년 9월 1일

지은이   계승균
펴낸이   안종만·안상준

편 집   윤혜경
기획/마케팅   정성혁
표지디자인   BEN STORY
제 작   고철민·조영환

펴낸곳   (주)박영사
                  서울특별시 금천구 가산디지털2로 53, 한라시그마밸리 210호(가산동)
                  등록 1959. 3. 11. 제300-1959-1호(倫)
전 화   02)733-6771
f a x   02)736-4818
e-mail   pys@pybook.co.kr
homepage   www.pybook.co.kr
ISBN   979-11-303-3964-1   93360

정 가   15,000원